◆ 本书由厦门大学双一流建设项目
  "中外语言学关系与国家语言能力研究"经费资助出版

◆ 本书系国家社科基金项目
  "基于满汉合璧类白话文献的18-19世纪北京官话语法研究"
  （项目编号：15BYY127）成果之一

A Grammar of
the Chinese Language

通用汉言之法

[英] 罗伯特·马礼逊 著
（Robert Morrison）
李焱 译

厦门大学出版社 国家一级出版社
XIAMEN UNIVERSITY PRESS 全国百佳图书出版单位

图书在版编目(CIP)数据

通用汉言之法/(英)罗伯特·马礼逊(Robert Morrison)著,李焱译.—厦门:厦门大学出版社,2018.10
ISBN 978-7-5615-7026-5

Ⅰ.①通… Ⅱ.①罗… ②李… Ⅲ.①汉语—语法—研究 Ⅳ.①H14

中国版本图书馆CIP数据核字(2018)第156777号

出版人	郑文礼
责任编辑	曾妍妍
封面设计	李夏凌
技术编辑	朱 楷

出版发行　厦门大学出版社
社　　址　厦门市软件园二期望海路39号
邮政编码　361008
总 编 办　0592-2182177　0592-2181406(传真)
营销中心　0592-2184458　0592-2181365
网　　址　http://www.xmupress.com
邮　　箱　xmup@xmupress.com
印　　刷　厦门市万美兴印刷设计有限公司

开本　720 mm×1 000 mm　1/16
印张　17.25
字数　324千字
版次　2018年10月第1版
印次　2018年10月第1次印刷
定价　60.00元

本书如有印装质量问题请直接寄承印厂调换

厦门大学出版社
微信二维码

厦门大学出版社
微博二维码

译 者 序

罗伯特·马礼逊（Robert Morrison）是近代中英文化交流最重要的先驱之一。

一、马礼逊生平简介

马礼逊1782年1月5日出生于英国的布勒古林（Buller's Green），1785年全家搬迁至纽卡斯尔（Newcastle）。马礼逊之父为虔诚的教徒，在纽卡斯尔的苏格兰教堂担任长老。在其父的影响下，马礼逊1798年加入教会，成为长老会的一名教徒，并从1801年开始跟随莱德勒（Rev.W.Laidler）牧师学习。除了学习系统的神学知识之外，马礼逊也学习了拉丁语、希腊语、希伯来语以及速记法，打下了外语学习的良好基础。1803年马礼逊进入伦敦附近的霍克斯顿（Hoxton）神学院学习。在这期间，马礼逊参加了伦敦会（London Missionary Society）的一些海外传教的宣讲活动，这激发了马礼逊到海外传播基督福音的志向。他于1804年5月27日，向伦敦会提交了一份到海外传教的申请信，并得到了批准。在伦敦会的要求下，马礼逊在1804年5月转到高士坡（Gosport）神学院学习。在进入高士坡学习后不久，马礼逊接到指示，准备派他到中国。马礼逊为此做了大量的准备工作。1804年8月4日，他离开高士坡前往伦敦，跟随格林尼治天文台的哈顿（Dr.Hutton）博士学习天文学，跟布莱尔（Dr.Blair）博士学习医学。1807年1月8日，马礼逊在斯瓦罗街（Swallow Street）的苏格兰人教堂（Scots church）被按立为牧师，马礼逊前往中国的行程开始进入倒计时状态。在当时，英国东印度公司担心传教士进入亚洲后，会引起与当地的冲突而影响他们的利益，因此禁止传教士乘坐他们公司的船前往亚洲。马礼逊决定先绕道美国纽约，再前往中国广州。1807年1月31日，马礼逊登上"邮递号"轮船，开始了远洋之旅。4月20日，马礼逊抵达纽约，在作短暂停留后，马礼逊乘坐"三叉戟号"远洋轮，前往中国。1807年9月4日马礼逊乘坐"三叉戟号"远洋轮抵达中国澳门，并于9月6日抵达广州,成为最早进入中国的新教传教士。马礼逊到达广州之后,遇到的困难是当地中国人对外国人并不友好,而且这个地区属于葡萄牙天主教的势力范围,对马礼逊这种新教徒也抱有敌意,英国东印度公司对持非贸易目的进入中国的英国人也并不欢迎,因此,马礼逊只能暂以美国人的身份停留在广州。1808年10月,英国派遣了一只舰队进入了澳门,造成了中英之间的政治风波。中国政府下令让所有英国人离开广州,马礼逊不得不退居澳门,并谋划后撤到槟榔屿事宜。在澳门期间,马礼逊结识了英国东印度公司高级职员莫顿(Dr.Morton)一家,并与莫顿的女儿玛丽于1809年2月20日结婚。在结婚当天,他被任命为东印度公司的翻译。从此,马礼逊获得了在中国居留的合法身份。马礼逊担任这份职业直到1815年。1815年英国东印度公司告知马礼逊,因为其在中国翻译和出版《新约圣经》及其他宗教小册子,违反了中国皇帝的谕旨,影响到英国在华的贸易,因此,东印度公司解除与马礼逊的雇佣关系。1816年英国阿美士德勋爵(Lord Amherst)出使中国,前往北京觐见中国皇帝,马礼逊作为中文秘书和翻译之一,乘船赴京。1818年,马礼逊在马六甲创建了英华书院(Anglo-Chinese College)。1824年马礼逊返回英国,并被选为英国皇家学会会员。1826年,马礼逊重返中国,并于1834年8月1日在广州病逝。

二、马礼逊出版《通用汉言之法》之前的汉语学习

马礼逊学习汉语始于1805年8月在伦敦期间。为了前往中国做准备,马礼逊师从一名到英国来的广东人容三德(Yong-Sam-Tak)学习汉语,容三德10月8日起开始与马礼逊同住,进行汉语的教授。马礼逊还誊抄了从伦敦博物院借到的一部《新约全书》的中文译稿(包括《四福音书》《使徒行传》《保罗书信》)、皇家学会借阅的一部拉汉词典(M.S.Latin and Chinese Dictionary),通过努力学习,马礼逊的汉语水平日益提高。到马礼逊1807年1月31日乘船前赴中国为止,马礼逊的汉语学习持续了一年多的时间。马礼逊在英国虽然师从广东人容三德学习汉语,但是其所学到的汉语应该是官话,这一方面是因为其作为重要工具书的拉汉词典并不是一本方言词典,另外,马礼逊在抵达广州2个月之后,于1807年11月4日的一封写给伦敦会的信中说:"这里的困难是,这里大部分的中国人不会说官话,也不识中国字,但他们必须得听得懂我讲的官话和所写的中

文，我才能将基督的福音传给他们。"①关于这段时期的学习效果，后来长期与之共事的米怜（William Milne）博士说："他所学的汉语，后来证明用处微乎其微，拉汉词典和《四史攸编耶稣基利斯督福音之会编》更有用。这些原本是在华天主教传教士的著作。然而，什么人，什么时间编写的这些书还不能确定；可是上帝保留它们一定有用处，这些作者的功劳有一天也会被人们承认。"②

马礼逊1807年1月31日乘船出发，一直到1807年9月6日抵达中国广州，有大约七个月的时间没有老师的亲身指导，但是他也一直没有中断对汉语的学习。其在伦敦手抄的拉汉词典和中文《圣经》一直随身携带，从其日记中，我们可以看出马礼逊仍旧克服种种困难，坚持学习汉语。"7月28日，我以学中文为乐趣，为此在上帝的指示下，我特意从伦敦抄来的中文《圣经》和词典派上了大用。这样说并不是否定可怜的容三德的帮助，是他让我对中文有了初步的理解。"

1807年9月6日进入中国后，先后有多位中国人担任马礼逊的老师，指导其学习。

在进入广州后，马礼逊跟随男仆学习了一点当地的方言，达到能和其进行简单对话的程度。1807年11月，斯当东（George Thomas Staunton）向马礼逊介绍了年约30岁的云官明（Abel Yun Kowin-ming）教授官话。云官明为山西人，孤儿，自幼由天主教士带到北京抚养长大，官话口语和拉丁语都非常流利，但中文写作则不熟练。有一次教难发生后，天主教士将他送到广州，住在珠江对岸的河南岛上。他和外国人来往密切，除了替北京天主教士采办物品外，还担任了一些英国人的官话教师，同时又抄写中文与拉丁文字典出售给外国人。③最开始的1个月，云官明每天都来教马礼逊汉语，但是后来由于薪资问题，学习一度中断。马礼逊在日记和给友人的信中多次谈到了这个事情。1807年12月11日在给哈德卡斯特先生的一封信中说到"云官明，我在日志中特别提到的传教士代理，上个月每天都陪同我学习，我问过介绍我们认识的斯当东爵士，付多少是较为合理的费用，斯当东爵士说每月大约10元。昨天我付给他10元，以尽可能得体的方式给他。他谢过了我，但是说了一些话让我感觉他并不满意。今天学习结束的时候，他把一张纸交给我，上面用拉丁文写着'勉为其难'，大意是说如果我给他每月30元，他继续来，否则，我就得另寻高明了。我说我考虑一下，明天给他答复。虽然考虑到从那么远的地方来学汉语付出辛苦，花费钱财，

---

① 顾长声：《马礼逊评传》，上海书店出版社2006年版，第38页。
② 艾莉莎·马礼逊：《马礼逊回忆录1》，大象出版社2008年版，第42页。
③ 苏精：《马礼逊与中文印刷出版》，台湾学生书局2000年版，第66页。

为了区区几元钱就失去学习语言的机会，不够聪明，也不划算，但是他要的钱远远超出了他教授语言的能力，此外，现在我可以花较少的钱学习汉字和广州话，因此我不打算向他妥协"①。在1808年1月7日的日记中写到："曾频繁探访我的中国天主教徒云官明一度不来了，停了几个月后重又经常来访，对我的学习有所教益。"②

与云官明同时担任马礼逊汉语老师的，还有一位叫李察庭（Lee Tsak-Ting）的广东人。李察庭的父亲是一位天主教徒，幼年时被带到葡萄牙神学院，十二年后才回到中国。李察庭"汉语知识深厚，写得一手漂亮字，获得了作为文士的某种功名"。③李察庭主要负责教马礼逊汉字、写作和广东方言，不过两个人的教学关系并没有维持很长时间，1808年初以后，李家父子不知何故从马礼逊的日记和信件中消失不见了。④

1808年3月时，有人推荐了一位叫桂元（Kwei Une）⑤的人教马礼逊官话，但是桂元并不能与马礼逊的其他随从和睦相处，1808年9月，马礼逊不得不解雇了桂元。

接替桂元的，是一位叫葛茂和（Ko Mow-Ho）的私塾先生，马礼逊在1808年10月2日给S夫人的一封信中写到："几天前，三德给我找来了一位教官话的私塾先生。我的前一位教师和三德担保的人经常吵架，为此三德把他们都解雇了。"他从1808年9月开始教马礼逊官话，一直到1817年3月，时间长达八年有余。葛茂和不但教马礼逊官话，而且还带马礼逊研习中国经典，这段时间内，马礼逊读了《大学》《中庸》《论语》等书。葛茂和在马礼逊编写《通用汉言之法》中也起到了重要作用，以至于马礼逊在全书末尾特别说明："除了一些从书中引用的句子外，前面一些句子的准确性依赖于一位很好的当地合作伙伴的权威认可，他教自己国家的人已经二十多年了。"

除了这些中国老师的帮助之外，也有一些西方朋友给马礼逊提供了各种汉语学习的材料。1808年4月11日益花臣（John F.Elphinstone）从澳门寄给马礼逊一本手抄的汉拉词典。1808年4月22日波尔（Samuel Ball）则从澳门送他一部西班牙文的中国文法，这对马礼逊的汉语学习和研究提供了很大的帮助。在马礼

---

① 艾莉莎·马礼逊：《马礼逊回忆录1》，大象出版社2008年版，第99页。
② 艾莉莎·马礼逊：《马礼逊回忆录1》，大象出版社2008年版，第105页。
③ 艾莉莎·马礼逊：《马礼逊回忆录1》，大象出版社2008年版，第91页。
④ 苏精：《马礼逊与中文印刷出版》，台湾学生书局2000年版，第65页。
⑤ 译者注：《马礼逊与中文印刷出版》等著作中把这个中国人的名字译为桂有霓，但按照马礼逊注音体系，une对应的是元、远、软等字。

逊出版了《通用汉言之法》之后,1815年3月15日伦敦会理事会送给马礼逊一本巴黎最新出版的汉拉词典,这对马礼逊后续的研究提供了极大的帮助。

三、关于《通用汉言之法》的出版

1807年1月20日,在马礼逊动身前往中国之前,伦敦会交给他一份正式签署的工作指示,里面对马礼逊的中国之行提出了具体的目标:"我们盼望在你完成掌握汉语的大目标之前,不会出现反对你住在广州的任何举动;达成目标之后,你要尽快将这项成就变成对全世界有益的事——也许你有此荣幸编纂一部较以前更为全面、正确的汉语词典——或更为荣幸地将《圣经》翻译成世界上1/3民众所讲的中文。"[①]在当时,英国人对中国所知甚少,所了解的一些知识大部分是来自信奉天主教的法国、意大利、葡萄牙等国,唯一被认为通晓汉语的只有斯当东(George Thomas Staunton)等寥寥几人。在这种情况下,贸然提出在中国传教被认为是不切合实际的。因此提出了学习汉语和将《圣经》翻译成中文两个看起来更切实可行的目标。

在马礼逊进入中国三年多之后,《通用汉言之法》的初稿已经完成,1810年年底,马礼逊在给伦敦会的报告中说:"中文语法书已经预备好印刷了,词典也每天都更充实。手稿《新约》中译本的一部分已经准备好了。然而,我推迟了这些书的印刷,想等到我的汉语更精深一些,不至于仓促行事,译本不会太蹩脚。"[②]1811年《通用汉言之法》(A grammar of the Chinese language)修订完稿,经斯当东审查后,由东印度公司于1812年年初送到孟加拉国,建议印度总督出版,但是由于一些不为作者知道的原因,这部书稿在孟加拉国搁置了2年多的时间后,马礼逊才在1814年收到孟加拉国方面决定由塞兰坡(Serampore)出版的通知。该书最后于1815年在印度塞兰坡印刷出版。

四、关于《通用汉言之法》的语言学价值

在该书的前言中,作者提到"出版本书的目的是为学习汉语提供实际的帮助。因此,所有关于语言本质的理论研究都被有意省略了。关于这个问题,已经说得很多了;但是,很少有用我们的语言给予学生实际帮助的。因此,希望

---

① 艾莉莎·马礼逊:《马礼逊回忆录1》,大象出版社2008年版,第51页。
② 艾莉莎·马礼逊:《马礼逊回忆录1》,大象出版社2008年版,第127页。

这本语法书会提供某种程度上的帮助。这是第一次使用英语做此类工作，而且研究的是对欧洲人所知不多的一种语言，因此，本研究将会审慎地参考已有成果"。由此可见，本书出版的初衷，是出于汉语教学的目的，而并非是以纯粹地研究汉语为目的。

该书作为世界汉语教育史的一部重要著作，具有非常高的学术价值。

价值之一：搭建了一个以英语为视角进行汉语研究的体系框架。

在马礼逊之前，已经有较多汉语语言研究的著作问世，如：

（1）1653，Martino Martini（卫匡国），*Grammatica Sinica*（中国文法），意大利。

（2）1703，Francisco Varo（瓦罗），*Arte de la lengua Mandarina*（华语官话语法），西班牙。

（3）1730，T.S. Bayer（巴耶尔），*Museum Sinicum*（汉语博览），德国。

（4）1742，Fourmont（傅尔蒙），*Linguae Sinarrum Mandarinicae hieroglypficae Grammatica duplex*（中国官话），法国。

这些著作的作者无一人是英国人，其研究的视角也无一是英语视角，因此，马礼逊的这部为英国人学习汉语而写的著作无疑在这方面有首创之功。[①]

这几本著作也在马礼逊1825年出版的《汉语杂说》（*Chinese Miscellany Consisting of Original Extracts from Chinese Authors in the Native Character with Translantions and Philological Remarks*）中作为附录出现，说明马礼逊看过或者对这些著作有所了解。不过从马礼逊1811年《通用汉言之法》完稿之前的日记中看，马礼逊只在1808年4月22日收到一本波尔（Samuel Ball）送他的西班牙文的中国文法，这本书应该就是1703年西班牙人瓦罗（Francisco Varo）的著作《华语官话语法》（*Arte de la lengua Mandarina*）。不过，马礼逊在《通用汉言之法》中并没有完全照搬《华语官话语法》的研究。从章节安排上看，《华语官话语法》分为"若干戒律/汉语的声调/名词和代词的格变/名词和形容词，比较级和最高级/抽象动名词、指小词、多次性、行业名称，以及性/代词、叹词、连词、否定词、疑问词以及表示条件的词/动词及其变位/被动动词和被动结构/介词和副词/构句方式/数词与量词/各种小词/官话礼貌用语/如何称呼官员及其亲属以及其他人；如何在口语与书面语中称呼自己/交谈中的礼貌用语以及拜访、邀请时的

---

① 同为英国人的马士曼（Joshua Marshman）虽然在1814年出版了《中国言法》（*Elements of Chinese Grammar*），略早于马礼逊的1815年出版的《通用汉言之法》，但是马礼逊这本著作实际上在1811年就已经完成了全部的写作。

礼节"①，而《通用汉言之法》在首先介绍了汉字注音方法、汉语的声调、汉字和书写、关于在字典里查找汉字的方法及句读这些基本的知识之后，又分"名词、形容词、数词、代词、动词、副词、介词、连词、感叹词"介绍了汉语官话各个词类的特点，在此基础上又补充介绍了汉语方言（主要是广东方言）的情况，"句法"和"韵文"是最后两章，作者简单介绍了汉语句法的特点和中国传统的韵文形式。从总体结构安排上可以看出作者是按"音→字→词→句→文"这种从小到大的思路进行整体布局，这也与汉语的学习习惯一致。

不过，在《通用汉言之法》的语言体系中，也有很多用英语的语法构造套用在汉语中的情况。例如在形容词一章，将形容词分为"原级""比较级""最高级"三种，其中对应于英语比较级"better"的有三种："更好""好过""更好过"，对应英语最高级"best"的有"绝好"等形式。但实际上，英语比较级和最高级是形容词本身的词形变化，而汉语是通过在形容词前后添加副词等形成的，是一种词汇形式而非词形变化。当然，马礼逊对于汉英之间的语言差异并非一无所知，其采取这种套用的方式，很多时候是为了学习的便捷性。例如他在"名词"一章中按照"性""数""格"的框架对汉语的名词进行了阐述，但是又特别指出："严格地说，汉语中名词没有格的区别，因为汉语没有任何词尾的变化。但是由于这项工作的目的只是为了提供对掌握语言的实际帮助，因此，保留了对格的划分。"

价值之二：建立了一个初步的英汉对译体系。

在马礼逊之前的罗明坚《葡汉辞典》（1583—1588）、利玛窦《西字奇迹》（1605）、金尼阁《西儒耳目资》（1626）、卫匡国《中国文法》（1653）、瓦罗《华语官话语法》（1703）等文献也采取了汉外对译的形式，但是一直缺乏一个可靠的英汉对译的文本。马礼逊早期在伦敦的时候也一直使用一本汉拉词典学习汉语，因此，伦敦会在派遣马礼逊来华时把编纂一本高质量的汉英词典作为马礼逊的重要工作之一。马礼逊这方面的最重要成果是其1815年至1823年间陆续出版的共6册的《华英字典》（*A Dicitionary of the Chinese Language*）。《通用汉言之法》在1811年就已经完稿，可以看作其后出版《华英字典》的一个重要铺垫，代表了马礼逊早期掌握汉语的水平。《通用汉言之法》语言使用上没有严格区分口语和书面语，有文白夹杂的现象，同时由于马礼逊所处的学习环境主要在广州和澳门两地，所以一些广东话词语，如"汤羹、锁匙、行雷、翻风、茶煲"等也不鲜见。

价值之三：创建了一个以英语发音习惯为出发点的注音体系。

---

① 译者注：《华语官话语法》的章节安排参见：[西]瓦罗著，姚小平、马又清译：《华语官话语法》，外语教学与研究出版社2003年版。

在东西方相互接触的历史进程中，明末至清是一个非常重要的时期，大批天主教士进入中国。据法国当代学者让·彼埃·迪岱（Jean-Pierre Duteuil）统计，从1552年西班牙传教士方济各·沙勿略（St. Francois Xavier）进入广东上川岛始，至1773年耶稣会解散止，共有975位传教士入华。从学习汉语的需要出发，用拼音字母给汉字注音，成为历史的必需。这一时期以罗明坚《葡汉辞典》（1583—1588）、利玛窦《西字奇迹》（1605）、金尼阁《西儒耳目资》（1626）所使用的拼音方案最有代表性。在天主教士中，拉丁语一直被作为会议和礼拜语言使用着，并且入华的传教士多来自葡萄牙、西班牙、意大利、法国、德国，据迪岱统计，有操葡萄牙语者372人，西班牙语者28人，意大利语者107人，法语者168人，日耳曼语者50人。因此，这一时期传教士所制定的拼音方案带有拉丁语及母语的特点。而马礼逊作为首位进入中国的英国新教传教士，在吸取前人拼音方案的基础上，建立了与英语发音相符的新的注音体系，这对后期的威妥玛等英语系拼音方案的制定具有重要启发作用。需要说明的是，《通用汉言之法》整体的注音体系是一种官话注音体系，但是在书中的部分章节，如原书第5至第18页也出现了基于广东方言的拼音，这也是研究两百多年前广东方言的重要材料。

五、关于本书的翻译及整理原则

1. 关于翻译依据的版本

《通用汉言之法》目前在美国哈佛大学图书馆、加利福尼亚大学图书馆、普林斯顿大学图书馆、德国巴伐利亚州立图书馆、香港大学图书馆等处皆有保存。本译本采用的底本主要是美国加利福尼亚大学图书馆、德国巴伐利亚州立图书馆、香港大学图书馆的藏本。

2. 关于原书中的错讹

由于当时印刷水平等原因，原作本身存在着一些错讹之处，因此原书前面附有一个纠错表。对于这个纠错表中的错误，译本做了相应的改正。但是除此之外，本着避免"明人刻书而书亡"之误的原则，一般不做臆改，部分明显错讹之处修改后以译者注的形式说明。

3. 关于版式

原书汉字的格式较为复杂，既有从右到左，也有从上到下，甚至还有从上到下与从右到左混用的格式，译本统一调整为从左到右横排。

4. 关于用字

原书使用繁体字，除必要情况外，一律改为简体字，异体字也根据《第一批异体字整理表》的规定进行了统一处理。

前 言

  出版本书的目的是为汉语学习提供实际的帮助。因此，所有关于语言本质的理论研究都被有意省略了。这个问题已经说得很多了；但是，很少有用我们使用的语言给学生提供实际帮助的。希望这本语法书会提供一定的帮助。这是第一次使用英语做此类工作，而且研究的是欧洲人所知不多的一种语言，因此，本研究将会审慎地参考已有成果。

  笔者强烈建议学生要特别注意汉字书写；在不借助任何参考就可以写出短语中的每个汉字之前，不要认为自己已经了解短语了。如果一开始就注意到这一点，他将来的进步将会更容易、更愉快，笔者认为这会比仅仅局限于单词的发音学习起来更为迅速。

  有时候中国人会在一块平整的瓦片上用笔和水练字。水很快就干了，他们就一遍又一遍地练字，直到练好为止。学生会发现这种练习写字的模式非常有用，通过反复地练习来学习一个汉字，是最好的记忆的方法。学习汉语经常被认为是不可行的，但是另一方面，又被认为是很容易的。学生应该沿中道而行，这是真理的关键所在。了解汉语是很容易的，知道很多中文知识以至于可以回答一些有用和重要的问题也不是特别难，但是成为汉语大师，达到所期望的水平，是非常困难的。然而困难也不是无法克服的，这个事情很困难（用威廉·琼斯先生谈论波斯语时的话来说），是与世界上其他事情一样困难，但是这个困难会不知不觉地被努力和坚持不懈的习惯所克服，没有困难，就不会实现伟大的目标。

  因此，学生不应该在认为这是一件很容易的事情的情况下学习汉语，也不应该在认为学习汉语的困难是不可克服的印象下去尝试学习汉语。

  通过练习汉语和英语的对话，英汉的互译，学生将会取得进步，这些都是一些应该得到鼓励的尝试。使用一本由两个部分组成的汉语词典（第一部分：汉译英，第二部分：英译汉）也是很有用的。

于澳门，1811年4月2日

目 录

第一章 绪 论···1
  第一节 注音方法··1
  第二节 汉语的声调···8
  第三节 汉字和书写··12
  第四节 关于在字典里查找汉字的方法及句读··18

第二章 名词（Of Nouns）··20
  第一节 数量词表（Table of Numerals）···20
  第二节 后加小词"者"（Of the Particle Chày Post-fixed to Nouns）··············38
  第三节 名词的数（Of Number）···38
  第四节 名词的格（Of Case）··40
  第五节 名词的性（Of Gender）···42

第三章 形容词（Of Adjectives）···43
  第一节 原级（Positive）··43
  第二节 比较级（Comparative）··44
  第三节 最高级（Superlative）···48

第四章 数词（Of Numbers）···51

第五章 代词（Of Pronouns）···55
  第一节 人称代词（Personal）··55
  第二节 物主代词（Possessive）··59

第三节　疑问代词（Interrogative）……………………64
　　第四节　指示代词（Demonstrative）……………………65
　　第五节　关系代词（Relative）……………………………66
　　第六节　分布代词（Distributive）………………………67
　　第七节　不定代词（Indefinite）…………………………69

第六章　动词（Of Verbs）……………………………………71
　　第一节　动词"To Have"…………………………………71
　　第二节　动词"To Be"……………………………………88
　　第三节　动词"Do、Must、Ought、Should、Can、Could、May、Might、Will、Let"……………………………………103
　　第四节　劝告动词（To Advise）…………………………108
　　第五节　辅助动词"加""打"……………………………118
　　第六节　非人称动词（Of Impersonal Verb）……………119

第七章　副词（Of Adverbs）…………………………………120
　　第一节　次数副词（Of Number）………………………120
　　第二节　序数副词（Of Order）…………………………120
　　第三节　位置副词（Of Place）…………………………121
　　第四节　时间副词（Of Time）…………………………123
　　第五节　品质副词（Of Quality）…………………………127
　　第六节　数量副词（Of Quantity）………………………129
　　第七节　约数副词（Of Doubt）…………………………130
　　第八节　肯定副词（Of Affirmation）……………………130
　　第九节　否定副词（Of Negation）………………………131
　　第十节　疑问副词（Of Interrogation）…………………132
　　第十一节　比较副词（Of Comparison）…………………133

第八章　介词（Of Prepositions）……………………………136

第九章　连词（Of Conjunctions）……………………………145

第十章　感叹词（Of Interjections）…………………………151

第十一章　关于汉语方言（Of the Provincial Dialect）……………153

第十二章　句法（Of Syntax）……………………………………159

第十三章　韵文（Of Prosody）……………………………………163

注　释………………………………………………………………168

附录一　《通用汉言之法》使用汉字注音索引……………………169

附录二　《通用汉言之法》使用词汇汉英对照索引………………214

第一章 绪论

当我们学习语言时，无论是古代语言还是现代语言，我们依靠的都是童年时期获得的语言基础，但是学习汉语是一个例外。因此，我们需要了解一些符号的知识和一些简单的语音符号。熟悉这些符号，能把这些符号组合在一起，记住这些符号的不同组合是要付出相当多的劳动的。虽然我们没有注意到，但是实际上平时我们在学习每种字母语言时，都遵循了同样的方案，都是利用了我们前期的知识储备。但是，当我们试图掌握汉语时，我们不得不使用一个崭新的方法。汉语没有字母，我们眼睛所看到的汉字并不表示读音。汉字和意义相关，并不涉及发音。这是否真的是一种好的或者具有优越性的方式，还是因为不表示声音而具有明显的缺点，必须由同时掌握汉语和字母语言的人决定，这样才是一个公平的比较。

第一节 注音方法

虽然汉语没有字母，汉字里也没有隐藏任何可以借以知道发音的东西，但是中国人仍旧努力在汉字和发音之间建立联系，尽管不那么成功。第一种方法，是他们用已经学习过的一个常用字来给一个较为不常用的字注音。中国人把这个叫做"音"。第二种方法，是他们用两个汉字表示发音，这叫做"切音"。他们用上字"定ting"和下字"伽kea"来切出"大ta"的音。如下所示：

```
Ting 定 Ting  ⎫        大 (the word to be spelled)
            ⎬ Ta    Tsët 切 divided
Kea 迦 Kea   ⎭        Yin 音 sound
```

如果只限定一些必要的表示声母和韵母的字，那么还是很快可以通过注音得到发音的。但是他们在字典和注释中使用了很多不同的汉字表示相同的声母和韵母。因此，在学习者学会使用直音和切音之前，他们必须掌握很多汉字。现在，我要说一说汉字的拼写方法。

汉字是单音节的，但是使用我们的音节表区分的音节数量有不到350个。因此，虽然拼写法很容易被了解，但是无论使用哪种拼写法，都很难被熟练掌握。

不同的欧洲国家对罗马字母的使用是不一样的，在拼写汉语音节时也会有所不同。目前根据英语发音来拼写汉语还做得很少，很多拼写法都是基于葡萄牙语的。因此，下面我们会给出基于英语发音的音节表。

官方的发音，欧洲人称为官话（Mandarine Tongue），这是由官方人员和整个帝国受过教育的人士所使用的，它与各省的方言不同，各省的方言彼此也不相同。澳门的方言和广东的方言不同，南京官话和北京官话也不一样。因此，任何一种拼写法都不会是完美的。

下面的拼写法适用于官话和广东方言。每个音节都附有一个有用的符号，单独的符号是没有意义的，学习发音的人可以在中国学者的帮助下获得发音的技巧。

通过和多个本地人一起读音节表，学习者将会相当容易地标记各种发音。也许第一个本地人的发音和下面给出的拼写法有很大不同，但是听了多个本地人的发音后，学习者将会发现这些发音非常接近英文字母的发音。

注音符号说明如下：

  A，跟"card"的中的a一样。
  Ă，同"hat"中的a。
  Ae，就像"wine"中的i。
  A，在ong前，就像"ale"中的a。
  Aou，就像一个张大嘴巴的a和ou[①]的组合。
  E，同"me"中的e。
  Ee，如果没有本地人的帮助，会发成前面的音，它们用来标记一个我们字母所不能发出的音。
  Oa，同"moan"中的oa。
  Ow，同"how""cow""sow"中的ow（当用作名词时）。
  U，在英语中的发音听起来很短，像法语"peu"中的eu。
  Ǔ，同"but"中的u。
  Y，同"truly"中的y。

汉语音节表说明如下：第一个是官话的英式发音，第二个是官话的葡萄牙式发音，第三个是广东话发音。

[①] 译者注：原文作"Aou, like open broad a coalescing with oo"，而在其出版的《华英字典·第一册》中将Aou的发音描述为"Aou, broad A and ou coalescing"，因此，原文中的"oo"应该是"ou"的笔误。

汉语音节表

1. A as in Card.
亚 A or Ya/Ya/A
安 An or Gan/Gan or Ngan/Oan
傲 Aou or Gaou/Gao or Ngao/Ow
2. C.
茶 Cha/Cha/Cha
差 Chae or Chi/Chai/Chae
产 Chan/Chan/Chan
长 Chang/Chang/Chaong
召 Chaou/Chao/Chew
这 Chay/Che/Chay
知 Che/Chi/Che
直 Chě or Chih/Chě/Chik
展 Chen/Chen/Cheen
真 Chin/Chin/Chǎn
正 Ching/Ching/Ching
竹 Chǒ/Chǒ/Chok
丑 Chow/Chew/Chǎou
主 Chu or Choo/Chu/Chu
拙 Chuě/Chuě/Chǔt
船 Chuen/Chuen/Shune
春 Chun/Chun/Chun
中 Chung/Chung/Chung
吹 Chǔy/Chui/Chuy
床 Chwang/Chöang/Choang
3. E. （同"me"中的e）.
衣 E/Y/E
4. F.
法 Fǎ/Fǎ/Fat
反 Fan/Fan/Fan
房 Fang/Fang/Fang
肥 Fe/Fi/Fei
非 Fei/Fy/Fei
佛 Fǒ/Fǒ/Fǎt; fok
父 Foo/Fu/Foo; Hoo①
浮 Fow/Fou/Fǎw

分 Fun/Fuen/Fun
风 Fung/Fung/Fung
5. G. （发音硬）
爱 Gae/Ngai/Oe
安 Gan/Ngan/Oan
恩 Gǎn/Gen/Yan
昂 Gang/Ngang/Gang
硬 Gǎng/Ngeng/Ying
敖 Gaou/Ngao/gow
额 Gě or Gih/Ngě/Gak
我 Go or wo/Ngo/Go
偶 Gow/Ngeu/Gow
6. H.②
海 Hae/Hai/Ho
旱 Han/Han/Hna
恨 Hǎn/Hen/Hǎn
行 Hang/Hang/Hoang
恒 Hǎng/Heng/Hǎng
好 Haou/Hao/How
喜 He/Hi/He
香 Heang/Hiang/Haong
晓 Heaou/Hiao/Hew
胁 Hěě/Hiě/Heep
闲 Hěen/Hien/Heen
学 Heǒ/Hiǒ/Hoak
许 Heu/Hiu/Hǔy
血 Heuě/Hiuě/Heut
悬 Heuen/Hiuen/Huen
训 Heun/Hiun/Fǔn
凶 Heung/Hiung/Hung
席 Hin/Hin/Hun
兴 Hing/Hing/Hing
火 Ho/Ho/Fo
护 Hoo/Hu/Foo
后 How/Heu/How
红 Hung/Hung/Hung

---

① Hoo是澳门和附近地区的发音。

② 在北京方言中，h在e或者i前变成sh或s。

通用汉言之法

画 Hwǎ/Hoě/Wak
花 Hwa/Hoa/Fa
坏 Hwae/Hoai/Wae
还 Hwan/Hoan/Wan
黄 Hwang/Hoang/Woang
活 Hwǒ/Huǒ/Woot
回 Hwǔy/Hoei/Wooy

7.　I.　（同法语的发音）

攘 Iang/Iang/Yaong
日 Iě or jih/Iě/Yat
然 Ien/Ien/Een
仍 Ieng/Ieng/Ying
人 Iin/Iin/Yun
若 Iǒ/Iǒ/Yok
柔 Iow/Leu/Yow
如 Ioo/Iu/Yu
懦 Iuen/Iuen/Une
润 Iun/Iun/Yun
冗 Iung/Iung/Yung

8.　K.①

该 Kae/Kai/Koe
甘 Kan/Kan/Kum
根 Kǎn/Ken/Kǎn
刚 Kang/Kang/Koang
更 Kǎng/Keng/Kǎng
高 Kaou/Kao/Kow
起 Ke/Ki/Ke; He
刻 Kě or kih/ Kě/Hak
家 Kea/Kia/Ka
诫 Keae/Kiai/Kae
讲 Keang/Kiang/Koang

教 Keaou/Kiao/Kaou
及 Kěě/Kiě/Kap
见 Kěen/Kien/Keen
居 Keu/Kiu/Keu
决 Keuě/Kiuě/Keut
犬 Keuen/Kiuen/Keune
群 Keun/Kiun/Kwǎn
穷 Keung/Kiung/Kung
求 Kew/Kieu/Kǎou
金 Kin/Kin/Kun
敬 King/King/King
可 Ko/Ko/Ho
各 Kǒ/Kǒ/Kok
古 Koo/Ku/Koo
工 Kung/Kung/Kung
寡 Kwa/Kua/Kwa
快 Kwae/Kuai/Fae
惯 Kwan/Kuan & kuon/Kwan & koon
官 Kwan/Kuan & kuon/Kwan & koon
困 Kwǎn/Kuen/Kwǎn
光 Kwang/Kuang/Kwoang
肱 Kwǎng/Kueng/Kwǎng
规 Kwei/Kuei/Kwei
过 Kwo/Kuo/Kwo
国 Kwǒ/Kuě or ko/Kwoak

9.　L.

蜡 Lǎ/Lǎ/Lap
来 Lae/Lai/Loe
缆 Lan/Lan/Lam
狼 Lang/Lang/Long
冷 Lǎng/Leng/Lǎng

---

① 在北京方言中，K在e和i前变成ch；或者ts。

4

劳 Laou/Lao/Low
礼 Le/Li/Lei
勒 Lě or lih/Lě/Lik
两 Leang/Leang/Laong
了 Leaou/Leao/Lew
力 Lëě/Liě/Lik
怜 Lëen/Lien/Leem
略 Leǒ/Liǒ/Leok
律 Leǔ/Liu/Lut
恋 Leuen/Liuen/Lune
留 Lew/Lieu/Lǎou
邻 Lin/Lin/Lun
另 Ling/Ling/Ling
绿 Lǒ/Lǒ/Lok
路 Loo/lu/Loo
轮 Lun/Lun/Lun
砻 Lung/Lung/Lung
雷 Lǔy/Lui/Lǔy
乱 Lwan/Luon/Lune

10. M.

马 Ma/Ma/Ma
买 Mae/Mai/Mae
慢 Man/Man/Man
忙 Mang/Mang/Moang
猛 Mǎng/Meng/Mang
毛 Maou/Mao/Mow
迷 Me/Mi/Mei
墨 Mě or mih/Mě/Mak
庙 Meaou/Miao/Mew
灭 Mëě/Miě/Meet
每 Mei/moei/Mooy
免 Mëen/Mien/Meen
民 Min/Min/Mǎn

明 Ming/Ming/Ming
磨 Mo/Mo/Mo
目 Mǒ/Mǒ/Mok
母 Moo/Mu/Moo
谋 Mow/Meu/Mǎou
们 Mǔn/Muen/Moon
朦 Mung/Mung/Mung
满 Mwan or man/Muon/Moon

11. N.

拏 Na/Na/Na
纳 Nǎ/Nǎ/Nap
奶 Nae/Nai/Noe
南 Nan/Nan/Nam
囊 Nang/Nang/Noang
能 Nǎng/Neng/Nǎng
呶 Naou/Nao/New
你 Ne/Ni/Ne
娘 Neang/Niang/Neong
袅 Neaou/Niao/New
匿 Něě/Nie/Nik
年 Nëen/Nien/Neen
虐 Neǒ/Niǒ/Nok
女 Neu/Niu/Neu
扭 New/Nieu/Nǎou
纫 Nin/Nin/Nin
宁 Ning/Ning/Ning
娜 No/No/No
诺 Nǒ/Nǒ/Nok
怒 Noo/Nu/Now
嫩 Nun/Nun/Nune
农 Nung/Nung/Nung
内 Nuy/Nui/Nuy
暖 Nwan/Nuon/Nune

通用汉言之法

12. O.
阿 O/O/O
恶 Ǒ or Gǒ/Ǒ, Ngǒ/Ok
13. P.
怕 Pa/Pa/Pa
八 Pǎ/Pǎ/Pat
拜 Pae/Pai/Pae
瘢 Pan/Pan/Pan
帮 Pang/Pang/Poang
棚 Pǎng/Peng/Pǎng
保 Paou/Pao/Pow
庇 Pe/Pi/Pe
北 Pě or pih/Pě/Pǎk
票 Peaou/Piao/Pew
别 Pěě/Piě/Peet
便 Pëen/Pien/Peen
被 Pei/Py, poei/Pei
彪 Pew/Pieu/Pew
贫 Pin/Pin/Pǎn
平 Ping/Ping/Paing
破 Po/Po/Po
薄 Pǒ/Pǒ/Pok
铺 Poo/Pu/Pow
剖 Pow/Peu/Pow
盆 Pun/Pun/Poon
篷 Pung/Pung/Pung
盘 Pwan/Puon/Poon
14. S.
撒 Sǎ/Sǎ/Sat
摋 Sae/Sai/Sae
伞 San/San/San
丧 Sang/Sang/Soang
瘖 Sǎng/Seng/Sǎng

扫 Saou/Sao/Sow
细 Se/Si/Sei
塞 Sě or sih/Se/Sik
销 Seaou/Siao/Sew
事 See/Seu/See
泄 Sěě/Siě/Seet
先 Seën/Sien/Seen
削 Seǒ/Siǒ/Seok
须 Seu/Siu/Seu
雪 Seuě/Siue/Seut
选 Seuen/Siuen/Sune
巡 Seun/Siun/Sune
修 Sew/Sieu/Sǎou
沙 Sha/Xa/Sha
杀 Shǎ/Xǎ/Shǎt
晒 Shae/Xai/Shae
讪 Shan/Xan/Shan
上 Shang/Xang/Sheong
少 Shaou/Xao/Shew
赊 Shay/Xe/Shay
时 She/Xi/She
实 Shě/Xě/Shě
善 Shen/Xen/Sheen
神 Shin/Xin/Shun
升 Shing/Xing/Shing
赎 Shǒ/Xǒ/Shok
书 Shoo; shu/Xu/Shoo; shu
受 Show/Xeu/Shǎou
顺 Shun/Xun/Shun
税 Shǔy; shwǔy/Xui/Shǔy
耍 Shwa/Xoa/Sha
衰 Shwae/Xoai/Shae
双 Shwang/Xoang/Sheong

6

说　Shwǒ/Xuě/Sheut
新　Sin/Sin/Sun
星　Sing/Sing/Shǎng
锁　So/So/So
俗　Sǒ/Sǒ/Sok
数　Soo/Su/Soo
逊　Sun/Sun/Sun
送　Sung/Sung/Sung
虽　Sǔy/Sui/Sǔy
算　Swaon/Suon/Sune

15. T.

大　Ta/Ta/Tae
达　Tǎ/Tǎ/Tat
代　Tae/Tai/Toe
但　Tan/Tan/Tan
当　Tang/Tang/Toang
等　Tǎng/Teng/Tǎng
逃　Taou/Tao/Tow
地　Te/Ti/Te
得　Tě or tih/Tě/Tak
调　Teaou/Tiao/Tew
敌　Tëě/Tiě/Tik
天　Tëen/Tien/Teen
丢　Tew/Tieu/Tow
定　Ting/Ting/Taing
多　To/To/To
读　Tǒ/Tǒ/Tok
都　Too/Tu/Too
头　Tow/Teu/Tǎou
杂　Tsǎ/Cǎ/Tsǎp
猜　Tsae/Cai/Tsoe
残　Tsan/Can/Tsam
舱　Tsang/Cang; çam/Tsoang

增　Tsǎng/Ceng/Tsǎng
早　Tsaou/Cao/Tsow
妻　Tse/Çi/Tsei
则　Tsě or Tsih/Çě Tsik
匠　Tseang/Çiang/Tsaong
蕉　Tseaou/Çiao/Tsew
借　Tseay/Çie/Tsay
此　Tsee/Çu/Tsee
七　Tsëě/Çiě/Tsat
前　Tsëën/Çien/Tseen
娶　Tseu/Çiu/Tseu
绝　Tseuě/Çiuě/Tseut
痊　Tseuen/Çiuen/Tsune
竣　Tseun/Ciun/Tsun
秋　Tsew/Çieu/Tsaou
亲　Tsin/Çin/Tsun
净　Tsing/Çing/Tsing
坐　Tso/Ço/Tso
作　Tsǒ/Çǒ/Tsok
阻　Tsoo/Çu/Tsoo
愁　Tsow/Çeu/Sow
尊　Tsun/Çan/Tsun
总　Tsung/Çung/Tsung
攒　Tswan/Çuon/Tsune
顿　Tun/Tun/Tun
同　Tung/Tung/Tung
推　Tǔy/Tui/Tǔy
短　Twan/Tuon/Tune

16. U.

翁　Ung/Ung/Gung
而　Urh/Ul; urh/E, uge

17. Wa.

袜　Wǎ/Vǎ/Mat

外 Wae/Vai/Ngoe	要 Yaou/Yao/Yew
晚 Wan/Van/Man	夜 Yay/Ye/Yay
闻 Wǎn/Ven/Mǎn	言 Yen/Yen/Een
望 Wang/Vang/Moang	有 Yew/Yeu/Yaou
味 We/Vi/Mei	因 Yin/Yn/Yǔn
为 Wei/Goei/Wei	影 Ying/Yng/Ying
我 Wo or Go/Ngo/Go	欲 Yǒ/Yǒ/Yok
五 Woo/Gu; Ngu/Ing	鱼 Yu/Yu/Ue
18. Y.	月 Yuě/Yuě/Yut
牙 Ya/Ya/Ga	圆 Yuen/Yuen/Une
伢 Yao/Yai/Ak	云 Yun/Yun/Wǎn
洋 Yang/Yang/Yaong	用 Yung/Yung/Yung

第二节 汉语的声调

汉语的音节有四个声调。中国人叫做"四声"。"四声"可以用张开的一只手来表示，就像这样：

字符"平"表示第一声，"上"表示第二声，"去"表示第三声，"入"表示第四声①。这些字符被用来改变它们音节的发音。

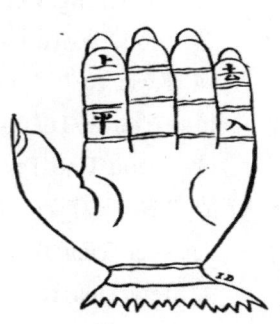

第一，平声，被描述为"平声平道莫低昂"；第二，上声，被描述为"上声高呼猛烈强"；第三，去声，被描述为"去声分明哀远道"；第四，入声，被描述为"入声短促急收藏"②。

平声可以分成"上平"和"下平"两种③。

---

① 中国人把汉语的声调分成平的和斜的。"平声"是平的，其他三个声调被叫做"仄声"，是斜的。

② 译者注：这里对声调的描述出自明朝释真空的《玉钥匙歌诀》：平声平道莫低昂，上声高呼猛烈强，去声分明哀远道，入声短促急收藏。

③ "上平"也被叫做"清平"，"下平"也被叫做"浊平"。

欧洲人已经习惯了这些声调，在书写中，它们用特定的标记像音符一样放在音节上。

这些标记是："-"上平声、"^"下平声、"`"上声、"´"去声、"˘"入声①。②

因此，欧洲人说汉语有五个声调，通常根据上面所提的顺序用第一声、第二声……来称呼这些声调。这些标记放在音节上面，就像：tūng、tùng、túng、tǔ。

曼宁先生（Mr. Manning），一位认真研究语言的绅士，说上声的发音受到关闭硬腭和软腭的抖动以及相邻部位收紧的影响。读去声的时候在音节的末尾也会发生同样的事情。发平声的时候，这些部位是开放的。我认为注意这一点会有助于区分三个声调。入声与其他三个声调区别很明显。它非常短，而且与其他三个声调拼写方式不同，如tiēn、tièn、tién、tiě。

以n或者ng结尾的音节，所对立的音节才有入声。③

汉语音节的另外一个变体是送气符号④，这个符号和其他符号叠加在一起，就形成了 ⏑ ⏑ ⏑ ⏑ 这样的符号。只有清音k、p、t有对应的送气音。音节Ch'â似乎是一个例外，但实际上并非如此，因为它完全是Tcha的声音。

元音e、o、u的变体是在这些符号上面加一个点：⏑ ⏑ ⏑ ⏑ ⏑ ⑤。需要特别注意的是在葡萄牙式拼写法中要注意区分çù和çu。第一个不能用罗马字母拼写。它有点像tsu¹，第二个有点像tsu²。

汉语的送气音不是对音节的修饰，而是一个完全不同的音。

在北京方言中，短促的入声被拉长了，或者根本就不存在。

声调只能跟现实生活中的指导者学习。对于说话时理解汉语来说，声调不是必需的，但是要想说好汉语，声调必须发音准确。因此，早点关注声调问题是可取的。

---

① 中国人把"o"放在汉字的四个角上表示声调，例如 天 表示平声，天 表示上声，天 表示去声，天 表示入声。

② 译者注：这种声调的表示法是由利玛窦首先使用，并为后期诸多传教士创制的拼音方案所沿用。

③ 译者注：这句话的原文是"Those syllables only which end in n or ng have the jǒ-shîng"，直译为"只有以n或ng结尾的音节才有入声"，但是在汉语中，以"n""ng"结尾的音节为阳声韵，不会是入声韵，因此揣摩上下文义，做了修改。

④ 译者注：这句话的原文是"Another variety in the Chinese syllables is marked by an aspirate placed with the other marks"，其中的"aspirate"表示"抽吸气"，但是实际上汉语只有送气音，这里根据通行的说法做了修改。

⑤ 译者注：这种在元音上加一个点表示另外一个元音的方法在《西儒耳目资》等著作中有比较广泛的使用，而《通用汉言之法》基本没有使用这种方法。

下面给出一个音节表，用于练习声调。

声调练习表

1.
先 Siēn
薛 Sièn
线 Sién
屑 Siě

2.
威 Goeī
伟 Goeì
畏 Goeí

3.
几 Kī
纪 Kì
记 Kí

4.
诸 Chū
主 Chù
著 Chú

5.
修 Sieū
叟 Seù
秀 Sie

6.
东 Tūng
董 Tùng
冻 Túng
笃 Tǒ

7.
英 Yīng
影 Yìng
应 Yíng

益 Yě

8.
宾 Pīn
禀 Pìn
嫔 Pín
毕 Piě

9.
张 Chāng
掌 Chàng
帐 Cháng
着 Chō

10.
刚 Kāng
讲 Kiàng
降 Kiáng
角 Kiǒ

11.
朝 Chaō
沼 Chaò
照 Chaó

12.
孤 Kū
古 Kú
故 Kù

13.
鸳 Yuēn
婉 Yuèn
怨 Yuén
乙 Yě

14.
皆 Kiaī
解 Kiaì
介 Kiaí

15.
登 Tēng
等 Tèng
凳 Téng
德 Tě

16.
师 Szū
史 Szù
四 Szú

17.
金 Kīn
锦 Kìn
禁 Kín
急 Kiě

18.
交 Kiaō
绞 Kiaò
教 Kiaó

19.
栽 Çaī
宰 Çaì
载 Çaí

20.
兼 Kiēn
检 Kièn
剑 Kién

劫 Kiĕ
21.
津 Çīn
赆 Çìn
进 Çín
卒 Çŏ
22.
虽 Suī
髓 Suì
岁 Suí
23.
科 Kō
火 Hò
货 Hó
24.
针 Kién
减 Kièn
鉴 Kién
甲 Kiă
25.
翻 Fān

反 Fàn
泛 Fán
发 Fă
26.
家 Kiā
贾 Kià
嫁 Kiá
27.
官 Kuōn
管 Kuòn
贯 Kuán
括 Kuŏ
28.
魁 Kueī
贿 Hoeì
诲 Hoeí
29.
遮 Chē
者 Chè
蔗 Ché

30.
干 Kān
赶 Kàn
干 Kán
割 Kŏ
31.
甘 Kān
敢 Kàn
绀 Kán
蛤 Kŏ
32.
彭 Pēng
棒 Pàng
硬 Ngéng
额 Ngĕ
33.
吾 Ngû
五 Ngù
悟 Ngú

这个表格里面音节上的标记是很明显的,以n或ng结尾的音节的组里面才有入声。前面的内容是从一本小型的中文字典中摘取的,相同的韵母和声调的音节排列在一起。可以看到,汉语不是像我们一样用开头的辅音编排顺序,而是利用韵母编排顺序。

上面的音节表包含了汉语中所有的韵母。[①]学习汉语者需要经常跟随本地老师重复朗读。表中每个汉字都有注音,当学会声调的时候,这些汉字也就熟悉了。

---

① 之前的表格给出了所有的声母。要拼写出词的发音,没有比声母和韵母的组合更重要的了。中国人用这一点进行秘密通讯。通讯时人们首先固定语音的顺序,这种顺序只要他们愿意,就可以经常修改,然后他们写出语音位置的数字而不是这个语音,这样,他们的手指移动到希望同伴注意的数字时就会暂停一下,他们通过这种方式进行通讯。

第三节 汉字和书写

　　汉字是由毛笔书写的。写汉字时，拇指、食指和中指要紧紧捏住毛笔并且使毛笔保持竖直。手腕和整个前臂要稳稳地放在桌子上，写字用的纸要放在前面。写汉字时遵循从上到下，从右到左的顺序。

　　有时候，题刻、寺庙门上的匾额、商铺的招牌是横行书写的，书写的顺序也是从右到左。

　　很明显，汉字最开始是象形文字。从古文字开始，汉字就被精心保存，但为了规整和便于传播，汉字经历了渐进的反复变化，这些变化在大多数情况下破坏了汉字包含的象征意义。然而中国人仍然坚持汉字原有的象征意义，并且经常在字典中努力地说明他们所认为的包含在汉字中的象征意义。在解释合体字时，他们有时会指出整个合体字的意义以及构成汉字的每个部分的意义。

　　现在使用的汉字有五种变体。第一种，称为"正字"（chíng tseé），这是使用最广泛的；第二种，称为"行字"（hîng tseé），书写起来比较自由，但是不像"草字"那样漫不经心；第三种，称为"草字"（tsaoù tseé）；第四种，称为"隶字"（lé tseé），是一种古代的字体，很像"正字"；第五种，称为"篆字"（chuèn tseé）。我们可以写一个"东"的五种字体来表示它们的区别：

東 *chíng-tseé*, or the plain hand;
東 *hîng-tseé*, free hand;
东 *tsaoù-tseé*, the running hand;
東 *lé-tseé*, ancient character;
東 *Chuèn-tseé*, seal character.

　　草字经常用来写信和记账。书的前言经常用草字写。书的正文经常用正字写。送到政府的公文必须用正字写。行书和篆书中的同一个字有多种写法，正字也有简写，因此，彻底掌握汉字有很大困难。

　　虽然汉字看上去很复杂，但是可以简化为一些基础的部分（中国人称为"部"）。在欧洲，"部"被称为密钥和字根。汉字有214部[①]。如下表：

[①] 译者注：214部来自明代梅膺祚《字汇》。这本字书根据楷体，将《说文解字》部首简化为 214 部。214部为明末张自烈《正字通》以及清代《康熙字典》所沿袭。

第一章 绪论

汉字部首表

Table of the Chinese Radicals, exhibiting their pronunciation, figure, and meaning.

Characters formed by one stroke of the pencil.		*Mëĕ* ー to cover.		*Mòw* 厶 curved.	
Yĕ 一 one.		*Pîng* ⼎ isicle.		*Yéw* 又 more.	
Keuèn 丨 to descend.		*Kè* 几 niche.		—*By three strokes.*	
Chù 丶 a point.		*Kǎng* 凵 gaping.		*Keŭ* 口 mouth.	
Peĕ 丿 bent out.		*Taoū* {刀 刂} knife.		*Hwǐty* 囗 inclosure.	
Yáy 乙 one.		*Lëĕ* 力 strength.		*Tŏ* 土 earth.	
Keuĕ 亅 hooked.		*Paoū* 勹 to fold.		*Seĕ* 士 learned.	
—*By two strokes.*		*Pè* 匕 spoon.		*Chè* 夂 to follow.	
Ŭrh 二 two.		*Fāng* 匚 receptacle.		*Sǎy* 夊 to walk.	
Tòw 亠 undefined.		*Hè* 匸 receptacle.		*Sëĕ* 夕 evening.	
Jin {人 亻} man.		*Shǎy* 十 ten.		*Tá* 大 great.	
Vǒ 儿 man.		*Pǒ* 卜 to divine.		*Neŭ* 女 woman.	
Jǒ 入 to enter.		*Sëĕ* {卩 㔾} knot in wood.		*Tseĕ* 子 child.	
Pă 八 eight.		*Hàn* 厂 shelter.		*Mëĕn* 宀 to collect.	
Keŭng 冂 wilderness.				*Tsún* 寸 an inch.	
				Seaoŭ 小 little.	

13

通用汉言之法

Yĕw	尢 尤 兀	irregular / waving / edge.
Shē	尸	corpse.
Chĕ	屮	bud.
Shān	山	hill.
Chuēn	巛	channel.
Chuēn	巜 巛 川	same as / the last.
Kūng	工	workman.
Kĕ	己	one's self.
Kīn	巾	napkin.
Kān	干	shield.
Yĕw	幺	slender.
Yĕn	广	to protect.

Ying	廴	journey.
Kŭng	廾	join hands.
Yăy	弋	to dart.
Kăng	弓	a bow.
Kĕ	彐 彑 彑	hog's head.
Shān	彡	hairs.
Chĕ	彳	to pace.

—By four strokes.

Shin	心 忄 忄	the heart.
Kŏ	戈	a lance.
Hoó	戶	inner door.

Shòw	手 扌	the hand.
Chē	支	branch.
Pŏ	攴 攵	slight / stroke.
Wăn	文	literature.
Tŏw	斗	firkin.
Kīn	斤	pound.
Fāng	方	square.
Vú	无 旡	negative.
Jĭ	日	day.
Yuĕ	曰	to speak.
Yuĕ	月	the moon.
Mŏ	木	wood.
Kĕĕn	欠	to owe.

Chè	止	to stop.	Heaoú	爻	to imitate.	Tëen	田	a field.
Taè	歹	evil.	Chwǎng	爿	undefined.	Pĭt	疋	piece of cloth.
Chŭ	殳	a staff.	Pëen	片	a splinter.	Tsĭě	疒	sickness.
Wú	毋	not.	Yá	牙	the teeth.	Pŏ	癶	to mound.
Pè	比	to compare.	New	牛	an ox.	Pĭ	白	white.
Maoú	毛	hair.	Kiuèn	犬	a dog.	Pĭ	皮	skin.
Shè	氏	family name.				Ming	皿	dishes.
Kcè	气	air.		—By five strokes.		Mŏ	目	the eye.
			Heuén	玄	dark colour.	Mów	矛	a spear.
Shùy	水	water.	Yŏ	玉	gem.	Shì	矢	an arrow.
			Kwā	瓜	melon.	Shĕ	石	a stone.
Hò	火	fire.	Wà	瓦	tiles.	Shí	示	to admonish.
			Kān	甘	sweet.	Seù	内	to creep.
Chaoù	爪	nails.	Sĭng	生	to produce.	Hó	禾	grain.
Foó	父	a father.	Yúng	用	to use.	Heuĕ	穴	a den.
						Lĭĕ	立	erect.

通用汉言之法

—By six Strokes.

Chŏ	竹 竹	bamboo.
Mè	米	rice.
Seé	糸 糸	silk.
Feú	缶	crockery.
Wàng	网 四 ⺲ 冈	a net
Yáng	羊	a sheep.
Yù	羽 羽	feathers.
Lıoù	老	aged.
Ŭrh	而	and.
Lèĕ	耒	harrow.
Ŭrh	耳	the ear.

Yǔ	聿	a pencil.
Jŏ	肉 月	flesh.
Chʼín	臣	minister.
Tseé	自	himself.
Ché	至	even to.
Kèw	臼	a mortar.
Shĕ	舌	the tongue.
Chuĕn	舛	to disturb.
Chōw	舟	a ship.
Kán	艮	inobedient.
Sĕ	色	colour.
Tsaoù	艸 ⺾	herbs.
Hoò	虍	a tiger.
Chʼŭng	虫	an insect.
Heuĕ	血	blood.

Híng	行	to go.
E	衣	garments.
Ya	襾	to oppose.
Sé	西	the west.

—By seven strokes.

Këĕn	見	to see.
Kiŏ	角	a horn.
Yĕn	言	words.
Kŏ	谷	valley.
Tŏw	豆	pulse.
Shè	豕	a hog.
Chè	豸	reptile.
Peí	貝	sea shells.
Tsòw	走	to walk.
Chăy	赤	carnation.
Tsŏ	足 足	the foot.
Shin	身	the body.

16

Keŭ 車 a wheel.	*Yù* 雨 rain.	*Kaoŭ* 高 high.
Sìn 辛 bitter.	*Tsing* 青 azure.	*Peaoú* 髟 long hair.
Shin 辰 to tremble.	*Fei* 非 false, not.	*Tów* 鬥 to fight.
Chŏ 辵/辶 to run.	—By nine strokes.	*Chăng* 鬯 sacrific wine.
Yăy 邑/阝 a city. (right.)	*Mëén* 面 the face.	*Lĕ* 鬲 perfume pot.
Yèw 酉 finished.	*Kĕ* 革 untanned skin.	*Kwei* 鬼 an imp.
Tsa? 釆 to pluck.	*Vĕi* 韋 tanned leather.	—By eleven strokes.
Lè 里 a mile.	*Kèw* 韭 leeks.	*Yú* 魚 fish.
—By eight strokes.	*Yin* 音 sound.	*Neaoŭ* 鳥 a bird.
Kin 金 gold.	*Hĕĕ* 頁 the head.	*Loò* 鹵 tasteless.
Chăng 長 long.	*Fŭng* 風 wind.	*Lŏ* 鹿 a stag.
Mún 門 a door.	*Fei* 飛 to fly.	*Mĕ* 麥 wheat.
Feù 阜/阝 a mound. (left.)	*Shăy* 食 to eat.	*Má* 麻 hemp.
	Shów 首 the head.	—By twelve strokes.
Taé 隶 highest.	*Heăng* 香 odour.	*Hwáng* 黃 yellow.
Chuĕ 隹 wings.	—By ten strokes.	*Shoŏ* 黍 millet.
	Mà 馬 a horse.	*Hĕ* 黑 black.
	Kwó 骨 a bone.	

Chě	黹 to embroider.		—By fourteen strokes.		—By sixteen strokes.
—By thirteen strokes.		Pé	鼻 nose.	Lúng	龍 dragon.
Múng	黽 a toad.	Tsé	齊 even.	Kwei	龜 tortoise.
Tíng	鼎 tripod.		—By fifteen strokes.		—By seventeen strokes.
Koŏ	鼓 drum.	Chě	齒 teeth.	Yŏ	龠 wind instrument.
Shoŏ	鼠 mouse.				

括号里面的几个字符是一样的。前面的是独立使用构成汉字时的形式，跟在后面的是组合形成别的汉字时的形式。

那些符号的英文注释下面有字母"c"的，说明这些符号只能作为组字的单元使用；符号旁边有一个符号"c"的，也是同样的意思。

"阝"（表示一个城市）和"阝"（表示一个土堆）的区别在于它们一个放在汉字的右边，一个放在汉字的左边。

第四节 关于在字典里查找汉字的方法及句读

在前面所说的214部首的基础上，所有的汉字都被安排在字典里。在合体字中，部首出现在左侧的次数要比出现在其他位置的次数更多。但部首有时候也出现在合体字的右侧、顶部、底部、中间，因此，部首的位置没有一定之规，它似乎通常是字符最突出的部分。

在按照部首排字的字典中，首先，由一笔笔画所形成的字符要多于形成的部首；第二，由两笔构成的字符也更多；由三笔构成的字符也更多。因此，为了找出字典中的一个字，除了部首外，还要数一数你想要找的字有多少笔，然后，在它的部首下面，根据笔画数的多少来寻找这个汉字。假如想要找的汉字没有找到，那么或者是找错了部首，或者是数错了笔画数。

数笔画数时最有可能出错的就是四方形的汉字"口"和底部开口的"冂"。汉语中的"口"是由三笔构成的，而"冂"是由两笔构成的。首先在左边写下一笔；然后上面和右边为一笔，最后在底部写最后一笔：第一笔"丨"，第二笔"冂"，最后一笔"一"。

注意，通常的笔顺是，先写汉字的左边；先横后竖，不包括最低的横，这个横是最后写的；在整个四方形封口之前先写好左边、上边和右边；底部的横最后写。

例子：

便，部首是"亻"，位于左边，除了部首之外还有7笔。
助，部首是"力"，位于右边，除了部首之外还有5笔。
全，部首是"入"，除了部首之外还有4笔。
兵，部首是"八"，除了部首之外还有8笔。[①]
爱，部首是"心"，部首位于中间，除了部首之外还有9笔。

在中国，《康熙字典》是一本使用最多的字典，它也是按照上面的排字法编排的。除此之外，还有一些字典，里面的字是根据发音排列的。

一些汉拉字典使用了上述两种方法。在一个详尽的索引中，字符都被排列在部首下面，正如现在已经解释过的。学习者通过索引找到汉字，并学习其写在旁边的发音，然后再转到正文，正文中汉字按照发音进行排列，学习者在那里会找到汉字的解释。这种双重安排的作用是，你可以从它的发音或者字形找到一个汉字。

汉语书写时一般省略标点符号。历史书籍和评论通常会点断。有两种点：在汉字中间画一个点，用以指出句子的成员，称为"读"；当一个句子完成时，在最后一个字旁边画一个圈，叫做"圈断"。例如：於.叹美辞。

[①] 译者注：原文认为"兵"除了部首"八"之外，还有"eight strokes"，这里很明显，应该是"five strokes"。

通用汉言之法

第二章 名词（OF Nouns）

正如已经观察到的那样，汉语的词只包含一个音节，我们现在就来说说这些不可分割的词。

名词的数（number）、格（case）、性（gender）没有任何变化，它们在动词的语气（mood）、时态（tense）和人称（person）发生变化时仍旧保持原样。

也就是说，在其他语言中名词经常会受到格和动词词形变化的影响，而汉语的词形保持不变。

第一节 数量词表（Table of Numerals）

在说明汉语如何形成名词的数（number）、格（number）、性（gender）之前，我们需要首先注意数量词（numerals），它通常位于名词之前或之后。

从数量词这个名称来看，它们的作用很明显是用于数量统计。

但是，它们的作用不但可以用于计算，而且用于指称一类事物：例如，英语"a ship"用汉语表示就是"一艘船"，看上去就好像用"one sail ship"表示一样。数量词"艘"就好像英语"twenty sail of merchantmen"中的"sail"一样，数量词暗示了名词的一些性质或意义。

在算账或者记账时，数量词跟在名词后面。比如：货船二十只、白布一千疋。

1. 餐 ts'ān

用来称量饭的数量词，例如：

（1）一 yǎy/one 餐 ts'ān/swallow 饭 fán/rice
　　　A meal.
（早饭称为早 tsaò 餐 ts'ān；中午吃的正餐称为午 vù 餐 ts'ān，广东人称为大 tá 餐 ts'ān；晚饭称为晚 wàn 餐 ts'ān）

2. 盏 tsàn

用来称量灯的数量词，例如：

第二章 名词（OF Nouns）

（2）一 yǎy/one 盏 tsàn/cup 灯 tāng/lamp
A lamp.

3. 层 ts'âng
用来称量房子或者地板的数量词，也可以用来称量一层叠在另一层的东西。例如：

（3）一 yǎy/one 层 ts'âng/flight 楼 leû/room
A story, or flight of rooms.
（4）第 té/number 一 yǎy/one 层 ts'âng/flight 楼 leû/room
The first story.

4. 节 tsëě
用来称量关节的数量词，例如藤条或者竹子的关节，也可以称量书的段落。例如：

（5）请 tsùng/pray 讲 keàng/discourse 书 shoō/book 一 yǎy/one 节 tsëě/paragraph
I'll thank you to explain a paragraph.
（6）砍 k'àn/cut 一 yǎy/one 节 tsëě/section 竹 chǒ/bamboo 做 tsó/make 箫 seaoū/pipe 管 kwàn/the numl. 来 laê/come 吹 chuě/blow
Cut a section of bamboo, and make a pipe to play on.

5. 座 tsó
用来称量墙的数量词。例如：

（7）一 yǎy/one 座 tsó/seat 墙 tse'âng/wall
A wall.
（8）建 këén/build 一 yǎy/one 座 tsó/seat 石 shǎy/stone 墙 tse'âng/wall
To build a stone wall.

不过，泥夯筑的墙要用数量词"幅"来称量。例如：

（9）筑chǒ/tread 一yǎy/one 幅fǒ 土to'ò/earthen 墙tse'âng/wall
To erect a mud wall.

6.牸tsoó
用来称量母牛和母马的数量词。例如：

（10）一yǎy/one 牸tsoó 牛nêw/cow
A cow.

说明这是一头母牛。

7.只chě
一个用来称量四条腿动物的数量词，例如：

（11）一yǎy/one 只chě/single 马mà/horse
A horse.

（12）一yǎy/one 只chě/single 狗keù/dog
A dog.

8.张chāng
意思是拉开绳索。是一个用来称量椅子、桌子、纸张的数量词，也可以用来称量床、沙发等等。例如：

（13）一yǎy/one 张chāng 桌chǒ/table 子tseè
A table.

（14）一yǎy/one 张chāng/stretch 纸chè/paper
A sheet of paper.

9.札chǎ
一个用来称量信封、一小捆东西或者一包铅笔、纸张的数量词，有时候也用来称量信件。例如：

（15）带taé/carry 到taoú/to（前tsë'ên 山shān）/tseen-shan 营yîng/camp 兵pīng/soldier 甲keǎ/armour 一yǎy/one 千tsë'én/thousand 札chǎ

Take to Caza-branco camp a thousand coats of mail.

10. 只 chě
用来称量船的数量词，也可以用来称量成对的东西中的一个。例如：

（16）一 yǎy/one 只 chě/single 船 chu'ên/ship
A ship.

（17）兵 pīng/soldier 船 chu'ên/ship 三 sān/three 只 chě/single ones 到 taoú/come to 了 leaoù/have
Three ships of war have arrived.

（18）一 yǎy/one 只 chě/single 靴 heuě/boot
A boot.

11. 帙 chě
用来称量书函的数量词，在中国，六卷或者八卷书通常合为一帙。例如：

（19）书 shoō/book 一 yǎy/one 帙 chě/case
A case of books.

12. 枝 chē
意思是树枝，是一个可以用来称量树枝、蜡烛、铅笔等的数量词。例如：

（20）一 yǎy/one 枝 chē/branch 蜡 lǎ/wax 烛 chǒ/candle
A wax candle.

（21）一 yǎy/one 枝 chē/branch 笔 pëě/pencil
A pencil.

也可以说：

（22）一 yǎy/a 管 kwàn/reed 笔 pëě/pencil
A pencil.

13. 阵 chín
用来称量雨、风的数量词。例如：

（23） 一yǎy/one 阵chín 雨yù/rain
A shower of rain.

非常大的雨，可以称作：

（24） 一yǎy/one 阵chín 大tá/great 雨yù/rain
A heavy shower of rain.

（25）船chu'ên/the ship 被peí/received 一yǎy/one 阵chín 大tá/great 风fūng/wind's 打tà/stroke (and was) 坏hwaé/spoiled 了leaoù/entirely
The ship was lost in a heavy gale of wind or a Typhon.

14.成ch'îng
一个用来称量在乐器上演奏的曲调的数量词，也可以指称整个数字，比如十、百、千。例如：

（26） 一yǎy/one 成ch'îng/perfect (piece of) 乐yǒ/music
A tune.

（27） 一yǎy/one 成ch'îng/perfect 数soó/number
A whole number.

演奏一首曲子，也可以说：

（28） 作tsǒ/make 一yǎy/one 成ch'îng/perfect (piece of) 乐yǒ/music
Play a tune.

15.轴chǒ
用来称量卷起来的图画的数量词。例如：

（29） 一yǎy/one 轴chǒ 画hwá/picture
A picture.

16.炷chú
用来称量一种芳香的木质小棍的数量词，这个东西在中国用于宗教仪式，欧洲人通常叫做乔斯棒（Jos-sticks）。例如：

（30）清 ts'īng/clear 早 tsaoù/morning 起 k'é/raise 身 shīn/body 点 tëen/kindle 一 yăy/one 炷 chú/twig 香 heâng/incense 敬 kíng/to pay respect to 神 shîn/deity

  Rise early in the morning, and kindle a twig of incense, to pay respect to deity.

17. 串 chu'én
用来称量串在一起的东西的数量词，比如说珠子等。例如：

（31）一 yăy/one 串 chu'én/string 珠 chū/beads
  A string of beads.
（32）我 gò/I 往 wàng/go to 铺 poo/shop 看 k'ān/to look (&) 见 këén/see 一 yăy/one 串 chu'én/string 珠 chū/beads 可 k'ò/worthy 以 è/to 做 tsó/make 得 tě/be 手 shòw/hand 钏 chuén/bracelet 用 yúng/use
  I am going to the shop to see a string of beads, (to know) if they will do to make bracelets of, or not.

18. 重 ch'ûng
用来称量天的数量词，中国人认为天有九重，重也可以用来称量单衣，例如：

（33）第 té/number 三 sān/three 重 ch'ûng 天 të'ēn/heaven
  The third heavens.
（34）一 yăy/one 重 ch'ûng 衣 ê/garment
  A garment.

19. 方 fāng
用来称量墨的数量词，例如：

（35）一 yăy/one 方 fāng/square 墨 mě/ink

20.幅 fŏ
用来称量丝绸的数量词，在丝绸上写的大字或者画也可以用幅来称量。例如：

（36）一 yăy/one 幅 fŏ/piece of 绸 ch'ôw/silk

21.封 fūng
最常用的称量信件的数量词。例如：

（37）寄 ké/send 一 yăy/one 封 fūng/closed 书 shoō/book 与 yú/to 朋 p'ûng/friend 友 yeù
To send a letter to a friend.

（38）本 puèn/original (this) 月 yuě/moon 初 ts'ō/beginning 二 úrh/two (I) 接 tseăy/received 仁 jîn/benevolent 兄 heūng/brother's 来 laê/coming 信 sín/faith (letter) 一 yăy/one 封 fūng/closure
On the 2d instant I received your letter.

22.位 weí
含有尊重含义的称量人的数量词。例如：

（39）一 yăy/one 位 weí 客 kě/visitor
A visitor; a guest.

23.行 hâng
用来称量排成行的东西，也可以指成列的字。例如：

（40）一 yăy/one 行 hâng/walk of 树 shoó/trees
A row of trees.

（41）一 yăy/one 行 hâng/colum of 字 tseé/characters
One column of characters.

24.下 hiá
用来称量用手或者棍棒敲击的数量词，例如：

第二章 名词（OF Nouns）

（42）打 tà/strike 一 yǎy/one 下 heá/come down
To strike a blow.

（43）他 t'ā/he 打 tà/struck 那 nâ/that 个 kó/numeral 人 jîn/man 不 poǒ/not 过 kwǒ/passing 是 shé/was 一 yǎy/one 下 heá/come down
He struck that man but one blow.

25. 伙 hò
用来称量很多人、舰队或者船队等。例如：

（44）一 yǎy/one 伙 hò/ron (of) 贼 tsě/pirate 船 chu'ên/ships

26. 画 hwǎ
用来称量笔画的数量词，例如：

（45）一 yǎy/one 画 hwǎ/stroke 二 úrh/two 画 hwǎ/strokes, &c

27. 回 hwûy
用来称量书的各部分的数量词，例如：

（46）一 yǎy/one 回 hwûy/return 古 koǒ/ancient 文 wân/literature
A section of ancient literature.

28. 员 yuên
用来称量政府官员的数量词，例如：

（47）一 yǎy 员 yuên 官 kwān
An officer.

29. 竿 kān
用来称量竹子的数量词，例如：

（48）一 yǎy 竿 kān 竹 chǒ
A piece of bamboo.

30.架keá
用来称量钟表，也可以用来称量弦乐器，比如钢琴等。例如：

（49）一yǎy/one 架keá/stand （时shê/time 辰shīn/hour 钟chūng/bell）/clock

　　　　A clock.

31.根kān
意思是根茎，用来称量树木的数量词。例如：

（50）(一yǎy/one 根kān/root 树shoó/tree) /a tree

32.口ke'ù
意思是嘴，用来称量一饮之量的数量词，例如：

（51）一yǎy/a 口ke'ù/mouth (full of) 茶ch'â/tea

　　　　A draught of tea.

"口"也可以用来称量门或者刀剑。

33.间këén
用来称量房屋的数量词。例如：

（52）一yǎy 间këén 屋vǒ

　　　　A house.

（53）你ne/your 一yǎy/one 间këén 屋ǒ/house (is)（实shě/reality 在tsaé/is in it）/very 好haoù/good

　　　　Your house is a very good one.

（54）一yǎy/one 间këén 房fâng/room 子tseè

　　　　A room.

34.件këén
用来称量事情的数量词。例如：

第二章　名词（OF Nouns）

（55）一yǎy/a 件këén/piece of 事seé/business

（56）有yeù/there is 一yǎy/an （件këén 事seé）/affair （十shě/ten 分fūn/parts）/very 好haoù/good 笑seaoú/to laugh

There is a very laughable affair.

35.局kiǒ
用来称量棋类游戏的数量词。例如：

（57）作tsǒ/play 一yǎy/a 局kiǒ/game 棋ke/at chess 消seaoù/to dissipate 闷mún/grief

36.句keú
用来称量词句的数量词。例如：

（58）一yǎy/one 句keú/sentence 话hwá/speech
A sentence.

（59）他t'ā/he 讲keàng/spoke 一yǎy/a （句keú 话hwá）/sentence 我gò/I 未wé/not 曾tsāng/yet 晓heaoù/understand 得tě/can

He pronounced a sentence which I do not understand.

37.卷keuén
用来称量卷册的数量词。例如：

（60）桌chǒ/table 上shàng/upon 放fang/laid 一yǎy/the 卷keuén/volume 书shoō/book 是shé/is （论lûn 语yù）/lun-yu 之chē/of 书shoō/the book

The volume upon the table, is a volume of the work Lun-yu.

38.个kó
用来称量人的常用数量词。例如：

（61）着chǒ/order 一yǎy/a （个kó 人jîn）/man 上shàng/up 来laê/to come 扫saoú/to sweep 楼leû/the floor

"个"也经常用于指称事物。

39. 科 k'ō
用来称量花和植物的数量词。例如：

（62）这 chě/this（科 k'ō 花 hwâ）/(n) flower 系 hé/is 叫 keaou/called（甚 shin 么 mǒ）/what 名 mîng/name
What is the name of this flower?

40. 颗 k'ó
用来称量谷物、珠子、宝石等等的数量词。例如：

（63）一 yǎy 颗 k'ó 珠 chū
A bead.

41. 股 koò
用来称量绳索等的数量词。例如：

（64）一 yǎy 股 koò 绳 shíng 子 tseè

股，也可以用来指称船队，或者商业股份。

42. 块 kwa'é
用来称量碎片的数量词，比如瓦片，也经常指称钱币。例如：

（65）一 yǎy 块 kwa'é 瓦 wà
A tile.

（66）一 yǎy 块 kwa'é 钱 tsë'ên
A dollar.

43. 管 kwān
用来称量笔、管子等的数量词。例如：

（67）一 yǎy/a （管 kwān 箫 seaoū）/(n) pipe, reed, &c. musical

第二章 名词（OF Nouns）

44.款kw'àn
用来称量不同种类的事物的数量词，比如法律条款等。例如：

（68）此tse'è/this 一yǎy/an（款kw'àn 事seé）/affair 办pán/managed 得tě/obtained 妥t'ò/well 当tāng/steady-proper
　　　This affair is settled quite well.

45.两leàng
用来称量货币单位的数量词。例如：

（69）这chě/this 锭tíng/bar（银yīn 子tseè）/of silver 有yeù/has (is) 十shě/ten 两leàng/tales 重ch'ûng/weight

46.辆leáng
用来称量车辆的数量词。例如：

（70）一yǎy 辆leáng 车chē
　　　A carriage.

47.棱lâng
用来称量角的数量词。例如：

（71）一yǎy 棱lâng 角kiǒ
　　　A corner.

48.粒lëě
用来称量谷粒的数量词。例如：

（72）一yǎy/a 粒lëě/grain 米mè/of rice

49.连lëên
用来称量连接在一起或者接连不断的事物的数量词。例如：

（73）一yǎy/one 连lëên/continuation 几kē/several （间këén 屋ǒ）/houses 稠ch'ôw/thick 密mëě/close 之chē/of 极këe/extreme

  A continuation of several houses extremely close together.

（74）一yǎy/one 连lëên/continuation 数soó/several 日jě/day 不poǒ/not 得tě/obtain 闲hién/leisure

  A succession of several days without leisure.

50.领lìng
用来称量衣服套数的数量词。例如：

（75）换hwón/to change 一yǎy/a 领lìng/suit (of) 衫shān/clothes

51.亩mów
用来称量田地的数量词。例如：

（76）（农nûng 夫foō）/the husbandman 耕kāng/ploughs 一yǎy/a （亩mów 田të'ên）/field

52.面mëén
用来称量旗帜等的数量词。例如：

（77）一yǎy/one 面mëén/face 旗k'ê/flag

  A colour.

53.枚meî
用来称量油墨、宝石、桃子等的数量词。例如：

（78）摘tsě/pluck 两leàng/two 枚meî/numeral （桃tao'û 子tseè）/peach 洗sè/wash 干k'ân/dry 净ts'íng/clean 拿nâ/take 来laê/come 我gò/I 食shǎy/eat

  Pluck two peaches, wash them, and bring them to me to eat.

54.门mûn
用来称量枪炮的数量词。例如：

（79）城 ch'îng/the city 楼 leû/battlements 上 shàng/upon 有 yeù/there are 大 tá/great 炮 pao'û/guns 八 pǎ/eight 百 pě/hundred 门 mûn/doors，n.

55. 把 p'â
用来称量刀、鞭子、伞等的数量词。例如：

（80）一 yǎy 把 p'â 刀 taoū
　　　A knife.
（82）拈 nëên/take 一 yǎy/an （把 p'â 伞 san）/umbrella 上 shàng/up 来 laê/come 我 gò/I 于 yū/at 今 kīn/present 落 lo/descend 去 ke'ú/go 要 yaou/want 遮 chē/to shade off 雨 yù/the rain
　　　　Take an umbrellas, and come up: I am now going out, and want to shade off the rain.
（83）一 yǎy 把 p'â 斧 foò
　　　An axe.

56. 疋 pëě
用来称量丝绸、衣服等的数量词。例如：

（84）一 yǎy/one 疋 pëě/piece 缎 twán/silk 裁 tsa'ê/cut 得 tě/can 几 kē/how 多 tó/many 件 këên/n.（衣 è 服 foě）/garments
　　　Into how many garments may a piece of silk be cut?

57. 匹 pëě
用来称量马的数量词。例如：

（85）一 yǎy 匹 pëě 马 mà

58. 片 pëén
用来称量木头碎片、雪的碎片的数量词。例如：

（86）一 yǎy/a 片 pëén/flake (of) 雪 seǔ/snow 飞 feî/flying 知 chē/known 冷 làng/cold 至 ché/arrived

通用汉言之法

　　　　　When the flakes of snow fly, we know that the cold season has arrived.

59. 部 poó
用来称量多卷本著作的数量词。

60. 本 puèn
用来称量单卷本著作的数量词。

61. 旬 seûn
用来称量十天的数量词，中国人把一个月分成三部分，每部分是十天。例如：

　　（87）自 tseé/from　别 pëĕ/parting　尊 tsūn/honoured　驾 keá/sir　已 è/now
经 kīng/passed have　旬 seûn/ten　日 jĕ/days
　　　　　It is now ten days since we parted, Sir.

62. 刀 taoū
用来称量一叠纸的数量词。例如：

　　（88）一 yăy　刀 taoū　纸 chè
　　　　　A quire of paper.
　　　　　一刀纸有一百张。

63. 台 ta'ê
用来称量戏剧的数量词。例如：

　　（89）一 yăy　台 ta'ê　戏 hé
　　　　　A stage play.

64. 头 t'ôw
用来称量羊的数量词。例如：

　　（90）一 yăy　头 t'ôw　羊 yâng
　　　　　A Sheep

65. 担 tān
用来称量肩扛担子的数量词。例如：

（91）叫 keaoú/call 黑 hě/the black 人 jîn/man 即 tsëě/instant 时 shê/time 去 ke'ú/to go 挑 teao'ū/and bring 一 yǎy/a 担 tan/burden 山 shān/hill 水 shùy/water (i) 等 tāng/wait 紧 kìn/wanting much 煲 paou/to boil 茶 ch'â/tea
    Call the black man, to go immediately and bring some spring water: I am waiting and want to boil water for tea.

66. 条 teao'û
用来称量长度有延展性的东西的数量词，比如绳索、竿、蛇、鱼。例如：

（92）一 yǎy 条 teao'û 带 taé
    A piece of tape.

67. 帖 tëě
用来称量提交给官府的文书、拜帖等的数量词。例如：

（93）奉 fùng/present 禀 pìn/petition （一 yǎy 帖 tëě）/one，n.
也可以说：
（94）递 té/present 禀 pìn/petition 一 yǎy/one 道 taoú/n.
或者：
（95）呈 ch'îng/present 禀 pìn/petition 一 yǎy/one 件 këén/n.

68. 点 tëèn
用来称量水滴或者小点的数量词。例如：
（96）一 yǎy 点 tëèn 汗 hán
    A drop of sweat.

69. 顶 tìng
用来称量帽子等的数量词。例如：

（97）一 yǎy 顶 tìng 帽 maoú
    A hat or cap.

70.朵tò

用来称量花朵等的数量词。例如：

（71）一yǎy 朵tò 花hwâ
　　　A flower.

71.绹t'ô

用来称量成卷的线或丝的数量词。例如：

（72）一yǎy/a 绹t'ô/clue (of) 丝seē/silk

72.对túy

用来称量成对东西的数量词。例如：

（73）一yǎy/one 对túy/pair 蜡lǎ/wax 烛chǒ/candle 台ta'ê/stands
　　　A pair of candlesticks.

73.端twân

用来称量秘密等的数量词。例如：

（74）我gò/I 与yú/with 你nè/you （斟chīn 酌chō）/consult 这chě/this 端twân/n. 机kē/stratagem 密mëě/secret 之chē/genitive 事seé/business 不poǒ/not 可k'ò/may 泄sëě/drop 漏leǔ/flow out
　　　I'll consult with you about this secret affair, which must not be disclosed.

74.团tw'ân

用来称量圆形东西的数量词。例如：

（75）一yǎy/one 团tw'ân/roll 面mëén/bread
　　　A cake or roll of bread.

75.段tw'án

用来称量段落或者一个故事的一部分的数量词。

第二章 名词（OF Nouns）

76. 文wân

用来称量中国铜钱（外国人称之为现钱）的数量词。例如：

（76）一yǎy/one 文wân/lettered 钱tsë'ên/cash
　　　A cash.

77. 尾weī

用来称量鱼的数量词。例如：

（78）一yǎy/one 尾weī/tail 鱼yû/fish
　　　A fish.
（79）买maè/buy 一yǎy/one 尾weī/tail，n. 新sīn/new 鲜sëēn/fresh 鱼yû/fish

也经常用"一yǎy 条teao'û 鱼yû"表示。

78. 首shów

用来称量诗歌等的数量词。例如：

（80）吟yin/to recite 一yǎy/an 首shów/n. 诗shè/ode

79. 乘shîng

用来称量轿子、椅子等的数量词。例如：

（81）一yǎy 乘shîng 轿keaoú
　　　A sedan chair.

80. 双shwāng

用来称量通常成对东西的数量词。例如：

（82）一yǎy 双shwāng （袜vǒ 子tseè）/stockings
　　　A pair of stockings.
（83）一yǎy 双shwāng 鞋hiaê
　　　A pair of shoes.

第二节 后加小词"者"（Of the Particle Chày Post-fixed to Nouns）

小词（particle）"者"，表示这个或那个东西、这些或那些东西，经常加在名词之后。它的作用是使人的注意力暂时集中到上文提到的事物上。例如：

三 sān/three　光 kwāng/lights　者 chày/these　are　日 jě/the sun　月 yuě/the moon　星 síng/the stars[①]

在下定义时，首先写出要下定义的词，然后在这个词后面加上"者"，在定义结束后，在句末插入小词（particle）"也"，与"者"相呼应，这样就完成了一个句子。例如：

心 shīn/heart　者 chày/that is　身 shīn/body　之 chē/of　所 sò/which is　主 chù/the lord　也 yày[②]

第三节 名词的数（Of Number）

名词的单数和复数是一样的。例如：

（1）一 yǎy/one　个 kó/n.　人 jîn/man
　　　One man.
（2）两 leàng/two　个 kó/n.　人 jîn/man
　　　two men

复数与单数的辨别可以通过在名词前面或者后面附加一个与数量有关的小词（particle）来区分，也可以通过名词的重复来实现，还可以通过前后文判断。
第一，名词前加小词的例子：

---

① 《大学注》
② 《三字经》

第二章 名词（OF Nouns）

（3）多tō/many 人jîn/man
　　A number of men.
（4）好haoù/good 多tō/many 物voě/things 件këén/n.
　　A great many things.
（5）几kē/several 只chě/n. 船chu'ên/ship 到taoú/arrived 了leaoù
　　Several ships have arrived.

第二，名词后加小词的例子：

（6）(先siēn/before 生sāng/born)/master 们mún
　　Masters; tutors.
（7）行hâng/hang 商shāng/merchant 等tàng/order
　　Hang-Merchants.
（8）夷è/foreign 辈poeí/order; species
　　Foreigners.
（9）匪feī/vagrant 类lúy/kind
　　Banditti; pirates.

"多"，可以前加，也可以后加，因此，也可以说：

（10）人jîn/man 多tō/many
　　A great many people.

第三，名词的重复。例如：

（11）人jîn/man 人jîn/man 知chē/knows 道taoú
　　All men;－every body knows.

第四，从前后文判断。例如：

（12）有yeù/have 人jîn/man 来laê/come 到taoú/to (this place) 相siang/mutually 斗tów/fight 此tse'è/this 人jîn/man 应yíng/properly 当tāng/ought 被peí/to be 拿nâ/taken (and) 解keaè/presented to （官kwān/the officer 府foò/district）/magistrate

  There are persons come here to fight: these persons should be seized, and carried before a magistrate.

句中的"人",虽然是一个单数形式,但是应该被理解为两个或更多的人,这是很明显的,因为一个人是不可能跟自己打架的。从前后文中,名词的数就判断清楚了。

第四节 名词的格（Of Case）

很明显,严格地说,汉语中名词没有格的区别,因为汉语没有任何词尾的变化。但是由于本书的目的只是为了对掌握语言提供实际帮助,因此,保留了对格的划分。

名词的格由小词构成。

1.小词"的tëě""之chē"构成了所有格（genitive case）。例如：

（1）宪héén/hien 官kwān/mr 的tëě 笔pëě/pencil
The pencil of Mr. Hien.

（2）(孟máng 子tseè)/mencius 之chē 母moô/mother
The mother of Mencius.

然而,初学者并不是总使用这些小词,它们经常被忽略。例如：

（3）天tēēn/celestial 朝chaoū/empire 法fǎ/law 律leǔ/statute
The laws of China.

2.形成与格（dative case）的主要是小词"与yú""过kwǒ""对túy"。例如：

（4）你ne/you 与yú/to 他t'ā/him 送súng/present 这chě/this 个kó/n.
Present this to him.

（5）我gò/I 已è/have 讲keàng/spoken 过kwǒ/to （先siēn/before 生sāng/born）/the master

（6）你ne/you 对túy/to 他t'ā/him 说shwǒ/speak
Speak to him.

40

第二章 名词（OF Nouns）

3.英语中在地点之前用"to"，汉语中在方位词之前用"到taoú""至ché"。例如：

（7）(昨ts'ŏ 天të'ēn）/yesterday 他t'ā/he 来laê/came 到taoú/to （澳gaoú 门mûn）/macao

这个句子也可以省略动词"来"，例如：

（8）(昨ts'ŏ 天të'ēn）/yesterday 他t'ā/he 到taoú/arrive at 了leaoù/did （澳gaoú 门mûn）/macao

中文信函上的常见的要求是：

（9）此tse'è/this 信sín/letter (I'll) 烦fân/trouble (you) 驾keá/sir 带taé/to carry 至ché/to 省sáng/provincial 城ch'îng/city
　　　I'll trouble you, Sir, to carry this letter to Canton.

4.宾格（Accusative）与主格（Nominative）相同。
5.呼格（Vocative）由表示祈求的小词构成。例如：

（10）主chù/lord 乎hoô/o

6.离格（ablative）是由小词"由yéw""自tseé""从ts'ûng""同t'ûng""以è"构成。例如：

（11）他t'ā/he 由yêw/from （嘆ying 咭këe 唎le）/the english 国kwŏ/nation 到taoú/to （广kwàng 东tûng）/canton 来laê/come 了leaoù/did, -or
　　　He came from England to Canton.
（12）请ts'ìng/pray 尊tsūn/respected 驾keá/sir 同t'ûng/with 我gò/me 出ch'ǔ/go out (to) 街keaé/the street
　　　Pray, Sir, will you walk out with me?
（13）所sò/that which (you) 恶ŏ/hate 于yū/in 上shàng/superiors, (do) 毋wû/not 以è/by it 使shè/act to 下heá/inferiors ①

---

① 《大学》

7.为了表示工具，他们改用"用"这个词表示使用。例如：

（14）他t'ā/he 用yúng/using (or by) 小seaoǔ/a small 刀taoū/knife 戳chǒ/stabbed 人jîn/man

第五节 名词的性（Of Gender）

名词的性是由标识为男或者女的小词决定的。"人jîn"是表示人类的词，阳性是由"男"这个小词表示的，例如：男nân 人jîn；阴性是由"女"这个小词表示的，例如：女neù 人jîn；小孩子是用"儿"表示，"子tseè"表示阳性，例如：儿ûrh 子tseè；"女"表示阴性，例如：女neù 儿ûrh。

兽类、鱼类、家禽类的性由阳性的"公kūng"、阴性的"母moò"表示。比如，"马mà"可以分为"马mà 公kūng"和"马mà 母moò"。

对于四足动物来说，"牡môw"可以表示阳性，"牝p'ìn"可以表示阴性。比如"牛nêw"是通用名称，"牝p'ìn 牛nêw"表示奶牛，"牡môw 牛nêw"表示公牛。

对于鸟类而言，"雄heūng"表示阳性，"雌tseè"表示阴性。

这些规律也会经常被违反。我们也会经常遇到用"雄heūng 牛nêw""牛nêw 牯koò""牛nêw 公kūng"表示公牛、用"牛nêw 母moò"表示母牛的说法。

非生物没有阳性或者阴性的标志。任何完美或者优秀的东西都被认为是阳性，不完美或者低劣的被认为是阴性。太阳被认为是阳性的，月亮被认为是阴性的。天是阳性的，地是阴性的。自然界中完美、优秀或者假想的男性力用"阳yang"表示，不完美、低劣或者女性力用"阴yīn"表示。这两个字也经常出现在哲学著作中。

"子tseè"，表示儿子，"耳ùrh"，表示耳朵，经常作为悦音（euphonics）附着在名词之后。例如：

（1）桌chǒ 子tseè
　　　A table
（2）（几kē 管kwān）/a few pencils 笔pěě 耳ùrh

这些词的使用没有一定之规。

第三章 形容词（Of Adjectives）

第一节 原级（Positive）

在汉语中，形容词跟名词一样，都是不可拆分的单音节词。例如：白pě、黑hě、长ch'âng、短twan，白pě 纸chè。例如：

(1)（一yǎy 个kó）/a 黑hě/black 人jîn/man

当不与名词（substantive）连用时，小词"的""者"经常附着在它们后面，例如："重chûng 者chày""高kaoū 的tëĕ""低té 的tëĕ"。它们也可以跟在系动词（substantive verb）后面。例如：

(2) 他t'ā/he 是shé/is （恶ǒ 的tëĕ）/wicked
(3) 这chě/this 米mè/rice 是shé/is （好haoù 的tëĕ）/good
    This rice is good.

同样的，也可以没有任何动词或者小词。例如：

(4) 这chě/this 米mè/rice 好haoù/good

在典雅的文体中，很少使用小词"的"。《大学》是《四书》的第一部，里面有下面的句子：

(5) 一yǎy/one 家keā/family 仁jîn/benevolent 一yǎy/a 国kwǒ/nation 兴hìng/will arise 仁jîn/benevolent 一yǎy/one 家keā/family 让jáng/accommodating 一yǎy/a 国kwǒ/nation 兴hìng/will arise 让jáng/accommodating 一yǎy/one 人jîn/man 贪t'ān/covetous and 戾lé/wicked

一 yǎy/a 国 kwǒ/nation 作 tsǒ/will-be-put-in 乱 lwán/confusion 其 k'ê/its 机 kē/movingcause (is) （如 joô/as 此 tse'è/this ）/thus 此 tse'è/this 谓 goeí/is expressed (by) 一 yǎy/one 言 yên/word 偾 fún/ruins 事 seé/an affair 一 yǎy/one 人 jîn/man 定 t'íng/determines 国 kwǒ/a nation[①]

第二节 比较级（Comparative）

比较级用"更 kāng""过 kwǒ""不 poǒ 如 joô""比 pè""又 yéw""还 hwân""再 tsae""比 pè 不 poǒ 得 tě""越 yuě""越 yuě 发 fǎ""尤 yêw"。

这些词的使用方法可以用例子说明，这比规则更好接受。以"好 haoù"为例：

（1）（更 kāng/more 好 haoù/good ）/better
（2）（好 haoú/good 过 kwǒ/passing ）/better
（3）（更 kāng/more 好 haoù/good 过 kwǒ/passing ）/better

"这个比那个好"（This is better than that）可以用下面几种方式表达：

（4）（这 chě 个 kó）/this 比 pè/compared with （那 nâ 个 kó）/that (is) 更 kāng/more 好 haoù/good

（5）（这 chě 个 kó）/this (is) 好 haoù/good 过 kwǒ/passing （那 nâ 个 kó）/that

（6）（那 nâ 个 kó）/that 不 poǒ/not 如 joô/as （这 chě 个 kó）/this 好 haoú/good

（7）（这 chě 个 kó）/this 比 pè/compared with （那 nâ 个 kó）/that is 好 haoù/good

（8）（这 chě 个 kó）/this 比 pè/compared with （那 nâ 个 kó）/that 又 yéw/more 好 haoù/good

不用"又好"的话，也可以用"还 hwân 好 haoù""再 tsae 好 haoù"，意思是一样的。

---

① 《大学》

第三章 形容词（Of Adjectives）

（9）(那nâ 个kó)/that 比pè/compare 不poŏ/not 得tĕ/can (with) (这chĕ 个kó) /this

（10）(这chĕ 个kó)/this 比pè/compared (那nâ 个kó)/that 越yuĕ/more 发fă/putting forth 好haoù/good

（11）(这chĕ 个kó)/this 与yú/with (那nâ 个kó)/that 孰shŏ/which 好haoù/good

　　Whether is this or that the better?

（12）(这chĕ 个kó)/this 或hwă/whether 系hé/is 大tá/great 过kwŏ/more 或hwă/or 系hé/is 小seaoù/little 过kwŏ/more 于yū/than 那nâ/that 个kó/n.

　　Whether is this greater or smaller than that?

（13）(这chĕ 个kó)/this 箱siāng/chest 比pè/compared with (别pëĕ 的tëĕ) /the other 箱siāng/chest 小seaoù/little 过kwŏ/more

　　This chest is smaller than the other.

（14）(这chĕ 间këēn)/this 房fâng/room 更káng/more 凉leâng/cool 过kwŏ/passing 对túy/over against 面mëēn/the face 房fâng/room

　　This room is cooler than the opposite one.

（15）今kīn/this 晚wàn/evening 尊tsūn/honoured 驾keá/sir, (you) 歃hŏ/drink 茶ch'â/tea 更kāng/more 早tsaò/soon (and) 食shǎy/eat 饭fan/rice 迟ch'ê/late 过kwŏ/passing 昨ts'ŏ/last 晚wàn/evening

　　This evening, Sir, you take tea sooner, and dine later than last evening.

（16）你nè/you 比pè/compare 不poŏ/not 得tĕ/can 你nè/your 弟té/next 兄heūng/brother 的tëĕ/'s 孝heaoú/filial duty

　　You are not so dutiful as your brother.

（17）这chĕ/this 方fāng/square of 墨mëĕ/ink 不poŏ/not 如joô/as 那nâ/that 方fāng/square 好haoù/good

　　This piece of ink is not so good as that.

（18）此tseĕ/this 子tseĕ/child 不poŏ/not 如joô/well as if 莫mŏ/not 生sāng/born

　　This child had better not been born.

（19）越yuĕ/more 早tsaò/soon 越yuĕ/more 好haoù/good

　　The sooner the better.

（20）越yuĕ/more 早tsaò/soon 你nè/you 办pán/manage 那nâ/that 件

通用汉言之法

kĕén/n. 事seé/business 越yuě/more 好haoù/good
> The sooner you attend to that business the better.

（21）我gò/I 越yuě/more 阻tseě/hinder 他t'ā/him 他t'ā/he 越yuě/the more 发fǎ/endeavours 来laê/come
> The more I hinder him, the more he comes.

（22）（这chě 个kô）/this （东tūng 西sē）/thing 坏hwaé/injur- 了leaoù/ed (is) 你nè/you 若jǒ/if 动tùng/move 他t'ā/it 一yǎy/one 发fǎ/exertion 更kāng/more 坏hwaé/injure (it)
> This article is damaged; if you move it, you will damage it still more.

（23）旧kéw/last 年nëên/year (was) 丰fūng/abundant (and) 盛shíng/plentiful 过kwǒ/more 于yū/than 今kīn/this 年nëên/year
> Last year was more plentiful than this year.

（24）太ta'é/much 更kāng/more 好haoù/good 过kwǒ/passing 于yū/by 这chě/this 个kó/n.
> A great deal better than this.

（25）大tá/great 过kwǒ/or passing 一yǎy/one 总tsùng/whole
> Greater than the whole.

也可以用"大tá/great 一yǎy/one 切tsëě/whole"表示。

当比较两件事物，一个比另一个更长、更短或更高时，形容词的原级表示比较意义。 例如：

（26）短twan/short 三sān/three 寸tsún/about an inch
> Shorter three inches.

（27）高kaoū/high 一yǎy/one 尺chě/cubit
> One cubit higher.

英语句子中用"rather"和"than"表示的比较，在汉语句子中用"宁nîng 可k'ò""不poǒ 可k'ò""不poǒ 敢kàn"表示。例如：

（28）我gò/I 宁nîng/rather 可k'ò/would 少shaoù/a little 赚chēn/obtain 利lé/profit 钱tsë'ên/money 卖maé/sell 去ke'ú/out (&) 不poǒ/not 可

k'ò/would 留lâw/keep 货hó/goods 收sheu/to receive 残tsân/damage (&) 折chě/break 本puèn/the original (cost.)

   I would rather sell goods for a small profit, than keep them till they spoil, and lose the first cost.

（29）我gò/I 宁nîng/rather 可k'ò/would 死seè/die (&) 不poǒ/not 敢kàn/dare 得tě/to incur 罪tsooí/an offence (before) 神shîn/deity

   I would rather die than dare to offend Deity.

（30）我gò/I 宁nîng/rather 愿yuén/wish 住chú/to dwell in 北pě/the north 京kīng/capital (&) 不poǒ/not 往wàng/go-to 南nân/the south 京kīng/capital

   I would rather live in Peking than go to Nanking.

形容词比较级后用的副词"than"，在汉语中用"于yū"表示。例如：

（31）物woě/things 之chē/of 高kaoū/lofty 大tá/great 莫mǒ/not-any 过kwǒ/more so 于yū/than 天të'ēn/heaven

   There is nothing higher or greater than heaven.

在一本历史著作的前言中，有这样一句话：

（32）夫foō/now 势shé/powers 之chē/of 所so/those 极kěě/the most 隆lûng/magnificent 而ûrh/and 权keu'ên/authorities 之chē/of 所so/those 最tsooì/the most 重ch'úng/weight- 者chày/of those 莫mǒ/not-any 过kwǒ/more-so 于yū/than 天të'ēn/heaven 其k'ě/its 次tse'é/next 则tsě/is-of-course 天të'ēn/heaven's 子tseè/son 其k'ě/his 次tse'é/next 则tsě/is-of-course 作tsǒ/forms 史shè/history 之che/who 人jîn/man[①]

   Now, of the most magnificent powers, and the highest authorities, there are none more so than heaven: The next is none other than the Emperor, and next to him (in power and authority) is the historian.

比较级也可以用重叠形容词的形式实现。例如：

---

① 《纲鉴》序

通用汉言之法

（32）那nâ/that 一yǎy/one 山shān/hill 比pè/compared with（这chě 个kó）/this 是shé/is 高kaoū/high 高kaoū/high 的tëě/pertaining to
　　That hill is higher than this.

第三节 最高级（Superlative）

是由前置的小词构成的，比如"绝tseuě""最tsooì""第té 一yǎy""顶tìng 上shàng""十shě 分fūn"。"好haoù"是原级，"好haoù 过kwǒ"是比较级，"绝tseuě 好haoù"是最高级。例如：

（1）那nâ/that 条teaou/n. 河hô/river (is) 绝tseuě/most 深shīn/deep
　　That river is the deepest.

（2）（这chě 个kó）/this 湖hoô/lake (is) 最tsooí/most 浅ts'eèn/shallow
　　This lake is the shallowest.

（3）一yǎy/one 省sáng/province 之chē/of 中chūng/midst 总tsùng/the general 督toǒ/governor 为weî/is 第té/number 一yǎy/one 大tá/great 人jîn/man
　　The Viceroy is the greatest man in the Province.

（4）（这chě 个kó）/this（物voě 件këèn）/article 是shé/is 第té/number 一yǎy/one 好haoù/good 的tëě/pertaining to
　　This article is the best.

（5）这chě/this 茶ch'â/tea 叶yǎy/leaf 是shé/is 顶tìng/top 上shàng/superior 品p'ìn/order 的tëě/pertaining to
　　This tea is of the best quality.

（6）我gò 十shě/ten 分fūn/parts 爽shwàng/well (&) 快kwa'é/lively
　　I am in perfect health.

"不poǒ 过kwǒ""到taoú 极këě"也可以形成最高级。例如：

（7）穷ke'ûng/poor 到taoú/to 极këě/the extreme
　　Poorest.

（8）富foó/rich 贵kweí/honourable 不poǒ/not（过kwǒ 的tëě）/passed
　　Richest.

（9）我gò/I 在tsaé/in 广kwàng/the great 西sē 那nâ/that 些sëe/little 时shê/time 是shé/was 妙meaoú/pleasant 不poǒ/not (to be) 过kwǒ/passed 而

48

第三章 形容词（Of Adjectives）

ûrh/and 今kīn/now 回hwûy/returning to 广kwàng/the great 东tūng 是shé/is 更kāng/by much 不poǒ/not 如joô/so (good)

The short time that I was at Kwang-se was most pleasant; to return now to Canton is not equal to it.

（10）最tsooí/most 上shàng/superior 等tāng/order 的tëĕ/of 酒tsèw/wine

The best wine.

（11）我gò/my 舍sháy/cottage 下heá/inferior 是shé/is 好haoù/a good 高kaoū/height 而ûrh/and 你nè/your 令líng/commanding 尊tsūn/honoured (sir) 住chú/dwelling 的tëĕ/of 府foò/mansion 上shàng/superior 比pè/compared with 我gò/my 这chĕ/this 个kó/one (is) 还kwān/more 高kaoū/high 但tán/but （他t'ā 的tëĕ）/his 府foò/mansion 上shàng/superior 比pè/compared with 你nè/yours (&) （我gò 的tëĕ）/my 舍sháy/cottage 下heá/inferior 是shé/is 顶tìng/the top 高kaoū/high 不poǒ/not （过kwǒ 的tëĕ）/passed

My house is a good height, and the house in which you live, Sir, is still higher, but compared with yours and mine, his is by far the highest.

小词"极këĕ""一yǎy 等tāng"可以前置，也可以后置。例如：

（12）至ché/most 圣shíng/holy, or perfect

Most holy.

这是用于对孔子的称呼，他被认为是完美无缺的。

（13）丑ch'òw/badness 之chē/of 至ché/the extreme

Most ugly, depraved.

各方面都是最丑的。

（14）极këĕ/most 真chīn/true, or 真chīn/true 极këĕ/extreme

Most true.

（15）一yǎy/first 等tāng/order 好haoù/good

The best.

（16）（这chĕ 个kó）/this 茶ch'â/tea 样yâng/sample 是shé/is 上shàng/superior 一yǎy/the first 等tāng/order 的tëĕ/pertaining to

This is the best sample of tea.

（17）他 t'ā/he 作 tsǒ/does 上 shàng/superior 一 yǎy/the first 等 tìng/order 的 tëě/of 工 kūng/work- 夫 foō/man (ship) 你 nè/you 可 k'ò/may 以 è/therefore 托 tǒ/engage 他 t'ā/him 做 tsó/to work

He performs the best work, you should employ him.

中国人通常把人和事物分成三等："上 shàng 等 tìng""中 chūng 等 tìng""下 heá 等 tìng"。

最好的用"顶 tìng 上 shàng"（The best of the superior）表示，最差的用"低 tē/lowness 之 chē/of 至 ché/the extreme"（the worst of the inferior）表示。

第四章 数词（Of Numbers）

　　下面展示了三种不同类型的数字。第一种，是通常的写法，用得最频繁；第二种，是一种更复杂的字符，用于正式场合和债券、合同等，据说改写这种数字符号是很困难的，这与我们在很多场合时用单词书写数字相似；第三种数字是用草书写的，这种数字通常用来记账。用这种方式书写的数字被认为是中国人的数字。

(First series)	(2nd.)	(3d.)	(Eng.)	(First series)	(2nd.)	(3d.)	(Eng.)
Yăy 一	壹	丨	One	shĕ 十	拾	十	15
ŭrh 二	貳	丨丨	two	woŏ 五	伍	〤	
sān 三	叁	川	three	shĕ 十	拾	十	16
seé 四	肆	乂	four	lö 六	陸	亠	
woŏ 五	伍	〤	five	shĕ 十	拾	十	17
lö 六	陸	亠	six	tsĕ 七	柒	〧	
tsĕ 七	柒	〧	seven	shĕ 十	拾	十	18
pă 八	捌	〨	eight	pă 八	捌	〨	
kĕeù 九	玖	攵	nine	shĕ 十	拾	十	19
shĕ 十	拾	〡	ten	kĕeù 九	玖	攵	
shĕ 十	拾	十一	11	ŭrh 二十	貳拾	丨十	20
yăy 一	壹			shĕ 十			
shĕ 十	拾	十二	12	ŭrh 二十	貳拾	丨十一	21
ŭrh 二	貳			yăy 一	壹		
shĕ 十	拾	十三	13	ŭrh 二十	貳拾	丨十二	22
sān 三	叁			ŭrh 二	貳		
shĕ 十	拾	十乂	14				
seé 四	肆						

(First series)	(2nd.)	(3d.)	(Eng.)	(First series)	(2nd.)	(3d.)	(Eng.)
yǎy pĕ líng yǎy	壹佰零壹	一〇一	one hundred (cypher) one } 101
yǎy pĕ líng úrh	壹佰零貳	一〇二	} 102
yún yún	一百零一. 一百零二.云		} &c.
yǎy pĕ yǎy shĕ	壹佰壹拾	一一〇	} 110
yǎy pĕ úrh shĕ	壹佰貳拾	一二〇	} 120

(First series)	(2nd.)	(3d.)	(Eng.)
yún yún sān shĕ sẽ shĕ woŏ shĕ lŏ shĕ tsĕ shĕ pǎ shĕ kĕeù shĕ yǎy pĕ	叁拾. 肆拾. 伍拾. 陸拾. 柒拾. 捌拾. 玖拾. 壹佰	丨十 ㄨ十 ᛕ十 ㅗ十 ㅗ十 二十 ㄨ十 一百	30 40 50 60 70 80 90 100
云云三十.四十.五十.六十.七十.八十.九十.一百			

(1)

52

第四章 数词（Of Numbers）

(First series)	(2nd.)	(3d.)	(Eng.)	(First series)	(2nd.)	(3d.)	(Eng.)
ărh pĕ	二佰	二百	} 200	ărh tsĕĕn	貳仟	二千	} 2000
yăy tsĕĕn	壹仟	一千	} 1000	yăy wán	壹萬	一萬	} 10,000
yăy tsĕĕn yăy pĕ	壹仟壹佰	一千一百	} 1100	shĕ wán	拾萬	十萬	} 100,000
yăy tsĕĕn líng yăy	壹仟零壹	一千零一十	} 1010	yăy pĕ wán or chaoú	億	百萬	} 1,000,000
yăy tsĕĕn líng líng yăy	壹仟零零壹	一千零零一	} 1001		兆		} 1,000,000

序数词（the Ordinals）

序数词是在上面谈到的数字前面加上一个"第"字构成的。例如：

第一
第二
第三
第十一
第十二
第二十
云云

53

第一种数字可以叫做：

（1）（原 yuén 本 puèn 的 tëĕ）/original（数 soó 目 mǒ）/numeral 字 tseé/characters

第二种数字可以叫做：

（2）大 tá/largely（写 sëe 的 tëĕ）/written（数 soó 目 mǒ）/numeral 字 tseé/characters

最后一种数字可以叫做：

（3）花 hwâ/flower（码 mà 的 tëĕ）/weight（数 soó 目 mǒ）/numeral 字 tseé/characters

或者：
（4）苏 soō/soo name 州 chōw/chow (a district) 码 mà/weight（数 soó 目 mǒ）/numeral 字 tseé/characters ①

---

① 译者注：苏州码子，也叫草码，花码、番仔码、商码。是中国早期民间的"商业数字"。它脱胎于中国文化历史上的算筹，也是唯一还在被使用的算筹系统。花码由南宋时期从算筹分化。同算筹一样，花码是一种十进位制计数系统。与算筹不同的是算筹通常用在数学和工程上，花码通常用在商业领域里，主要用途是速记。旧时的一些公文、契约、账表、官帖、私钞、当票中以及背书等所有涉及经济方面带有数字的文档中，经常会出现一些特殊的组合数码，而且广泛的运用于政治、经济、军事、商业、工业及百姓生活等各个领域。（百度百科：《苏州码子》，https://baike.baidu.com/item/苏州码子/951069?fr=aladdin，下载日期：2018年8月27日。）

第五章 代词（Of Pronouns）

第一节 人称代词（Personal）

单数的人称代词包括："我gò""你nè""他t'ā"。这些词既可以充当主格，也可以充当宾格。①

复数的人称代词包括："我gò 们mún""你nè 们mún""他t'ā 们mún"。这些也是既可以充当主格，也可以充当宾格。例如：

（1）我gò/I 不poǒ/not 知chē/know 到taoú/to

　　　I do not know.

（2）我gò/I 所sò/which 寻tsîn/sought 之chē/the 书shoō/book （已è/already 经kīng/passed）/have （寻tsîn/sought 着chǒ/right 了leaoù/have）/found

　　　I have found the book which I sought.

（3）（我gò 的tëĕ）/my 书shoō/book 房fâng/room 门mûn/door 之chē/of （锁sò 匙shè）/the key 在tsaé/is in 你nè/your 处cho'ó/place (or) 么mǒ/not

　　　Have you the key of my study.

（4）此tse'è/this 恶ǒ/bad-wicked 事seé/affair 不poǒ/not 是shé/is 他t'ā/he 所sò/that which （办pán 的tëĕ）/transacted 不poǒ/not 过kwǒ/more 是shé/is (than) 人jîn/man 恨hán/hate 他t'ā/him 有yèw/has 如joō/as 此tse'è/this 枉wàng/false 称ch'îng/assertion

　　　He did not commit this bad action; it is merely the false assertion of a person who hated him.

（5）请ts'ìng/pray 俾pè/give 墨mě/the ink 来laê/to come 过kwǒ/to 我

---

① 汉语没有合适的代词表示"She"和"it"。在一些书中，代词"I"用"侬"表示，"he or that"用"渠"表示。鞑靼人有时候使用"咱们"表示"we"。

gò/me
　　　　I'll thank you to pass the ink to me.
　（6）此tse'è/this（事seé 情ts'îng）/affair（我gò 们mún）/we 总tsùng/all 未wé/not 有yèw/have 见kèén/see 过kwŏ/pass 惟wê/only 有yèw/there are 人jîn/persons 家keā/n. 说shwŏ/spoke 过kwŏ/to（我gò 们mún）/us（知chē 道taoú）/to know
　　　　We never saw this affair, only there are persons who have informed us of it.
　（7）（他t'ā 们mún）/they（一yăy/one 齐ts'ê/even 来laê/came）/all at once 闹naoú/disturbed 事seé/business（是shé/is 以è/by）/therefore 主choò/master 人jîn/man 严yên/severely 责tsĕ/reproved（他t'ā 们mún）/them
　　　　They came all at once, and made a disturbance, in consequence of which the master severely reproved them.

　　我gò，单数第一人称代词，有时候也会被理解为第一人称复数。例如：

　（8）我gò/I 中chūng/middle 国kwŏ/empire 人jîn/man-is
　　　　可以理解为：我们中国人（We Chinese）

如果跟在系动词（substantive verb）后面，例如：

　（9）我gò 是shé 中chūng 国kwŏ 人jîn
　　　　意思就是"我是中国人"（I am a Chinese.）

　　表示单数第一人称的字"余yû""予yû""吾woô""俺gàn"有时候会在书面语中遇到。表示单数第二人称的字"尔ùrh""汝joò"也是用于书面语。从文章的前后文来看，单数人称代词也经常做复数人称代词用。
　　除了"们"之外，"等tāng""辈peí""侪cha'ê""偶ngeù""曹"经常用来构成复数。表示主格"他""她""它""他们"的词不光可以用"他t'ā""他t'ā 们mún"表示，"伊ē"也可以表示主格的"他""她""它""他们""他的"；"彼pè"和"其k'ê"也可以表示主格的"他""她""它""他们""他的""这些""那些"；"之chē"经常表示宾格的"他"和"他们"。例如：

第五章 代词（Of Pronouns）

（10）（目 mǒ/eye 下 heá/below）/at present 亚á 品 p'ìn/ya-pin 亚 yá 林 lîn）/ya-lin 不 poǒ/not 在 tsaé/is in 此 tse'è/this 处 ch'ú/place 伊 ē/they 来 laê/come 之 chē/the 时 shē/time 我 gò/I 以 è/by 是 shē/the existing 情 ts'îng/affair (will) 告 kaoú 诉 soó）/inform and tell 他 t'ā 们 mún）/them or these （两 leàng 个 kó）/two 人 jîn/persons

　　Ya-pin and Ya-lin are not here at present; when they come, I will inform them of the affair.

（11）（尔 ùrh 之 chē）/your 爱 wáe/love (to) 我 gò/me 也 yày/expl. 不 poǒ/not 如 joô/as 彼 pè/his

　　You do not love me as he does.

（12）若 jǒ/as （梁 leâng 灏 haoù）/leang-haou (at) 八 pǎ 十 shě 二 ûrh 对 túy/opposite 大 tá/the great 廷 t'îng/palace, (was) 魁 keu'ē/the highest of 多 tō/many 士 seé/literati- 彼 pè/he 晚 wàn/in the evening (of life) 成 ch'îng/perfected (his fame) 众 chúng/all 称 ch'íng/styled (him) 异 é/wonderful 尔 ùrh/you （小 seaoù/little 生 sāng/born）/a boy 宜 ê/should 立 lëě/fix (your) 志 chê/intention①

　　As Leang-haou, in the 82d year of his age, was called to stand in the Imperial presence, at the head of a vast number of Literati—he, in the evening of life, became famous, and was, by every one, styled "wonderful"—you a little boy should determine to be like him.

（13）心 shīn/the heart 不 poǒ/not 在 tsaé/present 焉 yēn 视 shé/look 而 ùrh/and 不 poǒ/not 见 kéén/see 听 t'îng/listen 而 ùrh/and 不 poǒ/not 闻 wàn/hear 食 shǎy/eat 而 ùrh/and 不 poǒ/not 知 chē/know 其 k'ê/its 味 wé/taste②

　　When the heart is absent, you may look and not see, hear and not perceive, eat and not know the taste of what you eat.

（14）（君 keūn 子 tseè）/the good prince 民 mîn/people 之 chē/'s 父 foó/father and 母 moô/mother 民 mîn/people 之 chē/the 所 sò/things which 好 haoú/love 好 haoú/love 之 chē/them 民 mîn/people 之 chē/the 所 sò/thing and which 恶 ǒ/hate 恶 ǒ/hates 之 chē/them

　　The good Prince is the Father and Mother of his people; (he is of one

---

① 《三字经》

② 《大学》

mind with his people); What they hate he hates; what they love he loves.

有时也会出现"之之"连用的形式,第一个"之"是所有格的符号,第二个"之"是代词。例如:

(15) 教keaoū/teach 之chē/them 之chē/of 子tseè/the children[①]
意思是:教他们的孩子

在很多情况下,中国人不喜欢用单个的代词"你"和"我"。他们用"尊tsūn 驾keá"(意思是尊敬的先生)、"老laoù 爷yǎy"(意思是年纪大又令人尊敬的人)表示,这些词跟英语中的"you Sir"是一样的。但是在称呼上级时,代词被省略了,直接使用称呼就可以了。他们不是像英语一样,"your Lordship""your Excellency""your Majesty"里面都有一个代词"your",而是直接用"Lordship"等等。

在称呼一个县的主官时,不用"你",而是用"太ta'é 爷yǎy",一个州的主官,称作"大tá/great 老laoù/venerable 爷yǎy/father"。一个省的主官,称作"大tá 人jîn",一国之主被称为"万wán/the thousand 岁súy/years""陛pé/steps 下heá/below""皇hwâng/emperor 上shàng/supreme"。

当称呼这些人时,原本用"你"的地方,都要用上面的这些词。

老百姓书面或者口头与官员交流时,不使用"我"这个词,而是使用"小seaoù 的tëě""蚁è"这些词。特许贸易公司的人称作"商shāng 人jîn"。下级官员对上级官员时,自称"敝pé 职chě""身shīn""弟té"。鞑靼的总督对皇帝则自称"奴noō 才tsa'ê""臣ch'în"。皇帝的自称是"朕chín""寡kwà 人jîn"。地方官则根据自己职位的不同在公开场合自称"本puèn/original 部poó/tribunal 堂t'âng/temple""本puèn 府foò""本puèn 县hëen"。

官员们通常用第三人称称呼那些递交诉状的人。在一份给商人们的判词中,在上文提到了这些商人的名字之后,就用"该kaē 商shāng 等tìng"称呼他们。语气和缓一点的时候,也直接用"尔ûrh"作为称呼。

老百姓之间写信的时候,用"弟té"、"愚yû"来代替"我",用"仁jîn 兄heūng""故koo 人jîn""故koo 友yeù""老laoù 兄heūng""兄heūng 台ta'ē"来代替"你"。

[①] 《大学》

第五章 代词（Of Pronouns）

例如：

（16）敬kíng/respectfully 启k'è/commencing 者chày/this is 于yū/on 本puèn/this 月yuě/moon's 初ts'ō/beginning 四seé/fourth 日jě/day 弟té/younger brother 接tseě/received （兄heūng 台ta'ē）/elder brother, &. 来laê/coming 信sín/letter 一yǎy/one 封fūng/n.

  I would respectfully mention, that on the 4th instant, I received your letter.

为了表示谦恭，他们把"弟"写得小一点；把"兄台"写得离其他字的距离更远一点，这可以表示尊敬。

他们使用"彼pè"（意思是那个、那儿）、"此tse'è"（意思是这个、这儿）来表示"你和我"。例如：

（17）彼pè/that 此tse'è/this 均keūn/equally 有yeù/have 同t'ûng/the same 情ts'îng/disposition

  You and I have the same feelings or disposition.

第二节 物主代词（Possessive）

物主代词（Possessive Pronouns）是由附加词"的tëě""之chē"构成，这两个词也形成了名词的所有格（possessive case）。单数形式如："我gò 的tëě"（对应于英语的"my"或者"mine"）、"你nè 的tëě"（对应于英语的"thy""thine""yours"）、"他t'ā 的tëě"（对应于英语的"his""hers"），复数形式如："我gò 们mún 的tëě"（对应于英语的"ours"）、"你nè 们mún 的tëě"（对应于英语的"yours"）、"他t'ā 们mún 的tëě"（对应于英语的"theirs"），"我gò 之chē"（对应于英语的"my""mine"）等等。例如：

（1）（我gò 的tëě）/my 意é/idea and 思seē/thought 是shê/is 如joô/as 此tse'è/this

（2）（这chě 个kó）/this 或hwǎ/whether 系hé/is （你nè 的tëě）/yours 还hwân/moreover 系hé/is （他t'ā 的tëě）/his （帽maoù 子tseè）/hat

（3）（我gò 之chē）/my （房fàng 子tseè）/room

英语中的"myself, yourself, himself, themselves"，汉语用"自tseé 己kè、我gò、你nè、他t'ā"来表示。例如：

（4）此tse'è/this 一yǎy/one 句keú/sentence 系hé/is 他t'ā/he 自tseé/him-己kè/self 所sò/that which （说shwǒ 的tëě）/said
　　　This sentence is what he himself pronounced.

（5）此tse'è/this 事seé/affair 关huān/concerns 我gò/me 自tseé/my- 己kè/self 不poǒ/not 关kuān/concern 他t'ā/other 人jîn/man
　　　This affair concerns myself, and not another person.

"自tseé""己kè"可以单独使用来表示英语的"self"。是表示第一人称、第二人称还是第三人称由上下文决定。例如：

（6）(君keūn 子tseè)/the prince- (good man) 贵kweí/exalts (other) 人jîn/men 而ûrh/and 贱tséén/debases 己kè/himself 先siēn/advances 人jîn/men 而ûrh/and 后hów/keeps back 己kè/himself [①]
　　　A good man honours others, and abases himself, promotes others, and himself keeps back.

（7）克kě/subdue 己kè/self and 复fǒ/return to 礼le/propriety [②]
　　　Subdue self, and return to propriety.

（8）所sò/what 谓weí/is called 诚ching/making sincere 其k'ê/his 意é/motive 者chǎy/that (is) 毋wû/not 自tseé/himself 欺k'ē/to deceive 也yày
　　　Making sincere the motive is, not to deceive oneself.

"己"和第三人称单数联用的时候，表示"他的"（his）。例如：

（9）他t'ā/he 爱waé/loves 己kè/his 子tseè/child
　　　He loves his son.

"其k'ê"经常用来表示他的（his）、她的（hers）、他们的（theirs）。例如：

---

① 《礼记》

② 《论语》

第五章 代词（Of Pronouns）

（10）人 jîn/man 当 tāng/ought 教 keaoū/to teach 其 k'ê/his 子 tseè/children 以 è/to 存 ts'ûn/preserve 其 k'ê/their 善 shén/morals①

A man should teach his children to preserve their morals.

（11）小 seaoù/the little mean 人 jîn/man 闲 hién/at leisure 居 keū/dwelling 为 weî/practises 不 poǒ/not 善 shén/goodness 无 woô/not 所 sò/that which 不 poǒ/not 至 ché/advances to 见 këén/seeing （君 keūn 子 tseè）/the good man 而 ûrh/and 后 hów/after 厌 yěn/secrets himself 然 yēn/indeed- 掩 yěn/covers 其 k'ê/his 不 poǒ/not 善 shén/good 而 ûrh/and 著 chú/publishes 其 k'ê/his 善 shén/good②

The worthless person living in retirement commits every species of wickedness: there is nothing of which he is not capable; when he sees the good man he secrets himself, or conceals his wickedness and exhibits his goodness.

"伊"经常用来表示"他的"（his）、"他们的"（theirs）。例如：

（12）兹 tseè/now （I）③ 着 chǒ/have sent （亚 yǎy 林 lîn）/a lin 来 laê/to come (and) 借 tseǎy/borrow 琴 k'în/stringed instrument 谱 poò/book 一 yǎy/one 本 puèn 烦 fân/trouble (you) 交 keaoū/to give it to 伊 ē/his 手 shòw/hand 带 taé/to bring 回 hwûy/back

I have now sent A lin to borrow a music-book; I'll trouble you to give it into his hand to bring it back with him.

在一份审判小偷的供词中有这么一段话：

（13）某 mòw/on a certain 年 nëēn/year 某 mòw/a certain 月 yuě/moon

---

① 《三字经注》
② 《大学》
③ 译者注：原来在此处有一脚注"大学"，不过从后文看，并非出自《大学》，而上文"小人闲居为不善，无所不至，见君子而后厌然。掩其不善，而着其善"出自《礼记·大学》，因此将脚注移到注②位置。

某mòw/a certain 日jě/day 有yeù/there were （贼tsě 人jîn）/thieves 到taoú/came to 厶mòw/a certain 处ch'ú/place （小seaoù 的tëě）/I a mean person 被peí/received 伊ē/their 偷t'ów/seizing and 去ke'ú/carrying off （衣è 服fŏ）/clothes 一yǎy/one 箱siāng/chest

On a certain day of such a month, in a certain year, thieves came to such a place, and by them your petitioner was robbed of a chest of clothes.

在谈到亲属、国家、居住地等时，使用"我的"或"你的"这样的词被认为是庸俗的。例如：

（14）（我gò 的tëě）/my 母moô/mother 亲ts'īn/relation
（15）（你nè 的tëě）/your 父foó/father 亲ts'īn/relation

最穷的人很少使用，但是又非常高雅地表达"我的妈妈"的短语是：

（16）家keā/family 母moô/mother

说"你的爸爸"的短语是：

（17）令líng/commanding 尊tsūn/honourable、令líng/commanding 尊tsūn/honourable 翁ūng/senior、尊tsūn/honourable 大t'á/great 人jîn/man、尊tsūn/honourable 严yên/stern, severe、尊tsūn/honourable 君keūn/prince, &c.

用来表示"我的"的词有"家keā""舍sháy""敝pé""贱tseén""小seaoù"；用来表示"你的"的词有"贵kueí""令líng""高kaoū""尊tsūn"。例如：

（18）我的父亲可以说：家keā 父foó
（19）我的哥哥可以说：家keā 兄heūng
（20）我的弟弟可以说：舍sháy 弟té
（21）我的亲戚可以说：舍sháy 亲ts'ūn
（22）你的妈妈可以说：令líng 堂t'ûng/temple、令líng 授shów/donor 堂t'âng、尊tsūn 堂t'ûng、尊tsūn 慈tseê/compassion
（23）你的哥哥可以说：令líng 兄heūng

第五章　代词（Of Pronouns）

（25）你的弟弟可以说：令líng 弟té

（26）你的亲戚可以说：令líng 亲ts'īn

（27）我的妻子可以说：敝pé 房fāng/room、贱tseén 内núy/within，inner、内núy 人jîn、拙chuě/rude 荆kīng/thorn、山shān/mountain 妻ts'ē/wife

（28）你的妻子可以说：令líng 正chíng/upright，just，&c、令líng 正chíng 夫foō/supporting 人jîn、尊tsūn 阃kwàn/threshhold

（29）你的家可以说：尊tsūn 眷keuén/family

（30）我的国家可以说：敝pé 国kwǒ

（31）我住的地方可以说：敝pé 处ch'ú/place

（32）你的国家可以说：贵kweí 国kwǒ/nation

（33）你们村可以说：盛shíng/abundant 村tsūn/village

（34）我的姓可以说：贱tseén 姓síng/surname

（35）我的名可以说：贱tseén 名mîng/name

（36）你的姓可以说：贵kwei 姓síng

（37）你的名可以说：高kaoū 名míng

（38）你的姓名可以说：高kaoū 姓síng 大t'á 名míng

（39）我的徒弟可以说：小seaoù 徒to'ô/disciple、敝pé 门mûn/door 徒to'ô/disciple

（40）你的徒弟可以说：令líng 徒to'ô、令líng 门mûn 徒to'ô

（41）我的佣人可以说：小seaoù 厮seē/servant、小seaoù 价keaé/servant

（42）你的佣人可以说：令líng 价keaé

（43）我的朋友可以说：敝pé 友yeù/friend

（44）你的朋友可以说：贵kweí 友yeù

（45）我的房子可以说：舍sháy/cottage 下heá/below；inferior、草tsao'ù/straw 舍sháy/cottage

（46）你的房子可以说：府foò/palace 上sháng/above/superior、尊tsūn 府foò

（47）你的儿子可以说：令líng 郎lâng

（48）我的儿子可以说：小seaoù 儿ûrh、犬kiu'èn/dog's 子tseè/son

（49）你的女儿可以说：令líng 千tsë'ēn/thousand (pieces) 金kīn/gold 等等

第三节 疑问代词（Interrogative）

汉语中"谁shǔy"表示"who"；"孰shǒ"表示"who""which"；"何hô"表示"who""which""what"；"甚shin 么mǒ"表示"what"；"是shé 那nâ 一yǎy"表示"which one""谁shǔy 来laê"表示"who came""是shé 谁sǔy"表示"who is it"。例如：

（1）是shé/is 那nâ/what 一yǎy/one 个kó/n. 人jîn/man
What person is it?

（2）是shé/is 那nâ/what 一yǎy/one 个kó/n.（篮lân 子tseè）/basket
Which basket?

（3）孰shǒ/who 得tě/can 而ûrh/and 御yú/obstructing 止chè/stop 之chē/him 乎hoô
Who can stop him?

（4）何hô/what 人jîn/man
What person? who?

（5）何hô/what 为weî/cause
What cause? why?

（6）我gò/I 所sò/those which （说shwǒ 的tëě）/said 话hwá/the words 你nè/you 因yīn/cause 何hô/what 不poǒ/not 依ē/attend to
Why did you not attend to what I said?

（7）（甚shín 么mǒ）/what 事seé/affair
What affair.

（8）（甚shín 么mǒ）/what 缘yuên/reason and 故koó/cause
What is the reason?

"谁shǔy 的tëě"表示"whose"。例如：

（9）（这chě 个kó）/this （东tūng 西sē）/thing 系hé/is （谁sǔy 的tëě）/whose
Whose is this thing？

（10）谁 shǔy/who 是 shé/is
　　　Who is right?

在中国的一些地方以及在一些书籍中，"什 shǎy 么 mǒ" 可以表示 "who" "what" "which"。例如：

（11）（什 shǎy 么 mǒ）/what 方 fāng/square and 法 fǎ/rule
　　　By what means?

第四节　指示代词（Demonstrative）

指示代词 "this" 可以用 "这 chě" "斯 seē" "此 tse'è" 表示，"that" 可以用 "那 nâ" "彼 pè" "他 t'ā" 表示。例如：

（1）这 chě/this 个 kó/n. 字 tseé/character、此 tse'è/this 字 tseé/character
　　　This character.
（2）那 nâ/that 只 chě/n. 狗 keu/dog
　　　That dog.
（3）他 t'ā/that 人 jîn/man
　　　That man.
（4）彼 pè/that 间 këén/n. 屋 ǒ/house
　　　That house.

英语的复数形式 "these"，汉语用 "这些" "这等" "这几个" 表示；"those" 可以用 "那些" "那等" "那几个" 表示。例如：

（5）（这 chě 些 sëē）/these 茶 ch'â/tea 杯 peī/cups
　　　These tea cups.
（6）（那 nâ 几 kē）/those 把 p'â/n. 雨 yù/rain 伞 sàn/umbrellas
　　　Those umbrellas.
（7）（这 chě 等 tîng）/these 物 voě/things
　　　These things.

"彼pè""其k'ê""伊ê"有时候用作指示代词,表示单数还是复数由上下文决定。"是shé"是一个系动词,也可以用作指示代词"this",用来指称前面刚出现的人、事情、东西。"彼pè"可以表示"that"或者"those","此tse'è"可以表示"this"或者"these",两者经常联用,表示"这个和那个""这些和那些"。跟英语一样,这些表示"that"的词指称的是前面提及的事情,表示"this"的词指称的是后面提及的事情。

第五节 关系代词(Relative)

英语中的关系代词"who""which""that"在汉语中用位于动词前的"所sò"、靠近表人名词的"者chày"表示。例如:

(1)行hîng/practises 善shén/goodness 者chày/he who 有yeù/has 福fŏ/happiness 矣è

  The man is happy who lives virtuously.
同样的意思可以表示为:
(2)行hîng/practises 善shén/goodness 之chē/who 人jîn/the man 有yeù/has 福fŏ/happiness 矣è

这里的"之"似乎起到了关系代词"谁"的作用。

(3)遇yú/meeting 难nán/distressing 事seé/affairs 之chē/of 时shê/the time 有yeù/has (does) 信sín/faithfully 助tseé/assist 者chày/he who 为weî/is 真chīn/a true and 实shě/real (朋p'êng 友yèw)/friend

  He is a real friend who faithfully assists in the time of adversity.
(4)来laê/come 到taoú/to 此tse'è/this 处ch'ú/place 者chày/he or they who

  He or they who come to this place.

同样的意思可以表示为:

(5)所sò/whoever 来laê/come 到taoú/to 此tse'è/this 处ch'ú/place

或者通俗地表示为：

（6）来laê/come 到taoú/to 此tse'è/this 处ch'ú/place （那nâ 些sëē）/those 人jîn/persons

（7）我gò/I 所sò/which 要yaoú/want 的tëě/the （东tūng 西sē）/thing
　　　The things which I wanted.

（8）学haǒ/learns 者chày/he who
　　　He who learns.

可以通俗地表示为：

（9）所sò/who 学haǒ/learns （那nâ 个kó）/that 人jîn/man

"Whoever"可以表示为：凡fân/all 所sò/who or which，例如：

（10）凡fân/all 所sò/who 交keaoū/intercourse 游yeû/amusement 务vu/must 宜ê/suitably 慎shín/diligently 择tseě/choose 良leâng/a virtuous 友yèw/friend
　　　Whoever would have an associate, must attentively choose a virtuous friend.

（11）凡fân/all 所sò/those who 买maè/buy and 卖maé/sell 什shǎy/utensils & 物voě/things 还hwân/moreover 须seū/should 交keaoū/give and 易yǎy/exchange 公kūng/justly and 平pîng/evenly
　　　Whoever buys and sells, should make a point of dealing justly.

（12）凡fân/all 所sò/which are 贵kueí/valuable and 重ch'îng/heavy 之chē/the 物voě/things 其k'ê/their 价keá/price 必pëě/must be 昂ngang/high
　　　Whatever articles are valuable, their price must be high.

第六节 分布代词（Distributive）

英语中的分布代词"each"在汉语中用"每meî"表示。例如：

通用汉言之法

（1）每meî/each 一yǎy/one 个kó/n. 人jîn/man 俾pè/give 一yǎy/one 员yuên/dollar

英语中的"every"在汉语中用"各kǒ"表示，英语中的"every sort"在汉语中用"各kǒ 项heáng"表示，英语中的"in every way"在汉语中用"百pě 般pwān"表示。例如：

（2）百pě/a hundred 般pwān/ways 都toô/all 是shé/are 一yǎy/one 样yâng/manner
　　　Every way it amounts to the same thing.
（3）凡fân/every 事seé/affair 都toô/all 要yaoú/require 小seaoù/little 心shīn/heart
　　　Every business requires attention.
（4）无vû/no 人jîn/man 不poǒ/not 去ke'ú/goes
　　　Every person goes.
（5）天të'ēn/heaven or day 天të'ēn/the same、日jě/day 日jě/day
　　　Every day.

"either"在汉语中有不同的表示方式。例如：

（6）彼pè/there 两leàng/two 个kó/n. 人jîn/men 都toô/all 不poǒ/not 见keén/see 过kwǒ/have
　　　I have not seen either of those persons.
（7）不poǒ/not 论lûn/distinguish 是shé/is 那nâ/which （一yǎy 个kó）/one
　　　Either of them.

同样的短语也可以用"any of them"表示。

（8）（两leàng 个kó）/both 不poǒ/not 是shé/is
　　　It is neither of them.

第五章　代词（Of Pronouns）

第七节 不定代词（Indefinite）

不定代词有多种表达方式，下面是一些例子：

（1）有yeù/there are 人jîn/men 家keā/a house, n. 他t'ā/he 所sò/whom 喜hè/makes glad and 悦yuĕ/pleases 惟wê/but（别pëē 的tëē）/others 他t'ā/he (does) 不poŏ/not 多tō/much 悦yuĕ/please

   There are some persons whom he delights, but others are not much pleased.

（2）尔ùrh/you 之chē/of 中chūng/the midst 有yeù/have 些sëē/a few 为weî/are （知chē 者chày）/wise （善shén 者chày）/good （其k'ê/them 余yû/beside）/the rest-the others 为weî/are 勤k'în/diligent 办pán/managing 事seé/business

   Amongst you there are some wise and virtuous; the others are diligent.

（3）不poŏ/not 论lún/distinguish 那nâ/which （一yăy 个kó）/one

   Any of them.

（4）不poŏ/not 拘keū/fined to （甚shín 么mŏ）/what 人jîn/man

   Any person.

（5）都toô/all 在tsaé/are present、一yăy/one 总tsùng/whole 在tsaé/are present

   All are present.

（6）人jîn/man's 心shīn/heart 总tsùng/all 无voô/not 不poŏ/not 动tùng/move 其k'ê/his 情tsî'ng/passions 为weî/are 如joô/as 此tse'è/this

   The passions of men are such that their hearts are never at rest.

（7）这chĕ/this 样yâng/manner 的tëē/of 人jîn/man

   Such a man as this.

（8）人jîn/man 应yíng/should and 当tāng/ought 知chē/to know 道taoú/fully 自tseé/him 己kè/self 之chē/of 意é/the mind 如joô/as 何hô/what

   One should know his own mind.

（9）从ts'ûng/from 都toô/all (that) 进tsún/go in 于yū/to 他t'ā/her 之chē/of 内núy/the midst 无voô/not 有yeù/have 退t'úy/return 出ch'ŭ/out 者

通用汉言之法

chày/those who

None that go in to her, return again.

（10）敬 kíng/respect 老 laoù/the aged 怜 lëên/pity 贫 p'în/the poor 人 jîn/men 皆 kaē/all 有 yeù/have 是 shé/this （心 shīn 也 yày）/heart

A disposition to respect the aged and pity the poor is possessed by all men.

（11）付 foó/send 来 lae/come 银 yīn/money 信 sín/letter 笔 pëĕ/pencils 墨 mëĕ/ink 等 tāng/&c. 物 voĕ/things 俱 keū/all 已 è/have 得 tĕ/obtained 收 sheú/received 入 jŏ/entered 矣 è

The money, letter, pencils, ink, &c. which were sent have all been received.

第六章 动词（Of Verbs）

在汉语里，动词被称为"生sàng 字tseé"，名词被称为"死see 字tseé"。[①]
语气（Modes）和时态（Tenses）是由附加词形成的，我们将通过例子来说明它们的用法。第一个介绍的动词是："to have"（有yeù）。

第一节 动词"To Have"

英语的"to have"，汉语用"有"表示。

一、陈述语气（Indicative Mood）

1.现在时（Present Tense）
单数形式（Singular）："我gò/I 有yeù/have""你nè/thou 有yeù/hast""他t'ā/she, or it 有yeù/hath or has"；复数形式（Plural）："（我gò 们mún）/we 有yeù/have""（你nè 们mún）/ye or you 有yeù/have""（他t'ā 们mún）/they 有yeù/have"。例如：

(1) 我gò/I 有yeù/have 一yǎy/one 本puèn/n. 书shoō/book
　　I have a book.

[①] 动词在汉语里也被称作"动字"，名词也被称为"静字"。译者注：(1)"生字"和"活字"是中国传统语言学中分析词类的一对术语。如明代《对类》就使用了这样的概念：实者皆是死字，惟虚字则有死有活。死谓其自然而然者，如"高""下""洪""纤"之类是也。活谓其使然而然者，如"飞""潜""变""化"之类是也。(2)"动字"和"静字"也是中国传统语言学中分析词类的一对术语。如元代刘会监的《切韵指南·经史动静字者》、清代王筠《说文句读》中使用"动字"大致表示今天词类分析中的"动词"，使用"静字"表示"形容词"和"名词"。

（2）（你nè 们mún）/you 有yeù/have 许heù/very 多tō/much（棉mëen 花hwâ）/cotton

  You have a great deal of cotton.

（3）他t'ā/he 有yeù/has 一yǎy/one 箱sīang/chest（鸦yâ 片pë'én）/opium

  He has a chest of opium.

疑问形式（Interrogatively）的例子如：

（4）你nè/you 有yeù/have（甚shín 么mǒ）/what 货hó/goods and 物voě/things 卖maé/to sell

  What have you to sell?

（5）你nè/you（尊tsūn 驾keá）/sir 有yeù/have 一yǎy/a 把p'â/n. 铁tëě/iron 钳kë'ên/tongs 未wé/not 有yeù/have

  Have you a pair of tongs?

（6）你nè/you 不poǒ/not 是shé/is 有yeù/have 茶ch'â/tea- 壶haò/pot 么mǒ

  Have you not a tea pot?

（7）你nè/you（实shě 在tsaé）/really 说shwǒ/speak 来laê/forth 你nè/you 有yeù/have 那nâ/that 件këén/n.（东tūng 西sē）/thing 没mǒ/not 有yeù/have

  Say positively, have you that thing or not?

2.未完成时（Imperfect Tense）

（8）我gò/I 先siēn/before 时shē/time 有yeù/had
  我gò/I 前tsëên/prior 时shē/time 有yeù/had
  我gò/I 从tsûng/following 前tsëên/before 有yeù/had [①]

  I had.

每个人称、不论单复数，动词时态标记都是相同的，也没有必要写得非常

---

① 除了用这些表示之外，还可以用"我才刚有"表示"I had just now"，表示将来的时候，用"我就有"表示"I shall soon have"。

完整。英语的"Thou hadst"就是汉语的"你先时有",英语的"he had"就是汉语的"他先时有"。例如:

(9)我gò/I 先siēn/before 时shê/time 有yeù/had 一yǎy/one 幅fǒ/n. 洋yâng/ocean 画hwá/picture 于yū/at 今kīn/present 遗è/left 失shě/lost 了leaoù/have

  I had a European picture which I have now lost.

(10)他t'ā/he 从ts'ûng/following 前tse'én/before 有yeù/had 磨mô/rub 刀taoū/knife 石shě/stone 一yǎy/one 块kua'é/n.

  He had a whetstone.

(11)(他t'ā 们mún)/they 先siēn/before 时shê/time 曾tsāng/already 有yeù/had 几kē/a few 条teao'û/n. 大tá/large (绳shíng 子tseè)/ropes①

  They formerly had some large rope.

疑问形式(Interrogatively)的例子如:

(12)你nè/you 先siēn/before 有yeù/had 么mǒ

  Had you before?

3.完成时(Perfect Tense)

(13)我gò/I 已è/already 经kīng/gone by 有yeù/had 过kwǒ/past
  我gò 已è 有yeù 过kwǒ
  我gò 经kīng 有yeù 过kwǒ
  I have had.

完成时态也可以用下面的方式表示

(14)业něě 经kīng 有yeù 过kwǒ

---

① 如果句子中有表示明确时间的词,那么表示时态的符号可以省略。例如,可以用"他上年有"表示"He had last year","我今早有"表示"I had this morning","我昨天有"表示"I had yesterday"。

曾tsāng 经kīng 有yeù 过kwǒ

（15）我gò/I （已è 经kīng）/have 几kē/some 久kèw/length of time （有yeù 过kwǒ）/had （轿keaoú 子tseè）/sedan chair 一yǎy/one 乘shîng/n.

I have had a chair for some time.

（16）他t'ā/he （曾tsāng 经kīng）/has 好haoù/good 久kèw/while （有yeù 过kwǒ）/had 竹chǒ/bamboo 椅è/chair 几kē/several 张chāng/n[①]

He has had several bamboo chairs for a long time.

（17）（他t'ā 们mún）/they （业nëë 经kīng）/have 两leàng/two 年nëēn/years （有yeù 过kwǒ）/had 马mà/horse 车chāy/carriage 一yǎy/one 驾keá/n.

They have had a carriage two years.

疑问形式（interrogatively）的例子如：

（18）你nè/you 未wé/not yet 曾tsāng/have （有yeù 过kwǒ）/had 面mëén/face 盆pw'ân/vessel 架keá/stand 么mǒ

Have you not yet had a wash-hand-stand?

4.过去完成时（Pluperfect Tense）

（19）我gò/I 那nâ/that 时shê/time 前tsëên/before 经kīng/past （有yeù 过kwǒ）/had

或者：

曾tsāng/already （有yeù 过kwǒ）/had

I had had.

（20）我gò/I 那nâ/that 时shê/time 前tsëên/before 经kīng/had （有yeù 过kwǒ）/had 牙yâ/tooth 签tseèn/pick 一yǎy/one 副fǒ/n.

I had had a tooth-pick before that time.

（21）（医ē 生sāng）/the surgeon 来laê/come 此tseè/this 处ch'ú/place 时shê/time 前tsëên/before 曾tsāng/had（经kīng 有yeù）/had 银yīn/silver 针chīn/probe 一yǎy/one 管kwān/n.

---

① "尝"和"曾"的意思一样。

第六章 动词（Of Verbs）

The surgeon had had a silver probe before he came here.

疑问形式（Interrogatively）的例子如：

（22）那nâ/that （时shê 候heú）/time 前tsë'ên/before 他t'ā/he （不poǒ/not 是shé/is）/not 曾tsāng/had （经kīng 有yeù）/had 过kwǒ/past （三sān/three 板pàn/plank）/boat 桨tseàng/oar 一yǎy/one 枝chē/n. 么mǒ

Had he not had a boat-oar before that time?

（23）他t'ā/he （不poǒ 是shé）/not （有yeù 的tëĕ）/had

No, he had not.

表示将来

表示将来时的词语并不是对应于英语式的不确定的将来，而是对应于确定的将来，意思是"我将很快就有了"（I shall soon have）、"我马上就有了"（I shall have presently）。[①]例如：

（24）我gò/I 就tsèw/shall soon 有yeù/have 不poǒ/no 用yúng/use 几kē/any 久kèw/long time 了leaoù

Any length of time is unnecessary, I shall soon have.

"will"是第一人称（包括单复数）用来表示目的的词，"shall"是第二人称和第三人称表示必要性的词。无论是出于承诺还是威胁，第一人称都需要一个与"shall"不同的表达将来的方式。第二人称和第三人称也可以使用"will"表示同样的意思。汉语有几种方式可以近似地表示"我很快就有"（I will soon have）的意思。例如：

（25）我gò/I 想seāng/think or intend (that I) 就tsèw/will soon 有yeù/have

我gò/I 要yaoú/want 就tsèw/soon 有yeù/to have

我gò/I 就tsèw/soon 必pëĕ/must 有yeù/have

（26）我gò/I 要yaoú/will 就tsèw/soon 有yeù/have 几kē/a few 张

[①] 从这个例子以及其他例子中可以看出，如果逐字翻译的话，每个单独的字的意思是很难理解的，只有在句子中才显示其实际的含义。

chāng/n. 圈keu'ēn/round 手shòw/hand 椅è/chairs 摆paè/placed 在tsaé/to be in 书shoō/the book 楼leû/loft

  I will soon have a few arm chairs placed in the library.

（27）我gò/I 就tsèw/soon 要yaoú/will 有yeù/have 事seé/business 必pëĕ/must 请tsùng/request 你nè/you 赶kàn/urgently 快kwa'é/haste 办pán/to perform

  I will soon have some business which I must request you to attend to speedily.

（28）我gò/I 实shě/reality 在tsaé/in 说shwǒ/tell 与yú/to 你nè/you 听t'îng/to hear （他t'ā 们mún）/they 必pëĕ/must 就tsèw/soon 有yeù/have 马mà/horse 鞍ngān/saddle 一yǎy/one 架keá/n. 便peén/ready 借tseǎy/to lend （尊tsūn 驾keá）/sir 你nè/you 用yúng/to use

  I tell you in truth, that they shall soon have a saddle ready, to lend to you, Sir, for your use.

5.将来时（Future Tense）

"将tseāng" "将tseāng 来laê" "后hów" "后hów 来laê" 可以表示将来时。例如：

（29）我gò/I 将tseāng/shall 有yeù/have

  I shall have.

（30）(我gò 们mún)/we 将tseāng/shall 来laê/time (coming) 不poǒ/not 有yeù/have 书shoō/books 则tsě/hence 不poǒ/not 得tě/can 大t'á/greatly 进tsún/enter 文wân/literature

  We shall not have books, and of course cannot greatly advance in learning.

（31）恐kùng/apprehend (and) 怕pá/fear （他t'ā 们mún）/they 将tseāng/will 有yeù/have 遭tsaoū/to meet 逆nëě/adverse 风fūng/wind

  I am apprehensive that they will have a foul wind.

（32）我gò/I 望wáng/hope （老laoù/aged 爷yǎy/father）/you, sir 将tseāng/will 有yeù/have 心shīn/heart 所sò/that which 悦yuě/likes

  I hope, Sir, that you will have what you wish.

前面说的几个表示将来的词可以用于表示将来时态。例如：

（33）我gò/I 将tseāng/shall 必pëĕ/of necessity 有yeù/have （那nâ 个k'ó）/that

　　　I will have that.

（34）不poŏ/not 怕pá/fear 你nè/you 后hów/after 来laê/coming 必pëĕ/must 有yeù/have （那nâ 个kó）/that 便peén/suitable 是shé/is

　　　Do not be afraid, you shall have that — indeed you shall.

当时间是确定的时候，将来时的标记符号也可以省略。例如：

（35）我gò/I （明mîng 天të'ēn）/to-morrow 才tsaē/shall 有yeù/have

　　　I shall have to-morrow.

（36）他t'ā/he 明mîng/bright (next) 年nëēn/year 方fāng/well then 有yeù/have

　　　Next year he will have.

疑问形式（Interrogatively）的例子如：

（37）他 t'ā/he （明 mîng/bright 天 të'ēn/heaven）/to-morrow 将tseāng/will 有yeù/have 么mŏ/or not

　　　Will he to-morrow have?

（38）他t'ā/he （后hów/after 天të'ēn/day）/day after to-morrow 有yeù/have 雨yù/rain 伞sán/umbrella 么mŏ/or not

　　　Will he have an umbrella the day after to-morrow?

（39）你nè/you 悦yuĕ/like 有yeù/to have （这chĕ 个kó）/this 你nè/you 肯k'àng/will 受show/receive （这chĕ 个kó）/this

　　　Will you have this?

6.第二种将来时（Second Future Tense）

（40）我gò/I 将tseāng/shall 有yeù/have 过kwŏ/past 了leaoù/perfected

　　　I shall have had.

（41）今kīn/this 岁súy/year 冬tung/winter 季ké/season 总tsùng/altogether

未 wé/not 有 yeù/have 务 woó/must 须 seū/necessarily 俟 seé/wait 来 laê/coming 年 nēên/year 夏 heá/summer's 至 ché/utmost 节 tseě/the term 那 nâ/that 时 shê/time 前 tsēên/before 我 gò/I 想 seāng/think 必 pěě/must 将 tseāng/shall 有 yeù/have 过 kwǒ/past 了 leaoù/perfected

  I have not any this winter; it is necessary that you wait till next mid-summer, when I think I shall have had some.

二、祈使语气（Imperative Mood）

英语中的祈使语气句"Let me have"在汉语中表示为

  （1）许 heù/permit 我 gò/me 有 yeù/to have
或者：
准 chùn/allow 我 gò/me 有 yeù/to have

"have thou"在英语中表示命令或者恳求。当不能被拒绝时，汉语表示为：

  （2）我 gò/I 要 yaoú/will (that) 你 nè/thou 有 yeù/have
或者：
我 gò/I 着 chǒ/order 你 nè/you 有 yeù/to have

当表示恳求时，汉语表示为：

  （3）我 gò/I 爱 waé/wish 你 nè/you 有 yeù/to have
或者：
我 gò/I 劝 keuén/exhort 你 nè/you 有 yeù/to have
  （4）你 nè/you 用 yúng/use （忍 jîn 耐 naé）/patience 之 chē/of 心 shīn/heart
  Have patience.
  （5）许 heù/permit 他 t'ā/him 有 yeù/to have
Let (or permit) him (to) have.
  （6）许 heù/permit （我 gò 们 mún）/us 有 yeù/to have
  Let us have.

第六章　动词（Of Verbs）

"Let us have gratitude"是第一人称复数的祈使形式，汉语表示为：

（7）（我gò 们mún）/we 即tsëĕ/immediately 宜ê/should 有yeù/have 报paoú/to recompense 恩wēn/favour 之chē/the 心shīn/heart

（8）（你nè 们mún）/you 即tsëĕ/instantly 有yeù/have
或者：
我gò/I 欲yǒ/wish （你nè 们mún）/you 即tsëĕ/instantly 有yeù/to have
　　　Have ye, or do ye have.

（9）许heù/permit （他t'ā 们mún）/them 有yeù/to have
　　　Let them have.

三、可能语气（Potential Mood）

1.现在时（Present Tense）

（1）我gò/I （可k'ò 以è）/may 有yeù/have
　　　I may have.
（2）我gò/I （可k'ò 能nâng）/can 有yeù/have
　　　I can have.
（3）你nè/you 随sûy/according to 意é/wish （可k'ò 以è）/may 有yeù/have （那nâ 件këén）/that 物voê/thing
　　　You may have that when you please.
（4）他t'ā/he （可k'ò 能nâng）/can 有yeù/have （那nâ 件këén）/that 宝paoù/precious 石shě/stone
　　　He can have that precious stone.

疑问形式（Interrogatively）的例子如：

（5）我gò/I （可k'ò 以è）/may 有yeù/have 么mǒ/or not
　　　May I have?
（6）他t'ā/he 岂k'è/how 不poǒ/not （可k'ò 能nâng）/can 有yeù/have （先siēn 生sāng）/a master 教keaoū/to teach 乎hoô
　　　How can he not have a master to teach him?

2.未完成式（Imperfect Tense）

下面讲解"I might have"在汉语中的用法。例如：

（7）我gò/I 先siēn/before 七tsě/seven 个k'ó/n. 月yuě/moons（可k'ò 以è）/might 有yeù/have 买maè/bought 房fâng/rooms 屋ǒ/houses 几kē/several 间kěén/n.

Seven months ago I might have bought several houses.

下面讲解"You could have"在汉语中的用法。例如：

（8）你nè/you 上shàng/above 年nëên/year（可k'ò 能nâng）/might 有yeù/have 买maè/bought 田teên/field 十shě/ten 亩mow/mow 每meî/each 亩mow/mow 银yīn/silver 三sān/thrice 十shě/ten 两leàng/tale

Last year you could have bought ten Mow of land at 30 tales per Mow.

英语中的"I would"表示目的。例如：

（9）若jǒ/if 我gò/I（昨ts'ǒ 天të'ēn）/yesterday 才tsa'ê/had（知chē 道taoú）/known（那nâ 件kěén）/that（事seé 情ts'ùng）/affair 我gò/I 即tsěě/instantly 要yaoù/would 有yeù/have 来laê/come 与yú/to 你nè/you（斟chīn 酌chǒ）/to consult

If I had known that affair yesterday, I would have come and consulted with you.

英语中的"you would"表示某个前面提及过或了解的事情的结果。

（10）若jǒ/if 你nè/you（昨ts'ǒ 天të'ēn）/yesterday 来laê/come 了leaoù/had 你nè/you 则tsě/would then 有yeù/have 见kěén/seen 他t'ā/him 盖kaé/for 那nâ/that 时shê/time 节tseě/portion 他t'ā/he 在tsaé/was（这chē 里lè）/here

If you had come yesterday, you would have seen him, for he was here at that time.

（11）我gò/my（兄heūng 弟té）/brother 是shé/was（昨ts'ŏ 天të'ēn）/yesterday 在tsaé/in 这chĕ/this 里lè/place 如joô/if 你nè/you 那nâ/that 时shê/time 来laê/come 就tsèw/then would 有yeù/have 见këén/seen 他t'ā/him

    My Brother was here yesterday; if you had come you would have seen him.

"就"，如前面所提及的，是表示一种确定的将来，英语表示"presently, hence, of course"等等。

英语中"should"表示一种责任、义务等等。例如：

（12）（向heáng 来laê）/hitherto 你nè/you 应yīng/should and 该kaē/ought 有yeù/to have 慎shín/diligently 听t'îng/heard（先siēn 生sāng）/the master 所sò/which 讲keàng/spoke 出ch'ǔ/out 来laê/come 的tëĕ/the 话hwá/words

    Hitherto you should have attended diligently to what the master said.

英语中"I should have"表示后续的是理所应当的。例如：

（13）若jŏ/if 我gò/I 越yuĕ/more 早tsaò/soon 听t'îng/heard（那nâ 件këén）/that 事seè/affair 我gò/I 则tsĕ/would then 有yeù/have 去keú/gone 帮pâng/to aid and 助tsoó/assist（他t'ā 们mún）/them

    If I had heard sooner of that affair, I should have gone to assist them.

疑问形式（Interrogatively）的例子如：

（14）我gò/I 岂k'è/how（不poŏ 是shé）/not（昨ts'ŏ 天të'ēn）/yesterday（可kò 以è）/might 有yeù/have 得tĕ/obtained（利lé 息seĕ）/profit 耶yây

    How might I not have obtained profit yesterday?

（15）他t'ā/he 安ngān/how 能nâng/could 有yeù/have（力lëĕ 量leáng）/ability 做tsó 得tĕ/to perform it（妥t'ò 当tāng）/well 哉tsaē

    How could he have ability to perform it well!

（16）如joô/if 他t'ā/he 先siēn/before 曾tsāng/already 有yeù/had 请tsùng/requested 你nè/you 办pán/to do (it) 你nè/you 肯k'àng/would 去kéw/go 办pán/and do it 否feù/or not

If he had before asked you to do it, would you have gone and done it?

（17）若jǒ/if 他t'ā/he 先siēn/before 有yeù/had 用yúng/used 这chě/this 样yâng/manner 的tëě/of 办pán/acting 法fǎ/rule（不poǒ 是shé）/would it not 就tsèw/then 为weî/been 更kāng/more 好haóu/good 耶yây

If he had adopted this mode of acting, would it not have been better.

（18）他t'ā/he（曾tsāng 经kīng 应yíng）/ought 有yeù/to have 如joô/as 此tse'è/this 办pán/acted 是shé/is 不poǒ/not 是shé/is

Should he not have acted thus?

（19）若jǒ/if 我gò/I（昨ts'ǒ 天tě'ēn）/yesterday 来laê/came 我gò/I（不poǒ 是shé）/not 就tsèw/then 有yeù/have 见këén/seen 他t'ā/him 么mǒ

If I had come yesterday, should I not have seen him?

3.完成时（Perfect Tense）

下面介绍"I may or can have had"在汉语中的用法。

（20）我gò/I (do) 不poǒ/not（记ké 得tě）/remember（实shě 在tsaé）/really（或①hwǎ 者chày）/perhaps 我gò/I（曾tsāng 经kīng）/already 可k'ò/may（有yeù 过kwǒ）/have had 亦yǎy/yet 未wé/not 定t'íng/certain

或者：

（或②hwǎ 者chày）/perhaps 我gò/I（从ts'ûng 前tsēên）/before 曾tsāng/already（有yeù 过kwǒ）/have had

I do not remember fully; I may have had—but it is uncertain.

（21）（那nâ 件këén）/that 物voě/thing 是shé/is 他t'ā/he 所sò/that which 不poǒ/not 能nâng/can（已è 经kīng）/already（有yeù 过kwǒ）/have had 的tëě/the thing

That thing is what he cannot have had.

---

① 译者注：原文作"哉"，但是从注音"hwa"和前后文看，此处的"哉"是"或"的书写偏误。

② 译者注：原文作"哉"，但是从注音"hwa"和前后文看，此处的"哉"是"或"的书写偏误。

疑问形式（Interrogatively）的例子如：

（22）因 yīn/because of 何 hô/what 他 t'ā/he （不 poǒ 是 shé）/not 曾 tsāng/already 能 nâng/could （有 yeù 过 kwǒ）/have had （那 nâ 件 këen）/that 物 voě/thing 耶 yây

Why can he not have had that?

4.过去完成时（Pluperfect Tense）
下面介绍"I might could, would, or should have had"在汉语中的用法。

（23）前 tsëēn/before 两 leàng/two 年 nëēn/years 我 gò/I （可 k'ò 以 è）/might （有 yeù 过 kwǒ）/have had 银 yīn/silver 汤 t'āng/soup- 羹 kāng/spoons 几 kē/several 把 p'â/n

Two years ago I might have had several silver soup-spoons.

（24）（令 líng 尊 tsūn）/your father 在 tsaé/remained 时 shê/whilst 你 nè/you （可 k'ò 能 nâng）/could 有 yeù/have （得 tě 过 kwǒ）/obtained 好 haoù/a good (and) 趣 tse'ū/pleasant （地 té 方 fāng）/place （居 keū 住 chú）/to dwell (in.)

When your father was alive, you could have had a very pleasant place to live in.

（25）我 gò/I 前 tsëēn/the former 个 kó/n. 月 yuě/moon （可 k'ò 能 nâng）/could （买 maè 了 leaoù）/bought （许 heù 多 tō）/a great deal of 茶 cha/tea 叶 yay/leaf 惟 wê/but 当 tāng/at that 时 shê/time 不 poǒ/not 得 tě/could （知 chē 道 taoú）/know （你 nè 的 tëě）/your （主 chu 意 é）/deter-mination （如 joô 何 hô）/what

The month before last I could have had bought a great quantity of tea, but I did not then know what your determination was.

（26）若 jǒ/if 那 nâ/that （时 shê 节 tsě ě）/time 他 t'ā/he （越 yuě 发 fā）/more 有 yeù/had 得 tě/possessed （见 këen 识 shě）/know-ledge 他 t'ā/he （不 poǒ 是 shé）/not 有 yeù/have 这 chě/this 样 yâng/manner 的 tëě/of （行 hîng 为 weî）/behaviour

If at that time he had had more knowledge, he would not have had behaved in this manner.

通用汉言之法

（27）他t'ā/he 未wé/not 曾tsāng/yet 跌tëĕ/fallen 下heá/down 之chē/the 先siēn/before 你nè/you（应yíng 当tāng）/should 预yú/previously have 嘱chŏ/told 他t'ā/him（小seaoù 心shīn）/to be careful 不poŏ/not 许heù/allowed 急keĕ/hurry 速sŏ/haste 上shàng/up 来laè/to come

　　　　Before he fell down, you should have had told him to be careful; that he was not permitted to go up hastily.

疑问形式（Interrogatively）的例子如：

（28）那nâ/that 时shê/time 之chē/the 前tsë'ên/before 若jŏ/if 他t'ā/he 欢hwōn/rejoiced 喜hè/gladly 有yeù/to have 如joô/as 此tse'è/this 行hîng/acted 岂k'è/how 不poŏ/not（可k'ò 能nâng）/might 去keú/go 办pán/to act 乎hoô

　　　　If before that time he had pleased to act thus, why could he not have had done it?

四、虚拟语气（Subjunctive Mood）

1.现在时（Present Tense）

　　（1）若jŏ/if 我gò/I 有yeù/have
或者：
如joô/if 我gò/I 有yeù/have
　　　If I had.
　　（2）若jŏ/if 你nè/thou 有yeù/have, &c.
　　　If thou have.

各种人称和单复数都是这种形式。例如：

　　（3）若jŏ/if 你nè/you 有yeù/have 些sëē/a few 货hó/articles 卖maé/to sell 去keú/out (is) 更kāng/more 好haoù/good 因yīn/because（目mŏ 下heá）/at present（价keá 钱tse'ên）/the price (is) 太ta'é/very 高kaoū/high

第六章 动词（Of Verbs）

If you have a few articles, you had better sell them, for the price is now very high.

2.未完成时（Imperfect Tense）

（4）若jǒ/if 我gò/I（从ts'ûng 前tsëēn）/before 有yeù/had（那nâ 件këén）/that（东tūng 西sē）/thing 其k'ê/it（已è 经kīng）/already is（失shě 了leaoù）/lost

If I formerly had that thing, it is now lost.

（5）若jǒ/if 我gò/I 有yeù/had 就tsèw/then soon 借tseǎy/lend 与yú/to 你nè/you 亦yǎy/also 何hô/what 妨fāng/obstacle (in) 之chē/the 事seé/thing

If I had, I would soon lend to you—What is there to hinder?

3.完成时（Perfect Tense）

下面介绍英语"If I have had"等在汉语中的用法。

（6）若jǒ/if 他t'ā/he（曾tsāng 经kīng）/already（有yeù 过kwǒ）/has had 这chě/this（物voě 件këén）/thing 在tsaé/remaining（自tseé 己kè）/his 家keā/house 里lè/within 因yīn/because of 何hô/what 他t'ā/he 未wé/not 曾tsāng/yet 说shwǒ/mention 知chē/to know

If he have had that in his house, why did he not mention it?

（7）若jǒ/if 你nè/you（业nëě 经kīng）/already 几kē/some 久kèw/long time（有yeù 过kwǒ）/have had（这chě 件këén）/this 物voě/thing 因yīn/because of 何hô/what 未wé/not 曾tsāng/yet 说shwǒ/tell 过kwǒ/to 我gò/me（知chē 道taoú）/to know

If you have had this for some time, why did you not let me know?

4.过去完成时（Pluperfect Tense）

下面介绍"If I had had"等在汉语中的用法。

（8）若jǒ/if 你nè/you 来laê/came 时shê/time 之chē/the 前tsë'ên/before 我gò/I（曾tsāng 经kīng）/had 有yeù/had 此tse'è/this 物voě/thing 你nè/you 所sò/which 取tseù/wanted 我gò/I 必pěě/must 有yeù/have 送súng/present-

过 kwǒ/ed (it to) 你 nè/you

  If before you came, I had had the thing which you wanted, I must have presented it to you.

5.确定将来时（Paulo-post Future）

  （9）若 jǒ/if 我 gò/I 就 tsèw/shall soon 有 yeù/have

  If I shall soon have.

6.第一将来时（First Future）

下面解释"If I shall have"在汉语中的用法。

  （10）若 jǒ/if 我 gò/I （明 mîng 年 nëên）/next year 将 tseāng/shall 有 yeù/have 些 sëē/a few （货 hó 物 voĕ）/articles 卖 maé/to sell 我 gò/I 就 tsèw/shall （告 kaoú 诉 soó）/inform 你 nè/you 听 t'îng/to hear

  If, next year, I shall have a few things to sell, I shall inform you.

  （11）若 jǒ/if 我 gò/I 将 tseāng/shall 有 yeù/have 茶 ch'â/tea 叶 yǎy/leaf 我 gò/I 必 pëĕ/must 定 t'íng/certainly 送 súng/present 一 yǎy/a 箱 siāng/chest 过 kwǒ/to 你 nè/you

  If I shall have tea, I must present a chest to you.

7.第二将来时（Second Future）

下面解释"If I shall have had"在汉语中的用法。

  （12）（等 tàng 待 taé）/wait till 明 mîng/next 年 nëên/year 十 shě/ten 二 ûrh/two 月 yuě/moon 若 jǒ/if 那 nâ/that 一 yǎy/one 时 shê/time 未 wé/not 到 taoú/arrived 我 gò/I 将 tseāng/shall （有 yeù 过 kwǒ 了 leaoù）/have had 你 nè/you 来 laê/come 时 shê/time 我 gò/I 必 pëĕ/must 讲 keàng/tell 过 kwǒ/to 你 nè/you （知 chē 道 taoú）/to know

  Wait till December next year: if before that time I shall have had, when you come I will let you know.

第六章 动词（Of Verbs）

五、不定式语气（Infinitive Mood）①

汉语中只是用一个简单的字"有yeù"来表示"to have"。例如：

（1）我gò/I 爱waé/love 有yeù/to have
　　 I love to have.

英语中用"to have"开头的句子，在汉语中用"以è 有yeù"表示。例如：

（2）以è/to 有yeù/have （财tsa'ê 帛pě)/wealth （丰fūng 盛shíng）/in abundance 而ûrh/and （从ts'ûng 不poǒ)/never 赐tseé/impart 与yú/to 穷ke'ûng/poor 老laoù/aged 人jîn/people 岂k'è/how 为weî/constitute 善shén/goodness 乎hoô
　　 To have a great abundance of wealth, and not impart any to the poor, aged man—How is that goodness?

六、小词（Participle）

1.现在时小词（Present Participle）
用英语的"Having"做个例子。例如：

（1）他t'ā/he （既kè/when 有yeù/had）/having （许heù 多tō）/a great deal 则tsě/then 分fūn/shared 些sēē/a little 与yú/to 别pěě/other 人jîn/persons
　　 He having a great quantity, shared a little to other persons.

2.完成时小词（Perfect Participle）

（2）有yeù 过kwǒ
　　 Had.

---

① 假如附加了一种祈愿语气（Optative Mood），汉语用"我愿有"表示英语的"I wish or desire, to have"，也可以用"我巴不得有"表示英语的"I stop not can to have"，也就是"I wish to have"。

3.复合完成时小词（Compound Perfect）
以英语"Having had"为例。

（3）他t'ā/he（既kè 曾tsāng）/having（有yeù 过kwǒ）/had 大tá/large 本puèn/original 业neě/property 任jîn/indulged (his) 意é/will (and) 肆seé/irregular 欲yǒ/desire

  He having had a large fortune, indulged his passions without restraint.

虽然在对话或单个的句子中，语气和时态的用法如上面的例子一样，也能表达得很清楚。但是，好的文章用词要比口语简洁，这些表示时态的符号并不一定全部出现，需要从整篇文章收集这些时态的信息。正如上面举的例子一样，出于准确表达的目的，表示同样时态的不同汉字可以一起使用，但是对理解而言，这并无必要。

第二节 动词"To Be"

英语的系动词"to be"（是shé），不能与其他任何根据动词的语气和时态做出相应变化的词语形成组合。下面我们通过例子来说明英语的动词"to be"如何用汉语表达。

一、陈述语气（Indicative Mood）

1.现在时（Present Tense）
下面介绍"I am"等含义在汉语中的表达方式。

（1）我gò/I 是shé/am 老laoù/old 人jîn/man
  I am an old man.
（2）你nè/you 是shé/are（聪ts'ūng 明mîng 的teě）/intelligent
  You are intelligent.
（3）他t'ā/he 是shé/is 善shén/a good 人jîn/man
  He is a good man.

第六章 动词（Of Verbs）

(4)（我gò 们mún）/we 是shé/are 贫p'în/poor 人jîn/persons

　　We are poor persons.

(5)（他t'ā 们mún）/they 不poǒ/not 是shé/are （骄keaoū 傲ngao 的tëě）/proud

　　They are not proud.

"am, art, is, are"在汉语中也可以用"系hé""为weî""在tsaé""属shǒ"表示。例如：

(6)（这chě 个kó）/this 系hé/is （我gò 的tëě）/mine

　　This is mine.

(7) 我gò/I 系hé/am 由yêw/from （福fǒ 建keen）/fo-keen 来laê/come

　　I am come from Fo-keen.

(8) 他t'ā/he 为weî/is 好haoù/good 子tseè/son 他t'ā/he 常ch'âng/always 爱waé/loves (and) 敬kíng/respects 父foó/father 母moô/mother

　　He is a good son; he always loves and respects his father and mother.

(9) 书shoō/the book 在tsaé/is （这chě 里lè）/here

　　The book is here.

(10) 此tse'ě/this 情ts'îng/affair 大tá/greatly 属shǒ/is 违weî/opposed to 禁kín/the prohibitions

　　This affair is greatly in opposition to the prohibitions.

(11)（那nâ 个kó）/that 属shǒ/belongs to 他t'ā/him

　　That is his.

英语中的"am, is"等在汉语中经常被隐含在形容词和动词内。例如：

(12) 我gò/my 肚toó/belly 饿gò/is hungry

　　I am hungry.

(13) 他t'ā/he （忧yeū 闷mún）/is sorry

　　He is sorry.

(14) 我gò/I （十shě/ten 分fūn/parts）/very （欢hwōn 喜hè）/am glad

　　I am very glad.

通用汉言之法

疑问形式（Interrogatively），例如：

（15）我 gò/I 岂 k'è/how 是 shé/am 为 weî/constituted 我 gò/my （兄 heūng 弟 té）/brother 之 chē/'s （照 chaoú 拂 foě 者 chày）/keeper 乎 hoô

　　Am I my brother's keeper?

（16）你 nè/you 不 poǒ/not 是 shé/are （昨 ts'ǒ 天 të'ēn）/yesterday 所 sò/who 来 laê/came 之 chē/the 人 jîn/man 么 mǒ[①]

　　Are you not the man who came yesterday?

表示强烈判断语气的词语也可以放在疑问形式的句子中。例如：

（17）尔 ûrh/you 岂 k'è/how 非 feī/not （昨 ts'ǒ 天 të'ēn）/yesterday 所 sò/who 来 laê/came 之 chē/the 人 jîn/man 乎 hoô

　　How are you not the man who came yesterday?

"是"（is）表示"对的"，"不是"（is not）表示"错的"。例如：

（18）谁 shǔy/who 是 shé/is 谁 shǔy/who 不 poǒ/not 是 shé/is

　　Who is right, and who wrong.

（19）我 gò/I 有 yeù/have 不 poǒ/not 是 shé/is

　　I am wrong. Or, I am in fault.

"对"和"错"在汉语中也可以用"是"和"非"表示，例如：

（20）是 shé/is 非 feī/not 尔 ûrh/you 所 sò/that 知 chē/know 也 yǎy[②]

　　You know right from wrong.

"是""非"有时候同时出现，如果读和说的时候在"是"之后有一个停顿，那么意思会发生改变。例如：

---

① 英语的"Is it, or is it not?"，汉语用"是不是"表示，通常跟在它关涉的命题后面。"是否"也表示同样的意思，可以放在它关涉的命题之前或者之后。

② 《孟子》

（21）（中 chūng 庸 yûng）/chung-yung [①] 性 síng/nature 理 lè/reason 之 chē/'s 道 taoú/doctrines 是 shé/are 非 feī/not 浅 ts'eèn/the shallow 学 haǒ/learned 者 chày/person 所 sò/that which（知 chē 也 yǎy）/knows

The doctrines of chūng-yûng, respecting nature and reason, are not understood by the partially learned.

"是 shé/right 非 feī/wrong 之 chē/the 事 seé/business" 和 "是 shé/right 非 feī/wrong 之 chē/the 人 jîn/man" 表示可疑的、不确定的人和事物，具有贬义。例如：

（22）来 laê/comes 说 shwǒ/to speak 是 shé/is 非 feī/not 者 chày/person who 便 peén/of course 是 shé/is 是 shé/an is 非 feī/and not 人 jîn/man

He who comes (busily) saying this (person) is right, and that wrong, is himself a doubtful character.

（23）我 gò 有 yeù 事 seé

I am engaged.

也可以直译为"I have business"。

（24）大 tá/great 家 keā/family 属 shǒ/related 在 tsaé/are 相 síang/mutually 好 haoù/good

We are all on good terms.

（25）他 t'ā/he 是 shé/is 作 tsǒ/do 甚 shín/what 么 mǒ

What is he?

2.未完成时（Imperfect Tense）

下面介绍"I was"的汉语表示方式。

（26）遇 yú/met 他 t'ā/him 之 chē/the 时 shê/time 我 gò/I 是 shé/was 在 tsaé/situated 路 loó/the road 上 shàng/upon 骑 ke/riding 马 mà/a horse

When I met him, I was riding upon the road.

（27）他 t'ā/he（昨 ts'ǒ 天 të'ēn）/yesterday 在 tsaé/was（这 chē 里 lè）/here

He was here yesterday.

---

① 孔子《四书》的第二部。

通用汉言之法

（28）（他t'ā 们mún）/they （到taoú/go to 过kwǒ/passed）/were at 北pě/the north 京kīng/capital

They were once at Peking.

疑问形式：

（29）他t'ā/he 来laê/came 时shê/time 你nè/you 同t'ûng/with him 在tsaé/were 此tse'è/this 处ch'ú/place 么mǒ

Were you here when he came?

（30）（那nâ 件kèén）/that 事seé/affair 先siēn/before 有yeù/have 这chě/this 样yâng/manner 是shé/is 不poǒ/not 是shé/is

Was that affair thus or not?

（31）今kīn/this 早tsaò/morning 所sò/who 来laê/came 之chē/the 人jîn/man 为weî/was 谁shǔy/who

Who was the person that came this morning?

（32）旧keú/old 年nëēn/year 冬tung/winter 时shê/time （这chě 些seē）/these （果kwǒ 子tseè）/fruits 为weî/were （十shě 分fūn）/very 好haoǔ/good 是shé/is 不poǒ/not 是shé/is

Were not these fruits very good last winter?

（33）你nè/you 未wé/not 来laê/come 之chē/the 前tse'ên/before 做tsó/do （甚shín 么mǒ）/what

What were you doing before you came?

3.完成时（Perfect Tense）
下面介绍"I have been"的汉语表达方式。例如：

（34）我gò/I （业něě 经kīng）/have 在tsaé/been 此tse'è/this 处ch'ú/place 甚shín/very 久kèw/long time

I have been here a long time.

（35）他t'ā/he （已è 经kīng）/has before （到taoú 过kwǒ）/gone to （喫yīng 咭keě 唎lé）/english 国kwǒ/country （地té 方fāng）/ground

He has been at England.

第六章 动词（Of Verbs）

疑问形式（Interrogatively）的例子，如：

（36）你nè/you （才tsa'ê 刚kāng）/just now 去keú/go 那nâ/which 一yǎy/one 处ch'ú/place 来laê/come
　　　Where have you been?

（37）你nè/you （曾tsāng 经kīng）/have 去keú/go 探t'ān/to enquire 是shé/is 何hô/who 一yǎy/one 人jîn/man 来laê/come 了leaoù/has
　　　Have you been to see who the person is who has come?

（38）你nè/you （已è 经kīng）/have before （到taoú 过kwǒ）/gone to （江keāng 西shē）/keang-she 么mǒ/or not
　　　Have you been at Keang-she?

"Have been"经常隐含在动词里。例如：

（39）我gò/I （才tsa'ê 刚kāng）/just now 念neén/read 书shoō/book
　　　I have been reading.

（40）你nè/you （才tsa'ê 刚kāng）/just now 做tsǒ/do （甚shín 么mǒ）/what
　　　What have you been doing?

4.过去完成时（Pluperfect Tense）

下面介绍"I had been"等时态在汉语中的表达方法。例如：

（41）他t'ā/he 来laê/come 时shê/time 之chē/the 先siēn/before 我gò/I （业něě 经kīng）/had （到taoú 过kwǒ）/gone to 那nâ/that 处ch'ú/place
　　或者：
　　他t'ā/he 未wé/not 曾tsāng/yet 来laê/come 我gò/I 已è/already 经kīng/had （到taoú 过kwǒ）/been at 那nâ/that 处ch'ú/place
　　　I had been there before he came.

（42）（那nâ 件kěén）/that 事seé/affair 未wé/not 曾tsāng/yet 发fā/caused 起k'é/to rise up 来laê/come 他t'ā/he 已è/already 经kīng/had （在tsaé 过kwǒ）/resided （这chě 里lè）/here 多tō/many 年něên/years 办pán/managing 事seé/business 颇p'ó/in some degree 知chē/knows 首

通用汉言之法

shów/head and 尾wē/tail

  Before that affair was introduced he had been here many years, and knew pretty well how to manage business, from first to last.

疑问形式：

  （43）他t'ā/he 未wé/not 曾tsāng/yet 来laê/come 你nè/you（不poǒ 是shé）/not（才tsa'ê 刚kāng）/just then 已è/already 想seāng/think 及këě/respecting（那nâ 件këén）/that 事seé/affair

  Before he came had you not been thinking about that affair?

  （44）旧kéw/old 年nëên/year 之chē/the 先siēn/before 你nè/you（不poǒ 是shé）/not（曾tsāng 经kīng）/already（到taoú 过kwǒ）/been at（山shān 西sē）/shan-se 么mǒ

  Had you not been at Shan-se before last year?

5.将来时（Future Tense）

  （45）我gò/I 将tseāng/shall and 必pëě/must 为weî/make 小seaoù/little 心shīn/heart

  I will be careful.

  （46）（明mîng 年nëên）/next year 我gò/I 将tseāng/shall 在tsaé/be at（罗lô 浮fôw）/lo-fow 山shān/hill

  Next year I shall be at Lo-fow Hill.

  （47）你nè/you 孝heaoú/be dutiful 敬kīng/respectful to 父foó/father 母moô/mother 方fāng/then will 为weî/be 好haoù/go 子tseè/son

  Exercise filial piety and respect towards your father and mother, and then you will be a good son.

  （48）（那nâ 件këén）/that 事seé/affair 办pán/managed（明mîng 白pě）/clearly 去keú/gone 后hów/after 我gò/my 心shīn/heart 方fāng/then will 得tě/obtain 安gān/rest 矣è

  My mind will be at rest when that affair is fully settled.

  （49）我gò/I 信shín/believe 他t'ā/him 以è/that 此tse'è/this 事seé/affair 必pëě/must 如joô/as 其k'ê/he 出ch'ǔ/issued 言yên/words 而ûrh/and 得

tě/obtain 来laê/come 也yày/come to pass

  I believe him that it shall be as he has said.

（50）（他t'ā 们mún）/they 将tseāng/will 得tě/obtain 胜shing/victory 矣è

  They will be victorious.

（51）我gò/I （将tseāng 是shé）/shall 要yaoú/want 出ch'ǔ/to go out to 街keae/the street

  I shall be wanting to go abroad.

疑问形式：

（52）他t'ā/he （不poô 是shé）/not （明mîng 天të'ēn）/to-morrow 在 tsaé/be （这chě 里lè）/here 么mò

  Will he not be here tomorrow?

（53）如joô/if 他t'ā/he （今kīn 天të'ēn）/to-day 勤k'în/diligently 做 tsǒ/do 事seé/business （明mîng 天të'ēn）/to-morrow 还hwân/then 是shé/be 许heù/allowed 他t'ā/him （玩vón 耍shwà）/to play 么mò

  If he be diligent to-day will hee be permitted to play tomorrow?

6.第二将来时（Second Future）

下面介绍"I shall have been"在汉语中的表达方式。例如：

（54）计ké/reckoning 到taoú/till 明mîng/next 年nëēn/year 十shě/tenth 月yuě/moon 我gò/I 是shé/shall 有yeù/have 在tsaé/been at （香heang 山shān）/heang-shan （十shě 八pă）/eighteen 年nëēn/year's 久kèw/length of time

  Reckoning till October next year, I shall have been at Heang-shan eighteen years.

二、祈使语气（Imperative Mood）

（1）尔ûrh/you 即tseě/then 为weî/be 勤k'în/diligent 写sëě/writing 字 tseé/character

  Be thou diligent in writing.

（2）许heù/let 他t'ā/him 在tsaé/be 那nâ/that 处ch'ú/place
    Let him be there.
（3）（我gò 们mún）/we 即tseě/then 宜ê/should 慎shín/attentively 听t'îng/listen
    Let us be attentive.
（4）许heù/let （他t'ā 们mún）/them （嬉he 戏hé）/be merry
    Let them be merry.

三、可能语气（Potential Mood）

1. 现在时（Present Tense）

（1）我gò/I （或hwǎ 者chày）/perhaps 有yeù/have 过kwǒ/passed the mark
    I may be wrong.
（2）他t'ā/he 不poǒ/not 是shé/is 圣sh'íng/perfect 人jîn/man 他t'ā/he 亦yǎy/also （可k'ò 以è）/may 有yeù/have 错ts'ó/error
    He is not a perfect man, he also may be mistaken.
（3）（他t'ā 们mún）/they （明mîng 天të'ēn）/to-morrow （可k'ò 能nâng）/can 到taoú/arrive at 此tse'è/this 处ch'ú/place
    They can be here to-morrow.
（4）使shè/effected 不poǒ/not （得tě 的těě）/obtainable
    It cannot be effected.

疑问形式：

（5）此tse'è/this 人jîn/man 岂k'è/how 或hwǎ/may 为weî/be （昨ts'ǒ 天të'ēn）/yesterday 所sò/who 来laê/came 之chē/the 人jîn/man 哉tsaē
    How can this be the man who came yesterday?
（6）此tse'è/this 事seé/business 行hîng/done 得tě/can 不poǒ/not 行hîng/done 得tě/can
    Can this be done or not?

第六章　动词（Of Verbs）

2.未完成时（Imperfect Tense）
下面介绍"Might, could, would, or should be"在汉语中的表达方式。例如：

（7）他t'ā/he （或hwǎ 者chày）/perhaps （昨ts'ǒ 天të'ēn）/yesterday 在tsaé/was 此tse'è/this 处ch'ú/place 我gò/I 不poǒ/not 得tě/can （知chē 道taoú）/know

　　He might be here yesterday; I do not know.

（8）若jǒ/if 他t'ā/his 情ts'îng/disposition 愿yuén/liked 他t'ā/he （可k'ò 能nâng）/could 为weî/make 好haoù/good （跟kān/heel 班pān/attendant）/servant

　　If the pleased he could be a good servant.

（9）我gò/I 不poǒ/not 愿yuén/wish 烦fân/to trouble and 劳laoû/distress （人jîn 家keā）/persons

　　I would not be troublesome.

（10）我gò/I 不poǒ/not 肯k'àng/will 做tsó/act （怠taè 慢mán）/negligent

　　I would not be negligent.

（11）你nè/you 应yīng/should and 该kaē/ought 勤k'în/diligently 办pán/to transact 事seé/business 以è/that 致ché/thereby 得tě/obtain 够keú/enough 用yúng/to use

　　You should be diligent that you may have a competence.

疑问形式（Interrogatively）：

（12）如joô/if 他t'ā/he （欢huōn 喜hè）/liked it 他t'ā/he 能nâng/could 有yeù/have 在tsaé/be situated （这chě 里lè）/here 么mǒ

　　Could he be here if he pleased?

（13）他t'ā/he （昨ts'ǒ 天të'ēn）/yesterday 午vù/noon 时shê/time （可k'ò 能nâng）/could 得tě/obtain 到taoú/arrival at （前tsë'ên 山shān）/tseen-shan 么mǒ

　　Could he be at Tseen-shan yesterday at 12 o'clock?

3.完成时（Perfect Tense）
下面介绍"May or can have been"在汉语中的表达方法。例如：

（14）他t'ā/he （从tsûng 前tsë'ên）/formerly （可k'ò 能nâng）/may 到taoú/been at 那nâ/that 处ch'ú/place 亦yǎy/also 未wé/not 定t'íng/certain

He may have been there formerly; it is uncertain.

（15）你nè/you 不poǒ/not 能nâng/can （曾tsāng 经kīng）/have （得tě 到taoú）/been at 那nâ/that 处ch'ú/place 而ûrh/and 复foě/again 回hwûy/returned 来laê/come

You cannot have been there and have again returned.

4. 过去完成时（Pluperfect Tense）

下面介绍"Might have been"等在汉语中的表达方法。例如：

（16）（他t'ā 们mún）/they 先siēn/before 时shê/time 宜ê/should 在tsaé/have been 此tse'è/this 处ch'ú/place

They should have been here before.

（17）他t'ā/he （前tsë'ên 天të'ēn）/day before yesterday （可k'ó 能nâng）/might （得tě 到taoú）/have been （那nâ 处ch'ú）/there

He might have been there the day before yesterday.

（18）若jǒ/if 他t'ā/he （昨ts'ǒ 天të'ēn）/yesterday 清ts'îng/clear 早tsaò/morning 起k'é/rose 行hîng/to walk 俟seé/waiting till 晚wàn/evening 上shàng/upon 他t'ā/he 则tsě/could 有yeù/have 得tě/obtained 到taoú/arrival at 那nâ/that 处ch'ú/place

If he had set off yesterday morning at day-light, he would have been there in the evening.

（19）若jǒ/if 他t'ā/he （今kīn 早tsaò）/this morning 勤k'în/diligently 做tsó/done （工kūng 夫foō）/work 到taoú/at 午vù/noon 时shê/time 他t'ā/he （可k'ò 能nâng）/might have 办pán 明mîng 白pě 了leaoù）/finished

If he had worked diligently in the morning, he could have been done by 12 o'clock.

疑问形式：

（20）他t'ā/he 昨ts'ǒ/last 晚wàn/evening （可k'ò 能nâng）/could 在tsaé/been （这chě 里lè）/here 么mǒ/or not

Could he have been here last evening?

第六章 动词（Of Verbs）

四、虚拟语气（Subjunctive Mood）

1.现在时（Present Tense）
下面介绍"If I be"等在汉语中的表达方式。例如：

（1）若jǒ/if 此tse'è/this 谕yú/edict 系hé/be （皇hwâng 上shàng 的tëē）/emperor's 则 tsě/then 务 woó/must 须 seū/necessarily 得 tě/obtain 遵 tsūn/obedience 矣è

  If this edict be the Emperor's, it must of course be obeyed.

（2）若jǒ/if 他t'ā/he 在tsaé/be （那nâ 处ch'ú）/there 叫keoū/call 他t'ā/him 来laê/to come

  If he be there, call him to come.

（3）若jǒ/if 你nè/you 为weî/be 好haoù/good （儿ûrh 子tseè）/boy 你nè/your （父foó 亲ts'ūn）/father 即tsëē/will then 爱waé/love 你nè/you

  If you be a good boy, your father will love you.

（4）若jǒ/if 他t'ā/he 是shé/be right 则tsě/then 众chúng/all 人jîn/the men 不poǒ/not 必pëē/necessary （争tsâng 论lùn）/to wrangle 矣è

  If he be right, it is of course unnecessary for all to wrangle.

（5）有yeù/have 此tse'è/this 事seé/business 否feù/or not （我gò 们mún）/we （从tsûng 不poǒ）/altogether not （晓heaoù 得tě）/know

  Whether there be this affair or not, we are altogether ignorant.

2.未完成时（Imperfect Tense）
下面介绍"If I were"等在汉语中的表达方式。例如：

（6）若jǒ/if（他t'ā 们mún）/they 系hé/were（昨ts'ǒ 天të'ēn）/yesterday 在tsaé/in 这chě/this 里lè/place 因yīn/because of 何hô/what 他t'ā/they 不poǒ/not 等tāng/wait 待taé/till （东tûng 家keā）/the master 到taoú/arrived

  If they were here yesterday, why did they not remain till the master of the house came?

（7）若jǒ/if 我gò/I（系hé 在tsaé）/were in（他t'ā 的tëē）/his 分fūn/part 我gò/I 就tséw/then would 有yeù/have 这chě/this 样yâng/manner of 办pán/acting

If I were in his place, I would act thus.

（8）若jǒ/if 他t'ā/he 即tsëĕ/now 来laê/come 你nè/you 就tséw/then 对túy/towards 他t'ā/him 有yeù/have（甚shīn 么mǒ）/what（说shwǒ 话hwá）/discourse?

If he were to come now, what would you say to him?

3.完成时（Perfect Tense）

（9）若jǒ/if 你nè/you（到taoú 过kwǒ）/have been at（安ngān 南nân）/cochin-china 你nè/you 必pëĕ/must 略leǒ/a little（知chē 道taoú）/know 其k'ê/their（风fūng 俗sǒ）/customs（如joô 何hô）/how

If you have been at Cochin-China, you must know a little of their customs.

（10）若jǒ/if（他t'ā 们mún）/they 昨ts'ǒ/last 全tse'ûn/all 夜yāy/night 在tsaé/were（这chě 里lè）/here 而ûrh/and 未wé/not 曾tsāng/yet 得tě/obtain 食shǎy/to eat（他t'ā 们mún）/they（自tseé 然jên）/must indeed 肚toǒ/bellies 饿gò/hungry

If they have been here all night, and have not yet had anything to eat, they must indeed be hungry.

4.过去完成时（Pluperfect Tense）

（11）若jǒ/if 那nâ/that 时shê/time 你nè/you（是shé 在tsaé）/had been（这chě 里lè）/here 我gò/I 总tsùng/altogether 未wé/not 有yeù/have 被pè/received 不poǒ/not 幸hing/fortunate 事seé/occurrence

If you had been here at that time, I should not have been at all unfortunate.

（12）若jǒ/if 我gò/I（上shàng 年nëên）/last year 有yeù/had 在tsaé/been at 盛shíng/the abundant (your) 村tsūn/village 我gò/I 即tseě/then 必pëĕ/must 有yeù/have 来laê/come 问wán/to ask 和and 候heú/wait upon 你nè/you

If I had been at your village last year, I should certainly have called to see you.

5.将来时（Future Tense）

（13）若jǒ/if 我gò/I 将tseāng/shall 在tsaé/be in 那nâ/that 处ch'ú/place 我gò/I 即tsěě/then will 以è/by 彼pè/that 事seé/affair （告kaoú 诉soó）/inform 他t'ā/him （知chē 道taou）/to know

If I shall be there, I shall immediately inform him of that affair.

6.第二将来时（Second Future Tense）

（14）如joô/if （他t'ā 们mún）/they 到taoú/at （明mîng 年něen）/next year's 十shě/tenth 月yuě/moon 系hè/shall 有yeù/have 在tsaé/been （那nâ 里lè）/there 十shě/ten 年něen/years （他t'ā 们mún）/they 还hwân/still （可k'ò 以è）/may 在tsaé/remain 两leàng/two 年něen/years

If by October, next year, they shall have been there ten years, they may yet remain two years.

五、不定式语气（Infinitive Mood）

（1）是shé
To be or exist.
（2）在tsaé
To be in a certain state or condition.
（3）他t'ā/he 爱waé/loves 在tsaé/to be 至chē/most 先siēn/before
He loves to be foremost.

也可以用"为weî"。例如：

（4）以è/to 为weî/be 贫p'în/poor 连leên/and also 傲ngaó/proud 大tá/greatly 不poǒ/not 合hǒ/accord with 理lè/reason
To be poor and proud is contrary to right reason in a great degree.

六、现在时小词（Present Participle）

下面介绍"being"在汉语中的表示方法。例如：

（5）他 t'ā/he （既 kè 为 weî）/being 穷 ke'ûng/poor 恳 k'àn/earnestly 乞 këě/begged 赐 tseé/to have granted 些 sëē/a little 银 yīn/money

He, being poor, earnestly begged that a little money might be given to him.

有时候动词"是"（be）整个被省略。例如：

（6）你 nè/your 肚 toó/belly 饿 gò/hungry 么 mǒ/not

Are you hungry?

（7）不 poǒ/not 是 shé/is 但 tán/but 我 gò/I 有 yeù/have 一 yǎy/a 些 sëē/little 渴 kǒ/thirst

No, but I am thirsty a little.

（8）你 nè/you (how) 多 tō/many 大 tá/great 年 nëên/years 纪 kè/record

How old are you?

（9）八 pǎ/eight 岁 súy/years

I am eight years of age.

对下级的提问，汉语可以表示为：

（10）你 nè/you 是 shé/are （多 tō 少 shaò）/how many 岁 súy/years (of age)

在汉语里有礼貌的提问方式是：

（11）请 ts'ìng/I beg 问 wán/to ask 贵 kweí/your noble 庚 kāng/age

第六章 动词（Of Verbs）

第三节 动词"Do、Must、Ought、Should、Can、Could、May、Might、Will、Let"

一、Do

英语的"to do"在汉语里用"做tsó""作tsŏ""为weî""行híng"表示。例如：

（1）（他t'ā 们mún）/they 随sûy/follow (their) 意é/will (and) 做tsó/act
They do as they please.

（2）他t'ā/he 系hè/is 作tsŏ/do （甚shīn 么mŏ 的tëĕ）/what （工kūng 夫foō）/work
What work does he do?

（3）你nè/you 肯k'àng/will 做tsó/do 么mŏ/or not
Will you do it or not?

1.现在小词（Present Participle）

（4）你nè/you （作tsŏ 的tëĕ）/do 何hô/what 事seé/business
或者：
你nè/you 行híng/do 何hô/what 事seé/business
或者：
你nè/you 为weî/do （甚shīn 么mŏ）/what 事seé/business
What are you doing?

2.完成小词（Perfect Participle）

（5）（那nâ 件këĕn）/that （工kūng 夫foō）/work （做tsó 完wôn）/is done
That work is done.

通用汉言之法

"done"在汉语里可以用几种方式表示，例如：

（6）做tsó 完wôn
或者：
做tsó 完wôn 了leaoù
或者：
做tsó 明mîng 白pě
或者：
做tsó 明mîng 白pě 了leaoù
或者：
做tsó 毕pëě
或者：
做tsó 清ts'īng 楚tse'é
或者：
做tsó 了leaoù
或者：
做tsó 清ts'īng 楚tse'é 了leaoù

3.Do and Did
英语中的助动词"do""did"在汉语中隐藏在主要动词里，并不出现。例如：

（7）你nè/you （记ké 得tě）/remember 我gò/I （前tsëēn 天të'ēn）/the day before yesterday 讲keàng/said 过kwǒ/to 你nè/you 听t'îng/to hear
　　　　Do you remember what I said to you the day before yesterday?
（8）你nè/you （知chē 道taoú）/know 么mǒ/or not
　　　　Do you know?
（9）你nè/you （明mîng 白pě）/understand 不poǒ/not （明mîng 白pě）/understand
　　　　Do you understand?
（10）他t'ā/he （昨ts'ǒ 天të'ēn）/yesterday 来laē/come 么mǒ
　　　　Did he come yesterday?
（11）我gò/I 先siēn/before 时shê/time 有yeù/had 敬kíng/respect for 他t'ā/him

第六章 动词（Of Verbs）

I did formerly respect him.

（12）他t'ā/he 是shé/is 好haoǔ/good 人jîn/man 谁shǔy/who 不poǒ/not 敬kíng/respect 爱waé/love 他t'ā/him

He is a good man; who does not love and respect him?

（13）我gò/I （果kwò 然jên）/indeed 讲keàng/speak 真chīn/true 话hwá/words

I do indeed speak the truth.

（14）（他t'ā 们mún）/they 不poǒ/not 是shé/are 想seāng/thinking 得tě/to obtain 利lé/gain

They do not think of obtaining gain.

二、Must

（11）他t'ā/he （必pëě 须seū）/must 来laê/come

He must come.

（2）我gò/I （必pëě 定t'íng）/must 去keú/go

I must go.

（3）（我gò 们mún）/we （随sûy 时shê）/whenever （讲keàng 话hwá）/speak （务vú 须seū）/must 说shwǒ/speak （真chīn 的tëě）/true

Whenever we speak, we must speak the truth.

（4）你nè/you （务vú 必pëě）/must （清ts'īng 早tsaò）/early （起k'é 身shīn）/rise

You must rise early.

（5）他t'ā/he 是shé/is it 必pëě/must （目mǒ 下heá）/now 做tsó/do （那nâ 件këén）/that 事seé/business 么mǒ

Must he do that business now?

三、Ought、Should

（1）他t'ā/he （应yīng 该kaē）/ought 去keú/to go

He ought to go.

（2）你nè/you （应yīng 当tāng）/ought 敬kíng/to respect 父foó/father 母moǒ/mother

You ought to respect your father and mother.

（3）你nè/you 宜ē/should 做tsó/do 这chě/this 样yâng/manner
You should do this.

四、Can、Could

"Can"在汉语中经常用"得tě"表示。例如：

（1）你nè/you 办pán/manage 得tě/can （这chě 件kěén）/this 事 seé/business
　　　　Can you manage this affair?
（2）你nè/you 做tsó/do 得tě/can 不poǒ/not 做tsó/do 得tě/can
　　　　Can you do it or not?
（3）他t'ā/he 做tsó/do 不poǒ/not 得tě/can 来laê/come (to pass)
　　　　He cannot do it.
（4）若jǒ/if 我gò/I 做tsó/do （得tě 来laê）/could 我gò/I 即tsěě/would directly 往wàng/go to （江keāng 南nān）/keang-nan
　　　　If I could, I would go to Keang-nan, directly.

英语中的"can""could"在汉语中用"可""能"和"可能"表示。例如：

（5）我gò/I 可k'ò/can 得tě/obtain 好haoù/good （看hán 的těě）/looking 狗keù/dog （一yǎy 只chě）/one
　　　　I can obtain a pretty dog.
（6）若jǒ/if 你nè/you 那nâ/that 时shê/time 即tsěě/then 有yeù/had （查chā 过kwǒ）/examined 你nè/you （可k'ò 能nâng）/might have 得tě/obtained 其k'ê/the 实shě/reality
　　　　If you had examined at that time, you could have obtained the truth.

五、May、Might

（1）我gò/I 未wé/not 曾tsāng/yet 到taoú/arrived 他t'ā/he （或hwǎ 者chày）/may 已è/already 有yeù/have （查chā 过kwǒ）/examined

第六章 动词（Of Verbs）

He may have examined before I came.

（2）（或hwǎ 者chày）/perhaps 下heá/descend 雨yù/rain

It may rain.

（3）较keaóu/compared with 他t'ā/he 所sò/what 得tě/has obtained 之chē/the （学haǒ 文wǎn）/learning 他t'ā/he 如joô/if 专chuēn/exert 心shīn/mind （可k'ò 以è）/might （越yuě 发fǎ）/much more （上shàng 进tsín）/advanced

Had he applied his mind, he might have improved much more than he has.

六、Will

（1）你nè/you 肯kàng/will 不poǒ/not 肯kàng/will

Will you or not?

（2）他t'ā/he 必pëě/must 要yaoú/want 如joô/as 此tse'è/this

He wills it to be thus.

（3）这chě/this 样yâng/manner 系hè/is （他t'ā 的tëě）/his （主chù 意é）/will

Thus it is his will.

七、Let

英语中的表示允许的"let"，在汉语中用"许heù""准chùn"表示。例如：

（1）许heù/permit 他t'ā/him 上shàng/up 来laê/come

Let him come up.

（2）许heù/permit 我gò/me 去keú/to go 么mǒ

Will you let me go?

（3）（我gò 们mún）/we 即tsëě/then 同tūng/together 走tsòw/walk 走tsòw/walk 一yǎy/a 回hwûy/turn

Let us walk a while.

第四节 劝告动词（To Advise）

一、主动语态[①]

劝告动词可以用下面的方式使用：宾格代词附加到动词上，这样每个短语获得了一个更完整的意思，这也与本地助手的说话习惯更相符。完整地写出与每个人的"数"有关的动词是不必要的，因为意思是一样的。下面以"劝keu'én"（To advise）为例进行介绍。

（一）陈述语气（Indicative Mood）

1.现在时（Present Tense）

（1）我gò/I 劝keu'én/advise 他t'ā/him
　　I advise him.

（2）你nè/you 劝keu'én/advise 他t'ā/him
　　You advise him.

（3）他t'ā/he 劝keu'én/advises 我gò/me, &c.
　　He advises me.

2.未完成时（Imperfect Tense）

（4）我gò/I 先siēn/before 时shê/time 劝keu'én/advised 他t'ā/him
　　I advised him before.

（5）我gò/I （昨ts'ŏ 天të'ēn）/yesterday 劝keu'én/advised 他t'ā/him
　　I advised him yesterday.

（6）我gò/I （才tsa'ê 刚kāng）/just now 劝keu'én/advised 他t'ā/him
　　I advised him just now.

---

① 译者注：原文中没有"主动语态"这个标题。这里根据后文"被动语态（PASSIVE VOICE）"的标题添加。

第六章 动词（Of Verbs）

3.完成时（Perfect Tense）

（6）我gò/I （劝keu'én 过kwǒ）/have advised 他t'ā/him
或者：
我gò/I （曾tsāng 经kīng）/have 劝keu'én/advised 他t'ā/him
I have advised him.

完成时由"曾tsāng""已è""业nëě"放在动词之前构成，这些词也可以与"经kīng"形成的组合放在动词之前；也可以由"了leaoù""过kwǒ"放在动词之后组成。另外，由放在动词前面的标记和放在后面的"过"形成的组合也可以表示完成时。例如：

（8）我gò/I （曾tsāng 经kīng）/already （劝keu'én 过kwǒ）/have advised 他t'ā/him

4.过去完成时（Pluperfect Tense）

（9）那nâ/that （时shê 节tsëě）/time 我gò/I （曾tsāng 经kīng）/already （劝keu'én 过kwǒ）/had advised 他t'ā/him
At that time I had advised him.
（10）那nâ/that 时shê/time 之chē/the 先siēn/before 我gò/I （劝keu'én 过kwǒ）/had advised 他t'ā/him, &c.
I had advised him before that.

5.第一将来时（First Future Tense）

（11）我gò/I 就tsèw/will presently 劝keu'én/advise 他t'ā/him
I will advise him presently.
（12）我gò/I 将tseāng/will 劝keu'én/advise 他t'ā/him
I will advise him.
（13）我gò/I （明mîng 天të'ēn）/to-morrow 劝keu'én/will advise 他t'ā/him
I will advise him to-morrow.
"Shall and will"也可以用前面说的动词"have"一样的方法表示。

6.第二将来时（Second Future Tense）

（14）(后hów 天të'ēn)/day after to-morrow 之chē/the 先siēn/before 我gò/I 将tseāng/shall 有yeù/have 劝keu'én/advised 他t'ā/him
I shall have advised him before the day after to-morrow.

（二）祈使语气（Imperative Mood）

（15）许hèu/permit 我gò/me 劝keu'én/to advise 他t'ā/him
Let me advise him.

（16）你nè/you 劝keu'én/advise 他t'ā/him
Do thou advise him.

（17）许hèu/permit 他t'ā/him 劝keu'én/to advise 我gò/me, &c.
Let him advise me.

（三）可能语气（Potential Mood）

1.现在时（Present Tense）

（1）你nè/you 可k'ò/may or can 劝keu'én/advise 他t'ā/him
You may or can advise him.

（2）我gò/I （可k'ò 以è）/may 劝keu'én/advise 他t'ā/him
I may advise him.

（3）你nè/you 能nâng/can （劝keu'én 得tĕ）/advise 他t'ā/him
或者：
你nè/you 可k'ò/may 能nâng/or can 劝keu'én/advise 他t'ā/him
You can advise him.

2.未完成时（Imperfect Tense）

（4）先siēn/before 时shê/time 我gò/I （可k'ò 以è）/might 劝keu'én/advise 他t'ā/him
Before, I might advise him.

（5）（今kīn 早tsaò）/this morning 你nè/you 能nâng/could （劝keu'én 得tĕ）/have advised 他t'ā/him

You could have advised him this morning.

（6）你nè/you （必pëĕ 要yaoù）/would 劝keu'én/advise 他t'ā/him

You would advise him.

（7）你nè/you （应yīng 该kaē）/should 劝keu'én/advise 他t'ā/him, &c

You should advise him.

3.完成时（Perfect Tense）

（8）前tsë'ên/before 两leàng/two 日jĕ/days 我gò/I （可k'ò 以è）/may （劝keu'én 过kwŏ）/have advised 他t'ā/him

I may have advised him two days ago.

（9）我gò/I （可k'ò 能nâng）/can （劝keu'én 过kwŏ）/have advised 他t'ā/him

I can have advised him.

4.过去完成时（Pluperfect Tense）

（10）那nâ/that 时shê/time 之chē/the 先siēn/before 我gò/I （可k'ò 以è）/might 有yeù/have （劝keu'én 过kwŏ）/advised 他t'ā/him

I might have advised him before that.

（11）你nè/you （昨ts'ŏ 日jĕ）/yesterday （可k'ò 能nâng）/could 有yeù/have （劝keu'én 得tĕ）/advised 他t'ā/him

You could have advised him yesterday.

（12）先siēn/before 时shê/time 他t'ā/he （该kaē 当tāng）/should 有yeù/have （劝keu'én 过kwŏ）/advised 你nè/you

He should have advised you before.

（13）若jŏ/if 那nâ/that 时shê/time 我gò/I 同t'ûng/with (him) 在tsaé/was 我gò/I 即tsĕ/would then 有yeù/have 劝keu'én/advised 他t'ā/him

If I had been with him at that time, I would have advised him.

通用汉言之法

（四） 虚拟语气（Subjunctive Mood）

1.现在时（Present Tense）

（1）若jǒ/if 我gò/I 劝keu'én/advise 他t'ā/him
If I advise him.

2.未完成时（Imperfect Tense）

（2）若jǒ/if 我gò/I 先siēn/before 劝keu'én/advised 他t'ā/him
If I before advised him.

3.完成时（Perfect Tense）

（3）若jǒ/if 我gò/I 有yeù/have （劝keu'én 过kwǒ）/advised 他t'ā/him
If I have advised him.

4.过去完成时（Pluperfect Tense）

（4）若jǒ/if 他t'ā/he 来laê/came 时shê/the time 我gò/I 有yeù/had （劝keu'én 过kwǒ）/advised 他t'ā/him
If I have advised him when he came.

5.将来时（Future Tense）

（5）若jǒ/if 我gò/I 将tseāng/shall 劝keu'én/advise 他t'ā/him
If I shall advise him.

（五）不定式语气（Infinitive Mood）

（1）我gò/I 要yaoù/want 劝keu'én/to advise 他t'ā/him
I want to advise him.

112

（2）以è/to 劝keu'én/advise 他t'ā/him 为weî/is 好haoù/good
To advise him is good.

（六）小词（Participles）

1.现在小词（Present Participle）

（1）劝keu'én/advising 他t'ā/him 之chē/the 时shê/time（一yǎy 下heá）/suddenly 他t'ā/he 发fǎ/issued 怒noó/anger 起k'é/up 来laê/coming
Whilst advising him, he suddenly became angry.

（2）劝keu'én/advising 他t'ā/him 之chē/the 间kë'én/midst of
或者：
劝keu'én/advising 他t'ā/him（那nâ 个k'ó）/that（时shê 候hów）/time
Whilst advising him.

（3）你nè/you 劝keu'én/advise 他t'ā/him 之chē/the 间këén/midst（因yīn 何hô）/wherefore 他t'ā/he 不poǒ/not 理lè/attend
Why did he not attend whilst you were advising him?

2.完成时小词（Perfect Participle）

（4）劝keu'én 了leaoù
或者：
劝keu'én 过kwǒ
或者：
劝keu'én 完wôn
或者：
劝keu'én 毕pëĕ
或者：
劝keu'én 明mîng 白pě 了leaoù
Advised.

3.复合完成时（Compound Perfect）

（5）（既kè 劝keu'én 过kwǒ）/having advised 他t'ā/him 我gò/I 即

通用汉言之法

tsëĕ/immediately 退t'úy/backward 去kéw/went
  Having advised him, I immediately retired.

二、被动语态（Passive Voice）

（1）被pe'í/to receive 劝keu'én/advice
或者：
受shów/to receive 劝keu'én/advice
To be advised.

（一）陈述语气（Indicative Mood）①

1.现在时（Present Tense）

（1）我gò/I 被pe'í/am 劝keu'én/advised
或者：
我gò/I 受shów/am 劝keu'én/advised
I am advised.

2.未完成时（Imperfect Tense）

（4）我gò/I （昨ts'ǒ 天të'ēn）/yesterday 被pe'í/was 劝keu'én/advised
I was advised yesterday.

3.完成时（Perfect Tense）

（5）我gò/I （被pe'í 过kwǒ）/have been 劝keu'én/advised
I have been advised.

---

① 译者注：这里原文并没有"陈述语气（INDICATIVE MOOD）"的标题。这里根据本段内容和前后文结构添加。

4.过去完成时（Pluperfect Tense）

（6）那nâ/that 时shê/time 我gò/I 已è/already 有yeù/had （被pe'í 过kwǒ）/been 劝keu'én/advised
  I had then been advised.

5.将来时（Future Tense）

（7）我gò/I 将tseāng/shall （有yeù 被pe'í）/be 劝keu'én/advised
  I shall be advised.

（二）祈使语气（Imperative Mood）

（1）你nè/you 被pe'í/be 劝keu'én/advised
  Be thou advised.
（2）许heù/let 他t'ā/him 被pe'í/be 劝keu'én/advised
  Let him be advised.

1.现在时（Present Tense）

（3）他t'ā/he 被pe'í/receive 得tě/can 劝keu'én/advice
  或者：
  他t'ā/he 可k'ò/may 被pe'í/be 劝keu'én/advised
  He may or can be advised.

2.未完成时（Imperfect Tense）

（4）他t'ā/he 先siēn/before 时shê/time （可k'ò 以è）/might 被pe'í/be 劝keu'én/advised, &c.
  He might before be advised.
（5）他t'ā/he （可k'ò 以è）/may （被pe'í 过kwǒ）/have been 劝keu'én/advised
  He may have been advised.

3.过去完成时（Pluperfect Tense）

（6）那nâ/that 时shê/time 之chē/the 先siēn/before 我gò/I （可k'ò 以è）/might （被pe'í 得tĕ）/have been 劝keu'én/advised
I might have been advised before that.

（三）虚拟语气（Subjunctive Mood）

（1）若jǒ/if 我gò/I 被pe'í/be 劝keu'én/advised
If I be advised.

1.未完成时（Imperfect Tense）

（2）若jǒ/if 我gò/I 先siēn/before （有yeù 被pe'í）/were 劝keu'én/advised
If I were advised before.

2.完成时（Perfect Tense）

（3）若jǒ/if 我gò/I （已è 经kīng）/already 有yeù/have 被pe'í/been 劝keu'én/advised
If I have been advised.

3.过去完成时（Pluperfect Tense）

（4）若jǒ/if 那nâ/that 时shê/time 我gò/I 已è/already 有yeù/had （被pe'í 过kwǒ）/been 劝keu'én/advised
If at that time I had been advised.

4.将来时（Future Tense）

（5）若jǒ/if 我gò/I 将tseāng/shall 被pe'í/be 劝keu'én/advised
If I shall be advised.

第六章　动词（Of Verbs）

（四）不定式语气（Infinitive Mood）

（1）我 gò/I　爱 waé/love　被 pe'í/to be　劝 keu'én/advised
I love to be advised.

（2）以 è/to　被 pe'í/be　劝 keu'én/advised　为 weî/is　好 haoù/good
It is good to be advised.

（五）小词（Participle）

1.现在小词（Present Participle）

（1）他 t'ā/he（既 kè 被 pe'í）/being　劝 keu'én/advised　就 tsèw/soon（改 kaè 过 kwǒ）/reformed
He being advised soon reformed.

2.完成时（Perfect）

（2）被 pe'í 了 leaoù 劝 keu'én
Advised.

除了上文提及的"被""受"可以构成被动态之外，"领 lìng"有时候也可以起这样的作用。例如：

（3）我 gò/I　领 lìng/receive　教 keaoū/teaching
I am taught.

但是在汉语中被动态并不常见。汉语倾向于选择"他劝我"（He advises me）这样的说法，而不是"我被他劝"（I am advised by him）；倾向于选择"这是他做的"（This is that which he made），而不是"这是被他做的"（This was made by him）。例如：

（4）（这 chě 个 kó）/this　是 shé/is　他 t'ā/he　所 sò/which（造 tsaoù 的 tëĕ）/made

"Virtue was always praised by men" 这个句子，汉语表示为：

（5）（善shén 事seé）/virtue （常ch'âng 时shê）/always 为weî/was 人 jîn/men 所sò/which （赞tsán 美meí 的tëĕ）/praised

Virtue is that which men always praised.

"This table was made by the carpenter A-lin" 这个句子，汉语表示为：

（6）（这chĕ 张chāng）/this （桌chŏ 子tseè）/table 系hè/is （木mŏ 匠tseáng）/the carpenter （亚á 林lîn）/A-lin 所sò/that which 造tsaoù 的tëĕ）/made

This table is that which the carpenter A-lin made.

第五节 辅助动词"加""打"

动词"加keā/increase""打tà/punishment"有时候也作为辅助词附加到其他动词上来说明主要动词的作用。例如：

"加keā 刑hîng"这个短语的意思并不是增加某人的惩罚，而是"处以刑罚"（to inflict punishment）的意思。例如：

(1) 加keā 害haé
To injure.

(2) 加keā 恩ngēn
To confer favour.

(3) 打tà 听t'îng
To listen.

(4) 打tà 动tìng
To move.

(5) 打tà 嚏te
To sneeze.

等等。

第六章　动词（Of Verbs）

第六节　非人称动词（Of Impersonal Verb）

（1）下 heá/descend　雨 yù/rain
It rains.

（2）下 heá/descends　雪 seǔ/snow
It snows.

（3）下 heá/descends　雹 pǒ/hail
It hails.

（4）是 shé/it is　关 kwān/concerning　（你 nè 们 mún）/you
It concerns you.

（5）是 shé/it is　属 shǒ/belonging to　他 t'ā/him
It belongs to him.

（6）翻 fān/turns about　风 fūng/the wind
或者：
起 k'é/rises　风 fūng/the wind
It blows.

（7）是 shé/is　（你 nè 的 tëě）/your　本 puèn/original　分 fūn/part
It is your duty.

（8）是 shé/is　更 kāng/more　好 haoù/good
It is better.

（9）是 shé/is　指 chè/pointing to　（那 nâ 个 kó）/that　人 jîn/person
It respects that person.

（10）是 shé/is　指 chè/pointing　向 heáng/to　山 shān/hill　顶 tìng/top　之 chē/the　大 tá/great　石 shě/stone
It respects the great stone on the top of the hill.

（11）是 shé/it is　令 líng/causing　我 gò/me　（欢 huān 喜 hè）/to rejoice
It delights me.

（12）是 shé/it　令 líng/causes　我 gò/me　（愁 ts'ôw 闷 mún）/to grieve
It grieves me.

（13）行 hîng/makes　雷 lǔy/thunder
It thunders.

第七章 副词（Of Adverbs）

第一节 次数副词（Of Number）

（1）一 yǎy/one 次 tse'é/time
　　Once.
（2）二 ûrh/two 次 tse'é/times
　　Twice.
（3）三 sān/three 次 tse'é/times
　　Thrice.
（4）他 t'ā/he 二 ûrh/two 次 tse'é/times 来 laê/came
　　He came twice.

第二节 序数副词（Of Order）

（1）第 té 一 yǎy 的 teě
　　First.
（2）第 té 二 ûrh 的 teě
　　Secondly.
（3）第 té 一 yǎy 次 tse'é
　　First.
（4）第 té 二 ûrh 次 tse'é
　　Secondly.
（5）终 tsūng 者 chày
　　Lastly.①

---

① 英语的"Finally"，意思是"末节"。

（6）在tsaé 先siēn
或者：
始chè 者chày
In the first place.

有三种东西被提及的时候，可以用下面的方式表示：

（7）（始chè 者chày）/in the beginning 他t'ā/he 论lûn/discoursed 及këě/respecting （天të'ēn 文wân）/astronomy （次tse'é 者chày）/next 及këě/respecting （地té 理lè）/geography （终tsūng 者chày）/finally 他t'ā/he 论lûn/discoursed 及këě/respecting （文wân 墨mě）/literature

第三节 位置副词（Of Place）

（1）这chě 里lè
或者：
此tse'è 处ch'ú
Here.
（2）那nâ 里lè
或者：
那nâ 处ch'ú
There.
（3）何hô 处ch'ú
或者：
那nâ 一yǎy 处ch'ú
或者：
那nâ 里lè
Where.
（4）别pëě 处ch'ú
Elsewhere.
（5）不poǒ 论lûn 那nâ 一yǎy 处ch'ú
或者：

通用汉言之法

不poǒ 拘keū 那nâ 里lè

Any where.

（6）处ch'ú 处ch'ú

或者：

到taoú 处ch'ú

或者：

无voô/no 所sò/place 不poǒ/not

Every where.

（7）无voô/no 所sò/place 不poǒ/not 有yeù/have

也可以用：

（到taoú 处ch'ú）/every place 都toô/all 有yeù/have

It is found every where.

（8）无voô 所sò

No where.

（9）其k'ê 无voô 所sò 在tsaé

It is no where.

（10）此tse'é 内nuy

Herein.

（11）你nè/you （那nâ 里lè）/whither 去keú/go

或者：

你nè/you 到taoú/to 那nâ/which 一yǎy/one 处ch'ú/place 去keú/go

Whither are you going?

（12）你nè/you 来laê/come （这chě 里lè）/here

或者：

你nè/you 来laê/come 到taoú/to 此tse'è/this 处ch'ú/place

Come hither.

（13）你nè/you 去keú/go 到taoú/to 那nâ/that 一yǎy/one 处ch'ú/place

Do you go thither?

（14）他t'ā/he 往wàng/went 上shàng/up 去keú/going

He went upward.

（15）他t'ā/he 往wàng/went 下heá/down 去keú/going

He went downward.

第七章　副词（Of Adverbs）

（16）他 t'ā/he　进 tsìn/proceeded　前 tsë'ên/forward　去 keú/going
He went forward.

（17）他 t'ā/he　退 t'úy/retired　后 hów/back　去 keú/going
He went backwards.

（18）你 nè/you　（那 nâ 里 lè）/whence　来 laê/come
或者：
你 nè/you　自 tseé/from　那 nâ/what　一 yăy/one　处 ch'ú/place　来 laê/come
From whence do you come?

（19）他 t'ā/he　自 tseé/from　（这 chě 里 lè）/here　去 keú/went
或者：
他自这处去
He went from hence.

（20）他 t'ā/he　自 tseé/from　这 chě/this　处 ch'ú/place　去 keú/went
He went from thence.

（21）不 poŏ/not　拘 keū/restricted　你 nè/you　到 taoú/to　那 nâ/which　一 yăy/one　处 ch'ú/place　去 keú/go
Whithersoever you go.

第四节　时间副词（Of Time）

一、现在时间（Time Present）

（1）今 kīn
目 mŏ　下 heá
现 hëén　今 kīn
兹 tseè　今 kīn
现 heén　在 tsaé
如 joô　今 kīn
而 ûrh　今 kīn
今 kīn　时 shê
现 hëén　时 shê

Now.

（2）今 kīn 天 të'ēn
　　今 kīn 日 jě
　　即 tsëě 日 jě
　　本 puèn 日 jě
　　Today.

二、过去时间（Time Past）

（1）他 t'ā/he （曾 tsāng 经 kīng）/has already 来 laê/come
　　He has already come.

（2）从 tsûng 前 tsëên
　　前 tsëên 时 shê
　　先 siēn 时 shê
　　Before.

（3）近 kín 时 shê
　　Lately.

（4）才 tsa'ê 刚 kāng
　　方 fāng 才 tsa'ê
　　Just now.
　　表示过去的时间。

（5）昨 ts'ŏ 天 të'ēn
　　昨 ts'ŏ 日 jě
　　Yesterday.

（6）向 heáng 来 laê
　　Heretofore.

（7）自 tseé/from 向 heáng/towards 来 laê/coming 至 ché/to 今 kīn/now 未 wé/not 有 yeù/have 这 chě/this 样 yâng/manner
　　It has not been so hitherto.

（8）（从 tsûng 前 tsë'ên）/before 好 haoù/a good 久 kèw/while
　　Long ago.

（9）古koo 时shê

In ancient times.

（10）上shàng 古koò

太ta'é 古koò

High antiquity.

三、将来时间（Time to Come）

（1）明mîng 天të'ēn

明mîng 日jě

To-morrow.

（2）后hów 天të'ēn

Next day.

（3）未wé 曾tsāng

不poǒ 曾tsāng

Not yet.

（4）将tseāng 近kín

Ere long.

（5）将tseāng 来laê

后hów 来laê

Hereafter.

（6）自tseé/from 今kīn/now 以è/to 后hów/afterwards

Henceforth.

（7）等tàng/wait 一yǎy/a 些sëē/little 他t'ā/he（慢màn 慢màn）/by and by 来laê/come

Wait a little; he'll come by and by.

（8）即tsëě 刻kě

立lëě 即tsëě

Instantly.

（9）他t'ā/he 就tsèw/will immediately 来laê/come

He'll come immediately.

四、不定时间（Time Indefinite）

（1）多 tō/many 次 tseé/times
Oft、often、&c.

（2）累 lúy 次 tseé
Repeatedly.

（3）数 soó 次 tseé
Frequently.

（4）有 yeù 时 shê
Sometimes.

（5）你 nè 早 tsaò 回 hwûy 来 laê
Return soon.

（6）少 shaoù 时 shê
或者：
罕 hán 时 shê
Seldom.

（7）每 meî 日 jĕ
日 jĕ 日 jĕ
天 të'ēn 天 të'ēn
Daily.

（8）每 meî/each 七 tsĕ/seven 天 të'ēn/days
Weekly.

有时候也可以用：

（9）每 meî 礼 le 拜 paì

但是只有认识基督徒的人才知道这个短语。

（10）每 meî 月 yuĕ
月 yuĕ 月 yuĕ
Monthly.

（11）每 meî 年 nëen

第七章　副词（Of Adverbs）

年nëên 年nëên
Yearly.

（12）常ch'âng 时shê
Always.

（13）他t'ā/he 来laê/come 时shê/time 我gò/I 写seě/write 字tseé/character
When he came, I was writing.

（14）你nè/you （做tsó 完wôn）/finished 方fāng/then 可k'ò/may （回hwûy 归kwei）/return home
When you have finished, you may then return home.①

（15）我gò/I （总tsùng 不poǒ）/never 见këén/saw 他t'ā/him
I never saw him.

（16）再tsaì 复fǒ
Again.

第五节　品质副词（Of Quality）

品质副词可以按字面译成汉语。例如"wisely"（明智地），汉语表示为：

（1）见këén/seeing and 识shě/knowing 的tëě/the 样yâng/manner
　　也就是英语所说的"In a wise manner"（用一种聪明的方式）
（2）他t'ā/he 做tsó/does 事seé/business （见këén 识shě 的tëě 样yǎng）/wisely
　　He acts wisely.

但是，在英语里表示的"方式（manner）"的后缀"ly"在汉语里通常被省略了。方式词和名词结合的时候是形容词性的，和动词结合的时候是副词性的，意思不变。例如：

（3）快kwa'é/swift 马mà/horse 一yǎy/one 匹pëě/n.
　　A swift horse.
（4）他t'ā/he （走tsòw 得tě）/walks 快kwa'é/swiftly

---

① 英语"Come when you have finished"，汉语用"你既做明白就来"表示。

通用汉言之法

He walks swiftly.

英语分别用"swift"和"swiftly"表示形容词和副词，但是在汉语里都用同样的"快"表示。

（5）他 t'ā/he 写 seě/write 得 tě/can 好 haoù/good
He can write well.

（6）他 t'ā/he （公 kūng 平 p'îng）/justly （贸 moù 易 yǎy）/deals
He deals justly.

（7）他 t'ā/he （慢 màn 慢 màn）/leisurely （讲 keàng 话 hwá）/speaks
或者：
他 t'ā/he （从 ts'ûng 容 yung）/leisurely (mildly) （讲 keàng 话 hwá）/speaks
He speaks leisurely.

（8）他 t'ā/he （乱 lwán 乱 lwán）/at random 讲 keàng/speaks
He speaks at random.

（9）你 nè/you （讲 keàng 话 hwá）/speaking 不 poǒ/not 要 yaoú/wanted （混 hwán 仗 cháng）/confusedly
You should not speak confusedly.

（10）他 t'ā/he （明 mîng 白 pě）/expressly 说 shwǒ/says 不 poǒ/not 能 nâng/can 做 tsó/do
He says expressly that he cannot do it.

（11）你 nè/you （慢 màn 慢 màn）/slowly 走 tsòw/walk
Walk slowly.

（12）他 t'ā/he 无 voô/without 知 chē/knowledge （讲 keàng 话 hwá）/talks
He talks foolishly.

（13）他 t'ā/he （念 neén 得 tě）/reads 不 poǒ/not 好 haoù/well
或者：
他 t'ā/he 不 poǒ/not 会 hwúy/understand 念 neén/to read 书 shoō/book
He reads badly.

（14）他 t'ā/he 办 pán/manage 那 nâ/that 件 kéén/n. 事 seé/business 大 tá/greatly 有 yeù/has 错 ts'ó/erred
He has greatly erred in managing that affair.

（15）他 t'ā/he （论 lûn 道 taoú 理 lè）/reasons 有 yeù/having （能 nâng

第七章 副词（Of Adverbs）

干k'ân）/ability

　　He reasons ably.

第六节 数量副词（Of Quantity）

（1）多 tó
　　Much.

（2）太 ta'é　多 tó

（3）过 kwǒ　多 tó
　　Too much.

（4）少 shaò
　　Little.

（5）太 ta'é　少 shaò
　　Too little.

（6）甚 shīn　少 shaò
　　Very little.

（7）多 tó　少 shaò
　　若 jǒ　千 kān
　　几 kē　多 tó
　　How much.

（8）多 tó　大 tá
　　几 kē　大 tá
　　How great?

（9）足 tsǒ
　　够 keǔ
　　Enough.

（10）罢 pá　了 leaoù
　　That is enough.

这是汉语中经常使用的一种表达方式。

（11）许 hèw　多 tó

好haoù 多tó
A great deal.

第七节 约数副词（Of Doubt）

（1）或hwǎ 者chày
大tá 概kaé
Perhaps.

（2）（大tá 约yǒ）/about （这chě 样yâng）/so 高kaoū/high
About so high.

第八节 肯定副词（Of Affirmation）

（1）是shé[①]
Yes.
（2）自tseé 然jên
Certainly, surely, undoubtedly.
（3）实shě 在tsaé
Really.
（4）他t'ā/he （实shě 在tsaé）/really 是shé/is 好haoù/a good 人jîn/man
He is really a good man.
（5）（果kwò 然jên）/indeed 系hé/it is （这chě 样yâng）/so
Indeed it is so.
（6）他t'ā/he 真chīn/truly 实shě/really 系hé/is 好haoù/a good 人jîn/man
He is a truly good man.
（7）断twán 然jên
Decidedly.

---

① 汉语经常说"就是""正是"。

（8）定 t'íng/positively　是 shé/is　（这 chě 样 yâng）/thus
　　　It is positively thus.

第九节　否定副词（Of Negation）

（1）不 poǒ
　　　Not.
（2）万 wán/ten thousand　万 wán/ten thousand　不 poǒ/not　是 shé/is
　　　By no means.
（3）总 tsùng/altogether　不 poǒ/not　是 shé/is
　　　大 t'á/greatly　不 poǒ/not　是 shé/is
　　　Not at all.

除了否定词"不 poǒ"之外，还有9个否定词：毋 voô、无 voô[①]、勿 voě、弗 foě、未 wé、莫 mǒ、靡 mè、非 feī、罔 wàng。[②]

（4）不 poǒ　是 shé　这 chě　样 yâng
　　　It is not so.
（5）他 t'ā/he　未 wé/not　有 yeù/has
　　　He has not.
（6）过 kwǒ/on erring (you)　则 tsě/should　勿 voě/not　惮 tán/fear　改 kaè/to reform[③]
　　　On erring you should not be afraid to reform.
（7）毋 voô/do not　虚 heū/idly　度 toó/pass　日 jě/the day
　　　Do not idly spend the day.
（8）弗 foě/not　遑 hwâng/leisure　（问 wán　候 héw）/to pay respects
　　　I had not leisure to pay my respects.

---

① 在《易经》和其他古代著作中，"无"也经常作为否定词使用。

② 除此之外，否定词还有：微、没、蔑、耗。

③ 《论语》

（9）我gò/I 未wé/not 之chē/it 逮té/adequate to 也yǎy

也常表示为：

我gò/I 做tsó/do 不poǒ/not 来laê/come to pass
I am not adequate to it.

（10）他t'ā/he （感kàn 谢seé）/gave thanks 靡mēē/no 涯yaē/end
To his thanks there was no end.

（11）莫mǒ/not 好haoù/better 于yū/than （这chě 个kó）/this
There is no better than this.

（12）（并píng 非feī）/in no wine 我gò/I 所sò/that which 愿yuén/wish
It is in no wise what I wish.

（13）无voô/do not 违weī/oppose
Do not oppose.

（14）毋voô/do not 自tseè/yourself 欺k'ē/deceive 也yǎy/n.①
Do not deceive yourself.

（15）罔wàng/not 顾koò/regard 口keù/the mouth (or) 齿chē/teeth
Not to regard one's promise.

第十节 疑问副词（Of Interrogation）

（1）你nè/you （如joô 何hô）/how 办pán/manage
或者：
你nè/you （怎tsèng 么mǒ 样yâng）/how 办pán/manage
How will you manage?

"How"表示疑问，例如：

（2）岂kè/how 系hé （这chě 样yâng）/thus

---

① 《大学》

第七章 副词（Of Adverbs）

How is it thus?
（3）岂kè/how　不poǒ/not　是shé/is
How is it not?
意思是肯定它是。

在书面语中，"胡hoô""奚hè""乌voō""恶voō""安ngān"表示英语"how"的意思。

（4）因yīn/because of　何hô/what
何hô/what　为weî/cause
为weî/cause　何hô/what
何hô/what　故koó/cause
（甚shīn　么mǒ）/what　（缘yuên　故koó）/cause
Why.

（5）他t'ā/he　或hwǎ/whether　在tsaé/remain　或hwǎ/or　去keú/go　么mǒ
Whether, does he remain or go?

第十一节 比较副词（Of Comparison）

（1）更kāng　多tó
More.

"more""most"与形容词联用，可参看"形容词"一章的比较级部分。

（2）他t'ā/he　行hîng/walked　路loó/the road　千tsë'ēn/a thousand　里lè/le　有yeù/and　多tó/more
He walked more than a thousand le.
（3）你nè/you　（行hîng　了leaoù）/have walked　多tó/more　两leàng/two　步poó/paces
You have walked two paces more.
（4）（这chě　个kó）/this　少shaò/is less　二ûrh/two　两leàng/tales

This is two tales less.

（5）你nè/you （一yǎy 向heáng）/recently 还hwân/more 好haoù/well
Have you been better recently?

"How much more"在汉语中用"何况""况且"表示。

（6）若jǒ/if 你nè/you 近kín/near 路loó/road 不poǒ/not 能nâng/can 行hîng/walk （何hô 况hwáng）/how much more 远yuèn/a distant 路loó/road 乎hoô
If you be unable to take a short journey, how much more, a long one.

（7）（好haoù 几kē）/a great many 遭tsao ū/times
（好haoù 几kē）/a great many 回hwûy/times
好haoù 几kē 次tse'é
A great many times.

（8）太ta'é 更kāng 多tó
A great deal more.

（9）甚shīn
实shě 在tsaé
Very.

（10）甚shīn 好haoù
Very good.

（11）实shě 在tsaé 不poǒ 好haoù
Very bad.

（12）好haoù 久kèw
A very long time.

（13）甚shīn 多tó
Very much or many.

（14）甚shīn 少shaò
Very few.

（15）实shě 在tsaé 大tá
Very great.

（16）实shě 在tsaé 小seaoù
Very little.

第七章 副词（Of Adverbs）

（17）太ta'é 丑che'ù
　　Very ugly.

（18）又yéw 上sháng 等tàng
　　Very superior quality.

（19）（趣tse'ū 趣tse'ū）/pleasant （得tĕ 狠hàn）/very
　　Very pleasant.

（20）要yaoú 得tĕ 紧kìn
　　Very important, urgent.

（21）高kaoù 高kaoù 的tëĕ
　　Very high.

（22）差ch'ā/error 不poŏ/not 多tó/much 够keŭ/enough
　　Almost enough.

（23）差ch'ā/error 不poŏ/not 多tó/much 同t'ûng/same
　　或者：
　　差ch'ā 不poŏ 多tó 一yǎy 样yâng
　　Nearly the same.

（24）多tó 一yǎy 些sëē
　　A little more.

（25）这chě/these （两leàng 个kó）/two 同t'ûng/same 一yǎy/one 样yâng/manner
　　These two are alike.

（26）他t'ā/he 周cheū 围weî）/going round 骑k'ê/rides 马mà/a horse
　　He rides about every where.

（27）（既kè 然jên）/since （那nâ 件këén）/that 事seé/affair 为weî/is （如joô 此tse'è）/thus 我gò/I 即tsëĕ/then （无voô 奈nà 何hô）/no resource
　　Since that affair is thus, I have no resource.

通用汉言之法

第八章 介词（Of Prepositions）

1.Of
英语表示所有格的"of"，在汉语中用"之chē""的tëě"表示。例如：

（1）我gò/my （朋p'ûng 友yeù）/friend 之chē/'s 屋vǒ/house
The house of my friend.

英语的表示原因的"of"，在汉语中用"因yīn""为weî"表示，例如：

（2）他t'ā/he 系hè/was 因yīn/because of 热jě/hot 病p'íng/disease 而ûrh/and 死seè/died
或者：
他t'ā/he 为weî/of （热jě 病p'íng）/a fever （死seè 了leaoù）/died
He died of a fever.

2.For

（3）你nè/you 替t'é/for 我gò/me 做tsó/make (this) 时shê/time 样yâng/manner 的tëě/'s （衣è 服fŏ）/garment
Make a garment for me in the present mode.

For，还可以表示"代替"（instead of）。例如：

（4）我gò/I 请ts'ìng/request 你nè/you 代taé/for 我gò/me 办pán/to manage 那nâ 件këén）/that 事seè/business
I'll thank you to attend to that business for me.

英语的表示原因的"for"，例如：

136

第八章　介词（Of Prepositions）

（5）他t'ā/he 爱waé/loved （儿ûrh 子tseè）/the boy （因yīn 为weî）/for 他t'ā/his 好haoù/good （性síng 情ts'îng）/disposition

He loved the boy for his good disposition.

3. Into

Into，汉语隐含在动词里。例如：

（6）他t'ā/he 离lê/left 城ch'îng/the city 而ûrh/and 往wàng/went into （乡heāng 下heà）/the country （居keū 住chú）/to live

He left the city, and went into the country to live.

（7）他t'ā/he 进tsín/went 家keā/the house 里lè/within

He went into the house.

（8）拿nâ/take （银yīn 子tseè）/the money 装chwāng/and put it 进tsìn/into 口k'eù/the mouth of 袋taé/the bag

Take the money, and put it into the bag.

（9）(他t'ā 们mún)/they 搬pwāun/moved 货hó/the goods 入jǒ/into 船chu'ên/the ship's 舱tsàng/hold

They put the goods into the ship's hold.

4. Within

（10）(他t'ā 们mún) /they 在tsaé/are 家keā/the house 里lè/within

They are within the house.

（11）他t'ā/he 在tsaé/is in 家keā/the house （里lè 面mëen）/interior

He is within the interior parts of the house.

（12）他t'ā/he 在tsaé/remaining 日yě/the day 期k'é/appointed 之chē/'s 内núy/within 办pán/manage 得tě/can 完wôn/complete

He can finish within the time appointed.

5. Without

（13）他t'ā/he 在tsaé/is 门mún/the door 之chē/'s 外waé/outside

He stands without the door.

通用汉言之法

（14）你 nè/you （除 ch'û 了 leaoù）/excluding 我 gò/me 去 keú/go
　　　Go without me.

6.With

（15）你 nè/you 同 t'ûng/with 我 gò/me 去 keú/go
　　　Go with me.
（16）他 t'ā/he 用 yúng/uses 笔 pëĕ/a pencil 写 seĕ/to write 字 tseé/characters
　　　He writes with a pencil.
（17）他 t'ā/he 以 è/by or with 刀 taoū/a knife 杀 shǎ/killed 人 jîn/a man
　　　He killed a man with a knife.

7.By

（18）他 t'ā/he 以 è/by 德 tĕ/virtue 服 fŏ/subjects 人 jîn/men
　　　He subjects men by virtue.
（19）（他 t'ā 们 mún）/they 以 è/by 勤 k'în/diligently 做 tsó/doing （工 kūng 夫 foō）/work 得 tĕ/obtain 饭 fán/rice 食 shĕ/to eat
　　　They obtain food by diligent labor.

8.Down

（20）你 nè/you 下 heá/down 阶 kaē 级 kĕĕ）/the steps 石 shĕ/stone 去 keú/go
　　　Go down the stone steps.
（21）你 nè/you 下 heá/down 去 keú/go
　　　Go down.
（22）你 nè/you 放 fāng/put 下 heá/down 书 shoō/the book
　　　Put down the book.

9.From

（23）自 tseé、由 yéw、从 tsoông
　　　From.

第八章 介词（Of Prepositions）

10. To

（24）到 taoú、至 ché
To.

（25）他 t'ā/he 自 tseé/from （南 nân 京 kīng）/nanking 去 keú/went 到 taoú/to （北 pě 京 king）/peking
He went from Nanking to Peking.

11. At

（26）他 t'ā/he 在 tsaé/at （新 sīn 埠 feú）/penang （居 keū 住 chú）/dwells
He lives at Penang.

（27）他 t'ā/he （昨 ts'ǒ 天 të'ēn）/yesterday 到 taoú/arrived at （香 heâng 山 shān）/heang-shan
He arrived at Heang-shan yesterday.

12. On、Upon

（28）放 fáng/put 物 voě/the thing 在 tsaé/stay （桌 chǒ 子 tseè）/the table 上 shàng/upon
Put it on the table.

（29）（坭 nā 水 shùy 人 jîn）/the bricklayer 在 tsaé/is 房 fâng/the house 背 poeí/back 上 shàng/upon
The bricklayer is upon the top of the house.

13. In

（30）他 t'ā/he （居 keū 住 chú）/lives 城 ch'îng/the city 内 núy/within
He lives in the City.

（31）他 t'ā/he 生 sāng/was born 于 yū/in （乾 kë'én 隆 lûng）/keen-lung's （五 woò 十 shě）/50th 年 nëên/year 之 chē/the 间 këēn/midst
He was born in the 50th year of Keen-lung.

（32）书 shoō/the book 在 tsaé/is in （桌 chǒ 子 tseè）/the table 之 chē/'s

通用汉言之法

心 shīn/heart

或者：

书 shoō/the book 在 tsaé/is in （桌 chǒ 子 tseè）/the table's （中 chūng 间 këén）/midst

The book is in the middle of the table.

（33）他 t'ā/he 在 tsaé/is 于 yū/in （山 shān 东 tūng）/shan-tung 省 sáng/province

He is in the province of Shan-tung.

14. Up

（34）上 shàng/up 山 shān/the hill 去 keú/go

Go up the hill.

（35）他 t'ā/he 上 shàng/up to （北 pě 京 kīng）/peking 去 keú/has gone

He is gone up to Peking.

（36）拿 nâ/take 起 kè/up 来 laê/come

或者：

直 chě/straight 起 kè/up 来 laê/come

Lift up, or take up.

15. Off

（37）那 nâ/that 茶 ch'â/tea 煲 paou/boiler 由 yew/from （火 hò 炉 loō）/the fire place 拿 nâ/take 开 kaē/open 去 keú/go

Take that boiler off the fire.

（38）此 tse'è/this 物 voě/thing 由 yêw/from （桌 chǒ 子 tseè）/the table 上 shàng/upon 拿 nâ/take 去 keú/away

Take this thing off the table.

16. Over

（39）他 t'ā/he 过 kwǒ/to pass 河 hô/the river 去 keú/is gone

He is gone over the water.

第八章 介词（Of Prepositions）

（40）他 t'ā/he 扳 pān/climbed 墙 tse'âng/the wall 越 yuě/over 去 keú/went
He climbed over the wall.

17. Below, Under

（41）（桌 chǒ 子 tseě）/the table （底 tē 下 heà）/below
Below the table.

（42）笔 pëě/the pencil 在 tsaé/is 你 nè/your 脚 keǒ/foot 之 chē/'s （底 tē 下 heà）/below
The pencil is below your foot.

（43）（关 kwān 部 poó）/kwan-poo 之 chē/'s 位 weí/seat 系 hè/is 卑 peî/mean- 过 kwǒ/er than （总 tsùng 督 toǒ）/the viceroy 之 chē/'s 位 weí/seat
The situation of the Kwan-poo is below that of the Viceroy.

18. Above

（44）总 tsùng 督 toǒ/the viceroy 的 tëě/'s （职 chě 分 fún）/office 是 shé/is 高 kaoū/high- 过 kwǒ/er 于 yū/than （关 kwān 部 poó）/the kwan-poo 的 tëě/'s
The office of the Viceroy is above that of the Kwan-poo.

（45）是 shé/is 在 tsaé/situated 你 nè/your 首 shów/head 上 shàng/above 顶 tìng/vortex
It is above your head.

（46）（价 keà 钱 tsëên）/the price 是 shé/is 一 yǎy/one 万 wán/ten thousand 两 leàng/tales 有 yeù/and 多 tó/more

或者：

（价 keà 钱 tsëên）/the price 是 shé/is （高 kaoū 过 kwǒ）/higher 于 yū/than 一 yǎy/one 万 wán/thousand 两 leàng/tales
The price is above ten thousand tales.

19. Under

（47）我 gò/I 知 chē/know 是 shé/that 价 keá/price 之 chē/the 下 heá/below 就 tsèw/soon 买 maè/buy 得 tě/can
I know that I can buy it under that price.

20. Before

(48) 你 nè/you 前 tsëên/precede 我 gò/me 而 ûrh/and 去 keú/go
　　　Go before me.

(49)（官 kwān 府 foò）/magistrate's 台 ta'ê/table 前 tsëên/before
　　　Before the table of a magistrate.

21. Behind

(50) 他 t'ā/he 随 sûy/followed 后 hów/after 而 ûrh/and 行 hîng/walked
　　　He followed behind.

22. Beyond

(51) 在 tsaé/it is （那 nâ 幅 fŏ）/that 墙 tse'âng/wall 之 chē/'s 外 waé/with outside
　　　It is beyond that wall.

(52)（而 ûrh 今 kīn）/now 系 hè/is 过 kwǒ/past 期 k'é/appointed
　　　It is now beyond the time appointed.

23. Against

(53) 是 shé/it is （靠 kao'ú 埋 maê）/against 墙 tse'âng/the wall
　　　It is against the wall.

(54) 他 t'ā/he （挨 yaē 埋 maê）/leaned against 门 mûn/the door 枋 fāng/post
　　　He was leaning against the posts of the door.

(55) 他 t'ā/he 对 túy/to 我 gò/me （讲 keàng 话 hwá）/spoke （攻 kūng 击 këĕ）/attacking （那 nâ 个 kó）/that 人 jîn/man
　　　He spoke to me against that man.

(56)（满 mwàn 洲 chōw）/the tartar 人 jîn/men 与 yú/with （汉 hán 人 jîn）/the chinese 对 túy/opposed 敌 tëĕ/as enemies
　　　The Tartars fought against the Chinese.

第八章　介词（Of Prepositions）

24. Over against

（57）（河hô 南nân）/ho-nan 在tsaé/is situated 夷è/the foreign 馆kwàn/factories （对túy 面mëén）/opposite to

　　Ho-nan is over against the foreign factories.

25. Through

（58）你nè/you 走tsòw/walk 通t'ūng/through （那nâ 条teao'û）/that 路loó/road 去keú/go

　　Go through that road.

（59）你nè/you 行hîng/walk 得tě/can 通t'ūng/through

　　You can go through.

　　这表示门、通道，或任何业务"行得通"。

26. About

（60）他t'ā/he 往wàng/went （街keaé 市shè）/the market （周chōw 围weî）/round about （行hîng 过kwǒ）/walked

　　He went all about the market.

（61）（大tá 约yǒ）/about （这chě 样yâng）/so 多tō/much

　　About so much.

（62）他t'ā/he 替t'é/to 我gò/me 讲keàng/spoke 及këě/about （那nâ 件këén）/that 事seé/affair

　　He spoke to me about that affair.

27. Among, Amongst

（63）其k'ê/it 必pëě/must 在tsaé/be （这chě 些sëē）/these 之chē/'s 内núy/midst

　　It must be amongst these.

（64）人jîn/men 之chē/'s 中chūng/midst （皇hwâng 帝té）/the emperor 是shé/is 至ché/most 大tá/great

　　The Emperor is the greatest amongst men.

28. Between

（65）其 k'ê/the 笔 pëĕ/pencil 是 shé/is 在 tsaé/situated 那 nâ/these 两 leàng/two （墨 mĕ 砚 yén）/ink-stand 之 chē/'s （中 chūng 间 këén）/between

The pencil is lying between these two ink-stands.

29. Near

（66）是 shé/it is 在 tsaé/situated 近 kín/near （那 nâ 张 chāng）/that （椅 è 子 tseè）/chair

It is near that chair.

30. Since

（67）自 tseé/from 有 yeù/have 其 k'ê/that 事 seé/affair 至 ché/to 今 kīn/now 系 hè/is 好 haoù/a good 久 kèw/long time

It is a long time since that.

第九章 连词（Of Conjunctions）

1. Though, Although

（1）（虽 s'ūy 然 jên）/though 他 t'ā/he 有 yeù/have 病 p'íng/sickness（尚 shàng 且 tse'è）/yet (he) 必 pëě/must 来 laê/come

Though he be sick, he must come.

（2）虽 s'ūy/although 我 gò/I 系 hé/have 数 soó/several 次 tseé/times 劝 keu'én/admonished 他 t'ā/him 还 hwân/yet 不 poŏ/not 见 këén/see 他 t'ā/him（改 kaè 过 kwǒ）/reform

Although I have frequently admonished him, I do not perceive that he has reformed.

2. For

（3）盖 kaé

For.

（4）若 jǒ/if 当 tāng/that 时 shê/time（偶 ngeù 然 jên）/happened 有 yeù/to have（那 nâ 件 këén）/that 事 seé/affair 我 gò/I 必 pëě/must（见 këén 过 kwǒ）/have seen 盖 kaé/for 彼 pè/that 时 shê/time 我 gò/I 就 tsèw/then 在 tsaé/was（那 nâ 处 ch'ú）/there

If at that time, that affair had happened, I must have seen it, for I was then present.

3. And

英语中的"and"在汉语中有时候用"而 ûrh""及 këě""又 yéw""并 píng"表示。例如：

（5）他 t'ā/he 及 këě/and（他 t'ā 的 tëě）/his（兄 heūng 弟 te）/brother

在tsaé/situated 城ch'îng/the city 里lè/within 居keū 住chú）/dwell
>
> He and his brother live in the city.

（6）他t'ā/he 来laê/came 而ûrh/and （说shwǒ 过kwǒ）/told 我gò/me （知chē 道taoú）/to know
>
> He came, and told me.

（7）我gò/I 要yaoú/want （这chě 个kó）/that 又yéw/and also 要yaoú/want （那nâ 个kó）/that
>
> I want this and that also.

（8）（这chě 个kó）/this 并píng/and （那nâ 个kó）/that 为weî/are 他t'ā/he 所sò/what （造tsaó 的tëě）/made
>
> This and that were made by him.

汉语中的"亦yǎy"用作英语中的连词"and","也yǎy"是一个尾词（final particle），有时候也可以表示英语的"and"。它有时在书写中出现，但似乎用得不恰当。

在汉语的文章中，类似"and"的词用得很少。

4. If

汉语里的"若jǒ""倘t'ùng""如joô"相当于英语的"if"。例如：

（9）若jǒ/if 他t'ā/he 随sûy/follow 我gò/me 我gò/I 则tsě/will then 去keú/go
>
> If he accompany me, I will go.

（10）倘t'àng/if 有yeù/have （佳keǎ 音yīn）/good news 祈kē/beg 速tsǒ/quickly 寄ké/send 一yǎy/a 字tseé/character 知chē/know 之chē/it
>
> If you should have good news, I beg that you will hasten to send a line, to let me know.

5. So

（11）如joô 是shé
>
> So.

（12）若jǒ/if 其k'ê/that 事seé/affair 为weî/be （如joô 是shé）/so 即

tsëě/then 好haoù/well
　　　If that affair be so, it is well.

6.That

"That"引导一个最后的结果，相当于汉语的"以è 致ché"。例如：

（13）他t'ā/he 读tǒ/read 书shoō/books （以è 致ché）/that (be) 得tě/might obtain 官kwān/magistrate's 职chǎy/situation
　　　He studied that he might obtain a public situation.

7.As

（14）你nè/you 照chaoú/imitate 旧kéw/the old 而ûrh/and 做tsó/act
　　　Do it as you did before.

同样的意思也可以表示为：

（15）你nè/you 做tsó/do 如joô/as 前tsë'ên/before 时shê/time 一yǎy/one 般pwān/mode
（16）既kè/as (or since) 他t'ā/he 悦yuě/likes 有yeù/to have （这chě 样yâng）/thus 即tsëě/then 好haoù/well
　　　As he wishes it so, very well.

这个句子中也许使用"since"要比用"as"好一点。

（17）随sûy/follow 你nè/your 便pëén/convenience
　　　As you please.
（18）他t'ā/he 来laê/comes 即tsëě/the instant 时shê/time 报paoú/announce 与yū/to 我gò/me 知chē/to know
　　　As soon as he comes, inform me.
（19）他t'ā/he 必pëě/must 如joô/as (his) 力lëě/strength 而ûrh/and 做tsó/act
　　　He must do it as well as he can.

通用汉言之法

更常见的说法是：

（20）他 t'ā/he 必 pëĕ/must 尽 tsìn/exert his-utmost 力 lëĕ/strength 去 keú/go and 做 tsó/do

这个表示的意思是一样的。

（21）不 poŏ/not 拘 keū/restricted （多 tō 少 shaò）/how much 随 sûy/follow （你 nè 之 chē）/your 意 é/will 可 k'ò/may 有 yeù/have

You may have as much as you please.

8. Lest

英语中的"lest"很难用汉语表示。

（22）你 nè/you 快 kwa'é/hasten 些 sëē/a little （做 tsó 完 wôn）/to finish 如 joô/if （不 poŏ 是 shé）/not （恐 k'ùng 怕 p'á）/apprehend 他 t'ā/he （生 sāng 怒 noó）/will be angry

Make haste and finish, lest if not he should be angry.

9. Than

（23）莫 mŏ/not 高 kaoū/higher 于 yū/than 天 të'ēn/heaven

There is nothing higher than heaven.

10. Because

（24）他 t'ā/he 有 yeù/has 福 fŏ/happiness 因 yīn/because 做 tsó/does 善 shén/good （故 koó 也 yăy）/that is the reason

He is happy because he is good.

11. Neither

（25）（两 leàng 个 kó）/both 不 poŏ/not 是 shé/are
Neither.

第九章 连词（Of Conjunctions）

12. Both

（26）两 leàng 个 kó
　　　Both.

13. Unless
"Unless"，汉语不太容易表示。

（27）倘 t'àng/if 不 poǒ/not 有 yeù/have 病 píng/sickness 他 t'ā/he 就 tsèw/will soon 来 laê/come
　　　或者：
　　　他 t'ā/he 就 tsèw/will soon 来 laê/come（不 poǒ 然 jên）/if not so 必 pëě/must 是 shé/be (he)（有 yeù 病 píng）/is sick
　　　He will come soon, unless he be sick.

14. Notwithstanding

（28）虽 s'ūy/though 他 t'ā/he 有 yeù/had 些 sëē/a little 病 píng/sickness 他 t'ā/he（尚 sháng 且 tse'è）/not with-standing 来 laê/came
　　　Though he was a little sick, he came notwithstanding.

15. Yet

（29）还 hwân/yet 有 yeù/have（几 kē 个 kó）/a few
　　　There are yet a few.

16. But

（30）（他 t'ā 们 mún）/they 同 t'ûng/with 我 gò/me 来 laê/came 但 tán/but（他 t'ā 们 mún）/they（自 tseé 己 kè）/themselves 去 keú/went
　　　They came with me, but they went by themselves.
（31）我 gò/I 悦 yuě/delight 做 tsó/to do it 惟 weî/but（时 shê 候 héw）/the time 不 poǒ/not 就 tsèw/suitable
　　　I should be glad to do it, but the time is not suitable.

（32）不poǒ/not 是shé/is（亚a 南nan）/A-nan 但tán/but 是shé/is（亚a 茂mew）/A-mew

It is not A-nan, but A-mew.

（33）不poǒ/not 特tě/only 系hè/is 他t'ā/his 应yīng/duty 做tsó/to do 即tsëě/but 你nè/you 亦yǎy/also 当tāng/ought 做tsó/to do it

It is not only his duty to do it, but your duty also.

（34）此tse'è/this 事seé/affair 是shé/is 他t'ā/his 欲yǒ/wish 为weî/to do 然jên/but 非feî/not 我gò/my 本puèn/original 意é/intention

This is what he wishes to do, but it is not my original intention.

17. Nor

（35）（这chě 样yâng）/thus 他t'ā/he 亦yǎy 不poǒ/not 做tsó/do 那nâ/that 样yâng/way 他t'ā/he 亦yǎy/also 不poǒ/not 做tsó/do

He would neither do this way nor that way.

18. Either…Or

（36）是shé/it is 或hwǎ/either（林lin 官kwan）/lin-kwan 或hwǎ/or（浩haou 官kwan）/haou-kwan 不poǒ/not 知chē/know 是shé/is 那nâ/which（一yǎy 个kó）/one

It is either Lin-kwan or Haou-kwan, I do not know which.

第十章 感叹词（Of Interjections）

1.表示悲伤（Expression of Grief）

（1）呜woō 呼hoō
　　　Alas! Alas!

悲伤的时候，他们说：

（2）可k'ò 怜lëên 我gò
　　　I'm to be pitied.
（3）了leaoù 不poǒ 得tě 我gò
　　　I'm undone.
（4）呜woō 呼hoō 痛tung 哉tsaē
　　　Alas, how painful!
（5）呜woō 吁heū 哉tsaē
　　　和
　　　吁heū 嗟tseǎy 乎hoô
　　　也表示悲伤和焦虑。

2.表示惊讶（of Surprize）

（7）何hô 哉tsaē
　　　What!

"吁呀"用得非常广泛，虽然第一个字只在通俗作品中出现。这是一种感叹语，当人们感到钦佩、惊奇、痛苦或怜悯时，发出这种声音能让人感到轻松，感到惊讶的时候也是这样。

3.表示赞美（Of Admiration）

（8）休hëeū 哉tsaē
How excellent!

（9）大tá 矣è 哉tsaē
O how great!

（10）猗ē 欤yû 休hëeū 哉tsaē
O how admirable!

"矣è 夫foō"出现在句末表示赞美。"夫foō"经常出现在句子的开头，跟英语中"now if this be true"中作为小词起连接作用的"now"的用法差不多。

第十一章 关于汉语方言（Of the Provincial Dialect）

广东方言字音与官话方言的区别已经在音节表中展示了。虽然这个表已经展示了它们之间发音规律的不同，但是仍旧有很多发音特色没有出现在这个表中，这只能通过实践才能掌握。

广东话中有很多词是没有汉字记录的，因此这个省的人们创造了一些广东省自己使用的汉字。这些字没有收录到语言词典中。

各省的方言被称作"白话""土话""土谈"以区别于"官话"。"官话"是一种在国内更标准更通行的语言，用英语翻译的话就是"public officer's speech or language"，意思是"政府官员们使用的语言"。在欧洲，根据葡萄牙语，"官话"被称作"Mandarin tongue"。

中国人给"官话"下的定义是：

各 kǒ/every 省 sàng/province 公 kūng/universally 通 t'ūng/throughout 用 yúng/use 之 chē/the （言 yên 语 yù）/language 声 shîng/the tone and 音 yīn/pronunciation 为 weî/are 正 chíng/right

意思是：整个帝国标准通行的语言（the proper and general language of the empire）。

广东方言中，事物的名字通常和官话的名字是一样的。也就是说使用的汉字是相同的，但是发音是不一样的。不过代词并不是这样。广东方言中，英语的"he"用"佢"表示，这个代词的复数形式发音是"te³"，但是没有汉字表示。[①] 英语的"we"用"我口[①]te³"表示，"you"用"你口te³"表示，"they"用"佢

---

① 人们根据他们认为的读音调整字的写法。

□te³"表示。

英语的物主代词"mine"广东话是"我的"或者"我□ka²","ours"广东话是"我□□te³ka²"。其他人称也是用这种方式构成的。

英语的指示代词"this",广东话是"nè□个","that"是"个个"。

英语的疑问代词"what",广东话是"乜""乜野";英语"who",广东话是"乜野人",或者"边个人",也可以说"乜谁";英语"which",广东话是"边个野"或者"乜野"。英语动词"to be",广东话的通常说法是"系"。例如:

（1）系heí 乜mat¹ 野ya² 人yûn
　　　 Who is it?

英语的副词"not",广东话用"唔""冇"表示②。例如:

（2）系heí 唔īm 系heí
　　　 Is it not?
（3）唔īm 系heí
　　　 It is not.

英语"How",广东话用 "tem³ yaong²² 点样""kum¹ yaong²² 咁样"表示,英语"Where",广东话用"pen³ ch'í 边处"表示;

英语"thing"广东话用"ya²野"表示;英语"A good thing",广东话用"how² ya² 好野"表示;英语"A bad thing",广东话用"īm how² ya²唔好野"表示。

英语"To bring"广东话用"nîng leî 拧黎""kai leî □黎""lò leî 攞黎"表示;英语"To take"广东话用"lò 攞"表示;英语"To take away"广东话用"nîng hue¹² 拧去""kai hue¹² □去""lo hue¹² 攞去"表示;英语"To eat"广东话用"yak¹ fan □饭"表示。

疑问词经常用"heí má 系吗"表示,英语"is it, or not?"广东话用"nê 呢"表示。

上面是广东话经常用到的字。下面我们举一些句子做例子,这些句子是这

---

① 译者注：本文使用"□"表示这些有音无字的情况。
② 英语"No person"用"冇人"表示,"He is not come"用"佢冇来"表示,"No business, affair"等用"冇事"表示。

第十一章 关于汉语方言（Of the Provincial Dialect）

本书前面提到过的，现在我们用广东方言来表示。这样，广东方言和官话之间的差别就会很明显地表现出来。

官话使用代词的句子可以参考前面"代词"一章的内容。

（4）我ngò 唔īm 知chǒ 到tów
　　　I do not know.
（5）我ngò 书shō 房fōng 门mûn □ka 锁sò 匙shè 系heí 你nè 处ch'í 吗ma
　　　Have you the key of my study?
（6）请tsìng 你né 揩k'āī 墨mǎk 过kuō 黎leí 俾pè 我ngò
　　　I'll thank you to pass the ink to me.
（7）你nè 爱oí 我ngò 唔īm 似tsí 佢kue^{12}
　　　You do not love me as he does.
（8）我ngò ka 意ê 思szí 系heí 咁kàm 样yaóng
　　　My meaning is this.
（9）呢nê 一yǎt 句kué 系heí 佢kuē^{12①} 自tsí 己kè 所shò 话wáh □ka
　　　This sentence is what he himself pronounced.
（10）佢kue^{12} 爱oí 自tsí 己kè □ka 仔tseī
　　　He loves his son.
（11）乜mat^1 野ya^2 事szí
　　　What affair?
（12）系heí 边pen^3 一yǎt 个kó 人yûn
　　　What person is it?
（13）呢nê 个kó 字tsí
　　　This character.
（14）个kó 只chik 狗kàw
　　　That dog.
（15）□ne □te 茶ch'â 杯puē
　　　These tea cups.
（16）个kó 几kē 把pâ 雨yù 伞sàn
　　　Those umbrellas.
（17）我ngò 所shò 擸lo □ka 野ya^2

---

① 译者注：原文声调有两种表示法，一种是数字标，统一为上标；还有一种是类似ó这样的符号标；也有确实无声调的。

或者：
我 ngò 所 shò 要 yeú □ka 野 ya²
The thing which I wanted.

（18）两 leòng 个 kó 唔 īm 系 heí
Neither.

（19）咁 kùm 样 yaông □ka 人 yún
Such a man as this.

官话使用形容词的句子可以参考前面"形容词"一章的内容。

（21）佢 kue¹² 系 heí 恶 ǒk □ka
He is wicked.

（22）呢 nê 样 yaông 米 meì 系 heí 好 hòw □ka
This rice is good.

（23）呢 nê 个 kó 好 hòw 过 kuǒ 个 kó 个 kó □ka
This is better than that.

（24）呢 nê 个 kó 共 kūng 个 kó 个 kó 边 pen³ 个 kó 好 hòw
Whether is this or that the better?

（25）越 yǎt 早 tsòw 越 yǎt 好 hòw
The sooner the better.

（26）大 tó 过 kwǒ 一 yǎt 总 tsùng
Greater than the whole.

（27）最 tsué 上 sheòng 等 tàng □ka 酒 tsàw
The best wine.

官话使用动词的句子可以参考前面"动词"一章的内容。

（28）佢 kue¹² 做 tsów 上 sheòng 一 yǎt 等 tàng □ka 工 kūng 夫 fū 你 nè 可 hò 以 è 托 tǒk 佢 kue¹² 做 tsów
He performs the best work—you should employ him.

（29）我 ngò 有 yàw 一 yǎt 本 pùn 书 shō
I have a book.

（30）你 nè □te 有 yàw 好 hòw 多 tō 棉 měn 花 fā
You have a great deal of cotton.

第十一章 关于汉语方言（Of the Provincial Dialect）

（31）你nè 有yàw 乜mat[1] 野ya[2] 货fó 物măt 卖maé
What have you to sell?

（32）你nè 先sēn 有yàw 吗mà
Had you before?

（33）佢kue[12] 唔īm 系heí 有yàw □ka
No, he had not?

（34）我ngò 明mîng 日yăt 者chà 有yàw
I shall have.

"To-morrow"（明天），广东话经常表示为：

（35）□ting 日yăt
（36）佢kue[12] 明mîng 日yăt 将tseòng 有yàw 系heí 吗má
Will he have tomorrow?

（37）我ngò 系heí 老lòw 人yûn
I am an old man?

（38）□ne 个kó 系heí 我ngò □ka
This is mine?

（39）佢kue[12] □te 到tów 过kuŏ 北păk 京kīng 一yăt 次tsí
They were once at Peking.

（40）我ngò 将tseòng 必pet[3] 为weî 小seù 心sūm
I will be careful.

（41）许huè 佢kue[12] 在tsoí 个kó 处ch'í
Let him be there.

（42）若yŏk 佢kue[12] 在tsoí 个kó 处ch'í 叫keú 佢kue[12] 黎lei
If he be there call him.

（43）你nè 几kē 多tō 岁sué
How old are you.

（44）个kó □te 工kūng 夫fū 做tsów 完unê
That work is done.

（45）佢kue[12] 作tsók 日yăt 黎lei 系heí 唔īm 系heí
Did he come yesterday?

音节"lŏ"几乎在每个句子末尾出现，它是一个小小的感叹词。英语的"yes"

广东话表示为"系 lǒ"。"呢"放在疑问句末尾。

（46）点tem³ 样yaông 呢nê
How?

第十二章 句法（Of Syntax）

虽然我们使用了性、数、格等术语，但是严格地说，首先，汉语的形容词没有性、数、格的区分，它只需要跟体词（substantive）保持一致；其次，动词在人称、单复数的不同时，总是与主格（nominative）①时采取的形式一样；最后，因为名词的形式不受动词的影响而改变，所以对汉语来说协调（concord）或管辖（government）②并没有立足之地，这二者通常构成语言句法的最重要的部分。

词语要放在句子中正确的位置可以说是汉语语法的全部。

1.主格名词后面跟着所有格。例如：

(1)（这chě 个kó）/this 人jîn/man 之chē/'s（儿ûrh 子tseè）/son
This man's son.
(2) 两leàng/two 广kwàng/ Kwang's（总tsùng 督toǒ）/viceroy（大tá 人jîn）/his excellency
His Excellency the Viceroy of Canton and kwang-si

2.在官位之后跟着担任这个官位的人的名字。例如：

(3)（顺shún 德tě）/shun-te 县hëên/heen（周chōw 柞tseě 熙hē）/chow-tsee-he

---

① 译者注：主格指名词短语（常为单个名词或代名词）充当动词的主语时所采取的形式。主格一般是语法词形变化表或词典中首先列出的形式，通常是无标记形式。
② 译者注：协调（concord）是语法理论用来描写成分之间的一种形式关系，即一个词的形式需与另一个词的形式相对应。例如英语中，单数主语与动词现在时第三人称单数形式同现。管辖（government）是一个语法分析术语，指一类句法连结，即一个词（或词类）要求另一个词（或词类）取某一特定的形态。在语法论述中协调与管辖的概念是相对立的。

　　　　　Chow-tsee-he, the Heen of Shun-te.
（4）香heāng 山shān 县hëén 彭p'úng
　　　　　Pung, the Heen of Heang-shan.
"县"既是一个地区的称谓，又是该地区的官员或首席治安官的称谓。

3. 动作的时间，先于表示动作的动词。例如：

（5）他t'ā/he （明mîng 天tëēn）/to-morrow 将tseāng/will 来laê/come
　　　　He will come to-morrow.

4.表示时间时，年放在月的前面，月放在日的前面。

（6）（嘉keā 庆king）/kea-king （十shě 六lǒ）/16th 年nëên/year 二ûrh/second 月yuě/moon （初ts'ō 一yǎy）/first 日jě/day 禀pìn/petition
　　　　A Petition of the first day, of the second moon of the 16th year of Kea-king.

5.形容词通常放在名词前面。例如：

（7）高kaoū/high 山shān/hill
　　　　A high hill.

（8）好haoù 人jîn
　　　　A good man.

有时候形容词可以放在名词的前面，也可以放在名词的后面。例如：

（9）（地té 方fāng）/country 好haoù/very 大tá/large
　　或者：
　　好haoù/very 大tá/large （地té 方fāng）/country
　　　　A very extensive country.

6.当形容词需要特别强调时，可把它放在名词之后，有时候也与副词同时出现。例如：

（10）(事seé 情ts'íng)/affair 大tá/great
An important affair.

（11）(这ch'é 个kó)/this 系hé/is（一yǎy 端twān)/an 事seé/affair 敝pé 得tě 狠hǎn/extremely
This is an affair extremely base.

7. 有时形容词和名词被动词分隔开来。例如：

（12）大tá/greatly 有yeù/has （关kwān 系hé)/consequences
It has important consequences.

8.放在句首的"无"是指向后续的每个成分，除非表达上有转向。例如：

（13）无voô/no 处ch'û/place 不poǒ/not 闻wǎn/hear 一yǎy/a 方fāng/quarte 不poǒ/not 见këén/see 者chày/it 矣è/!
There is no place where it is not heard, no quarter in which it is not seen.

《康熙字典》的序言表示，皇帝的愿望是希望这部著作非常完美：

（14）无voô/no 义é/meaning 之chē/which 不poǒ/not 详tseûng/explained 一yǎy/a 音yīn/sound 之chē/which 不poǒ/not 备pé/prepared 矣è/!
There should be no sense, (of the character which was) not fully explained; no pronunciation which was not given.

9.双重否定表示强烈的肯定。例如：

（15）其k'/that 船chuěn/vessel 无voó/not 不poǒ/not 被pe/receive(坏hwaê 了leaoù)/ruined
That vessel must inevitably be lost.

（16）你nè/you 无voó/not 不poǒ/not 知chē/know

通用汉言之法

You cannot but know, or —you know it fully.

（17）你 nè/you 不 poǒ/not 得 tě/can 不 poǒ/not 知 chē/know

You cannot but know, or —you must know.

第十三章　韵文（Of Prosody）

汉语是由单音节构成的，在说话时会发出一种相当刺耳的声音。当地人的发音有很多声调。然而，在鞑靼发音中声调较少，也许由于它是官方方言（count dialect），所以被广泛地模仿。在阅读经典书籍时，他们喜欢以一种带有乐感的方式进行朗诵。

如果想了解汉语的声调，包括重音和种类，请参考前面"汉语的声调（Of Tones）"这一节的相关内容。

汉语诗歌一般是押韵的。然而在今天，他们更注意声调的排列，或者每行的重音和数量。

一位中国作家在他的诗集序言中用一棵树的逐渐成长来比喻中国诗歌的进步。他把著名的《诗经》比作树根；当苏—李盛行时，芽出现了；在建安时期，长出很多叶子；在唐朝，有许多人栖息在这棵树的树荫下，鲜花盛开水果丰盛。① 《诗经》包含了大约300首孔子筛选的古代颂歌。在他取材的3000多首诗中，有许多不符合道德规范的诗歌被删掉了。大约1500年前，朱夫子（Choo foo tsee）修订并出版了最好的注释版本。《诗经》分为三个部分：风、雅、颂。第一部分是生活中常见事件的颂歌；第二部分和政府有关；第三部分是颂词。句子或竖行一般由四个字组成，经常一竖行靠着另一竖行，但并不总是这样，这种形式只是有可能是诗歌，在这种情况下，你不能通过页面的外观来判断它是否包含诗歌。

最常见的作品称为"诗"，每行一般是五个字或者七个字，分别叫做"五言诗"或者"七言诗"。

五言诗通常有四行、八行或者十六行。七言诗通常有四行或者八行。第二、

---

① 译者注：这段话的原文出自清代叶燮《原诗》："譬诸地之生木然：三百篇则其根，苏李诗则其萌芽由蘖，建安诗则生长至于拱把，六朝诗则有枝叶，唐诗则枝叶垂荫，宋诗则能开花，而木之能事方毕。自宋以后之诗，不过花开而谢、花谢而复开。其节次虽层层积累，变换而出，而必不能不从根柢而生者也。"《原诗》被认为是继《文心雕龙》之后，我国文艺理论史上最具逻辑性和系统性的一部理论专著。

四、六、八行押韵。第一行也经常押韵。韵律被称为"同韵",并用韵脚的数量来称呼韵文,比如有"五言八韵"的说法。也就是说,一首诗每行有五个字,一共有十六行,每隔一行用同样的声韵煞尾。平声和仄声的区别已经在前面"汉语的声调"一节解释过了。

假如一行有五个字,第二个字是平声,那么第四个字就是仄声。反之亦然,如果第二个字是仄声,那么第四个字是平声。[1] 除此之外,每相邻的两行的第二和第四个字,有一行是平声,另外一行就是仄声。

在七言诗中也可以观察到相似的规则,即每行中的第二、第四和第六个字应该有所变化。

另外一种比诗更不常见的韵文,通常更长一些,叫做"赋"。除了这些之外,还有一些比较短小可以演唱的,叫做"歌""曲""辞"(词)。如果缺乏对中国古代历史和风俗习惯的广泛了解,很难理解他们的诗歌创作。作品的核心和美往往取决于外国人所没有察觉到的一些细微的典故。此外,作品的风格特别简洁,使用的也是不常见的词语。

下面一首诗,每句有七个字,共有八行。

寄友人
病多慵引架书看[2]
官职无才兴已阑
穴凤瑞时来却易
人龙别后见何难
琴樽风月闲生计
金玉松筠旧岁寒
早晚烟村碧江畔
挂罾重对蓼花滩

用英语翻译如下:

---

[1] 译者注:英文原为"and vice versa, if the second be píng-shíng, the fourth shall be tsě-shíng",直译为"反之亦然,如果第二个字是平声,那么第四个字是仄声",这样就跟上句"第二个字是平声,那么第四个字就是仄声"(the second word be píng-shíng, it is required that the fourth be tsě-shíng)重复了,因此,根据原文文义做了调整。

[2] 如前所说,韵脚在两节中一韵到底。

第十三章　韵文（Of Prosody）

To a Friend.

Through much disease, I rarely take my book from the shelf;

I hold an office, but am without ability—my spirits are broken.

When the queen[①] of birds from the interstices of the mountains appeared, and times were prosperous, we easily met,

But since the man who is a prodigy parted from me, how difficult to see him.

In playing on the kin, drinking in the breeze, or beneath the shining moon, I spend my life,

(But my friend valuable as) the gold and the gem remains, like the trees Sung and Kiun, unhurt by the rigours of winter.

Ere long I shall return to my obscure village, and by the side of the stream spread my net;

There again I shall fish over against the ló flower, and the stones of the brook.

下面的诗七个字一句，一章共有四行。

忆父

吴树燕云断尺书
迢迢两地恨何如
梦魂不惮长安远
几度乘风问起居

欲归未得怅空囊
儿女相思泪数行
苦忆寝门双白鬓
朝朝扶杖倚闾望

翻译成英语如下：

On remembering my Father.

The trees of Woo are entirely separated from the clouds of Yen,

---

① 一只神话般的鸟，据说当伟人出现时，就能看见。

So is our correspondence entirely broken off,

Extremely remote are the two countries; I am anxious how to act.

My spirit in dreams cares not for the distance.

I have often mounted on the wind, and gone to inquire when he arose, and where he dwelt:

I desire to return but cannot; I mourn in poverty.

My children, boys and girls, think of me with many tears,

I am distressed, when I remember my parents, and their hoary locks,

Morning after morning, leaning on their staff, and against the posts of the gate, they anxiously look for my return.

下面是一首辞：

送春辞
日日人空老
年年春更归
相欢在尊酒
不用惜花飞

用英语翻译如下：

An Adieu to Spring.

Day after day man advances to vacant old age;

But year after year the spring returns.

Let us rejoice together, and take a bottle.①

It is in vain to regret the flowers that are fled.

下面是一首曲：

---

① 虽然中国人表面上看起来很清醒，他们的很多作品却与饮酒作乐有关。

第十三章 韵文（Of Prosody）

江南曲
枝中水上春并归
长杨扫地桃花飞
清风吹人光照衣
光照衣
景将夕
掷黄金
留上客

下面是英语的翻译：

A Keang Nan Keŏ.

To the midst of the branches, and the surface of the water, spring has returned.

The long rows of willows brush the earth; the peach flowers fly in the wind.

The gentle breeze blows on man; the light of the setting sun shines on his garments.

It illumines his garments,

It glows as the evening advances.

Draw out the yellow gold; (prepare a repast),

Detain our worthy guest.

注　释

除了一些从书中引用的句子外，前面一些句子的准确性得到当地一位优秀的合作伙伴的权威认可，他已经从教二十多年了。

附录一 《通用汉言之法》使用汉字注音索引[1]

A

澳 gaoú（2）/64（2）
阿 o（1）/12（1）
挨 yaē（1）/242（1）
伛 yao（1）/18（1）
爱 gae（1）/6（1）
爱 gaé（1）/35（1）
爱 waé（9）/126（1）、142（1）、145（1）、165（1）、169（1）、174（1）、195（1）、232（1）、96（1）
爱 wáe（1）/90（1）
安 an（1）/5（1）
安 gan（2）/5（1）、6（1）
安 gān（1）/156（1）
安 ngān（3）/132（1）、167（1）、225（1）
鞍 ngān（1）/122（1）
俺 gàn（1）/89（1）
昂 gang（1）/6（1）
昂 ngang（1）/108（1）
敖 gaou（1）/6（1）
傲 aou（1）/5（1）
傲 gaou（1）/5（1）
傲 ngao（1）/145（1）
傲 ngaó（1）/170（1）

B

八 pă（8）/13（1）、158（1）、171（1）、28（1）、35（1）、53（1）、82（1）、91（1）

---

[1] 译者注：索引的体例举例说明："伞 san（2）/14（1）、53（1）"，表示"伞"注音"san"在全书共有2处，在原书第14页出现1次，在原书第53页出现1次。如果同样的字在《通用汉言之法》中有多个读音，则分别统计。原书第22～24页的声调练习表是马礼逊摘抄自他人的一本词典，其注音系统与《通用汉言之法》不尽相同，本索引不做收录；原书第259～267页是广东话发音，本索引也不做收录。

此处的音序，是按照汉字的现代发音排序。

八 pà（1）/274（1）
巴 pā（1）/142（1）
捌 pǎ（1）/82（1）
把 p'â（6）/105（1）、114（1）、53（3）、54（1）
把 pâ（1）/135（1）
罢 pá（1）/219（1）
白 pě（13）/156（1）、164（1）、173（2）、174（2）、190（1）、213（1）、216（1）、30（1）、38（1）、68（2）
百 pě（3）/108（2）、53（1）
佰 pě（1）/83（1）
摆 paè（1）/121（1）
拜 pae（1）/13（1）
拜 paì（1）/212（1）
扳 pān（1）/239（1）
班 pān（1）/161（1）
般 pwān（3）/108（2）、251（1）
搬 pwān（1）/233（1）
瘢 pan（1）/13（1）
板 pàn（1）/120（1）
办 pán（21）/110（1）、121（1）、132（2）、133（2）、137（1）、154（1）、156（1）、161（1）、164（1）、166（1）、177（1）、217（1）、224（2）、232（1）、233（1）、51（1）、73（1）、88（1）
帮 pang（1）/13（1）
帮 pâng（1）/131（1）
勹 paoū（1）/28（1）

煲 paou（2）/238（1）、55（1）
雹 pǒ（1）/198（1）
宝 paoù（1）/128（1）
保 paou（1）/13（1）
报 paoú（2）/126（1）、251（1）
卑 peî（1）/240（1）
杯 peī（1）/105（1）
北 pě（5）/13（1）、150（1）、235（1）、238（1）、76（1）
北 pih（1）/13（1）
背 poeí（1）/236（1）
备 pé（1）/272（1）
被 pè（1）/168（1）
被 pe（1）/272（1）
被 pe'í（22）/191（3）、192（4）、193（5）、194（4）、195（5）、196（1）
被 pei（1）/13（1）
被 peí（3）/42（1）、62（1）、98（1）
辈 peí（1）/90（1）
辈 poeí（1）/61（1）
贝 peí（1）/31（1）
本 puèn（14）/114（1）、143（1）、199（1）、208（1）、255（1）、45（1）、54（1）、75（1）、85（1）、93（3）、94（1）、97（1）
鼻 pé（1）/33（1）
匕 pè（1）/28（1）
比 pè（13）/30（1）、69（2）、70（2）、71（3）、72（1）、73（1）、77（1）、79（2）
彼 pè（12）/104（2）、105（2）、109

（1）、168（1）、248（1）、90（2）、91（1）、94（2）

俾 pè（2）/108（1）、88（1）

笔 pëë（8）/112（1）、234（1）、239（1）、245（1）、42（2）、62（1）、67（1）

必 pëë（27）/108（1）、121（2）、122（1）、123（2）、125（1）、140（1）、141（2）、155（1）、156（1）、165（1）、167（1）、168（1）、175（2）、176（2）、180（1）、186（1）、244（1）、247（1）、248（1）、252（2）、254（1）

毕 pëë（2）/173（1）、190（1）

庇 pe（1）/13（1）

陛 pé（1）/93（1）

敝 pé（8）/100（3）、101（2）、271（1）、93（1）、99（1）

便 peén（3）/122（1）、123（1）、149（1）

便 pëen（1）/13（1）

便 pëén（2）/251（1）、35（1）

彪 pew（1）/13（1）

髟 peaoû（1）/32（1）

别 pëë（6）/110（1）、13（1）、142（1）、203（1）、55（1）、72（1）

兵 pīng（3）/35（1）、41（2）

冫 pīng（1）/28（1）

禀 pìn（4）/56（3）、270（1）

并 píng（3）/223（1）、248（1）、249（1）

病 p'íng（3）/231（2）、247（1）

病 píng（3）/253（1）、254（2）

癶 pǒ（1）/30（1）

帛 pě（1）/142（1）

薄 pǒ（1）/13（1）

卜 pǒ（1）/28（1）

不 poǒ（139）/102（1）、108（1）、109（3）、110（2）、111（2）、115（1）、120（2）、121（1）、122（2）、123（1）、129（1）、132（1）、133（3）、134（2）、135（1）、136（2）、137（1）、142（2）、145（1）、147（2）、148（3）、151（2）、155（2）、157（1）、159（1）、160（3）、161（2）、163（2）、165（1）、166（2）、168（1）、170（2）、174（2）、175（2）、177（2）、179（1）、190（1）、204（4）、206（1）、210（1）、214（1）、216（2）、217（2）、221（3）、222（3）、223（1）、224（1）、227（1）、228（1）、229（3）、247（1）、252（2）、253（2）、254（1）、255（5）、256（1）、257（1）、271（2）、272（6）、46（1）、52（1）、57（1）、69（2）、70（1）、71（1）、73（3）、75（4）、76（1）、78（2）、79（3）、87（1）、88（2）、90（2）、91（4）、95（1）、97（3）

布 poó（1）/38（1）

步 poó（1）/226（1）

部 poó（5）/240（2）、27（1）、54（1）、93（1）

埠feú（1）/236（1）

C

猜tsae（1）/16（1）
才tsa'ê（1）/93（1）
财tsa'ê（1）/142（1）
裁tsa'ê（1）/54（1）
才tsa'ê（9）/115（1）、130（1）、152（1）、153（2）、155（1）、182（1）、209（2）
才tsaē（1）/123（1）
采tsaè（1）/32（1）
餐ts'ān（6）/38（6）
残tsan（1）/16（1）
残tsân（1）/75（1）
舱tsang（1）/16（1）
舱tsàng（1）/233（1）
草tsao'ù（2）/101（1）、26（1）
艹tsaoù（1）/31（1）
层ts'âng（3）/39（3）
查chā（2）/178（1）、179（1）
茶ch'â（9）/105（1）、115（1）、141（1）、238（1）、47（1）、55（1）、72（1）、78（1）、80（1）
茶cha（2）/136（1）、5（1）
差ch'ā（3）/229（3）
差chae（1）/5（1）
差chi（1）/5（1）
侪cha'ê（1）/90（1）
产chan（1）/5（1）
长ch'âng（2）/32（1）、68（1）
长chang（1）/5（1）
尝chûng（1）/118（1）
常ch'âng（3）/145（1）、197（1）、213（1）
朝chaoū（1）/63（1）
车chāy（1）/118（1）
车chē（1）/51（1）
车keū（1）/32（1）
臣ch'în（1）/31（1）、93（1）
辰shīn（1）/47（1）
称ch'îng（2）/88（1）、91（1）
成ch'îng（5）/43（4）、91（1）
呈ch'îng（1）/56（1）
诚ching（1）/96（1）
城ch'îng（5）/232（1）、237（1）、248（1）、53（1）、64（1）
乘shîng（3）/117（1）、58（2）
迟ch'ê（1）/72（1）
匙shè（1）/87（1）
尺chě（1）/75（1）
齿chē（1）/223（1）
虫ch'ûng（1）/31（1）
绸ch'ôw（1）/45（1）
愁ts'ôw（1）/200（1）
愁tsow（1）/17（1）
稠ch'ôw（1）/52（1）
丑ch'òw（1）/80（1）
丑che'ù（1）/228（1）
丑chow（1）/5（1）
齿ch'è（1）/33（1）
彳chě（1）/29（1）
赤chǎy（1）/31（1）
出ch'ǔ（5）/111（1）、131（1）、156（1）、157（1）、65（1）
初ts'ō（3）/270（1）、45（1）、94（1）
除ch'û（1）/234（1）

楚 tse'é（2）/173（2）
处 ch'ú（40）/100（1）、106（2）、107（1）、119（1）、151（1）、152（2）、154（2）、158（1）、159（1）、160（1）、162（1）、163（3）、164（1）、165（1）、168（1）、203（5）、204（5）、205（3）、206（4）、248（1）、90（1）、98（1）
处 cho'ó（1）/87（1）
处 ch'û（1）/271（1）
巛 chuēn（1）/29（1）
巜 chuēn（1）/29（1）
川 chuēn（1）/29（1）
船 chu'ên（8）/233（1）、37（1）、38（1）、41（2）、42（1）、46（1）、60（1）
船 chuen（1）/5（1）
船 chuěn（1）/272（1）
舛 chu'èn（1）/31（1）
串 chu'én（3）/43（1）、44（2）
钏 chuén（1）/44（1）
床 chwang（1）/6（1）
吹 chuě（1）/39（1）
吹 chǔy（1）/6（1）
春 chun（1）/5（1）
戳 chǒ（1）/66（1）
辶 chǒ（1）/32（1）
辵 chǒ（1）/32（1）
词 tse'ê（1）/275（1）
辞 tse'ê（2）/275（1）、36（1）
慈 tseê（1）/100（1）
雌 tseè（1）/66（1）
此 tse'é（1）/205（1）、104（2）、105（2）、106（2）
此 tse'è（41）/107（1）、111（1）、133（1）、137（1）、140（1）、146（1）、151（1）、152（1）、156（1）、159（1）、160（3）、163（1）、165（1）、166（1）、180（1）、203（1）、205（1）、230（1）、239（1）、255（1）、51（1）、62（1）、64（1）、69（1）、88（3）、90（1）、94（2）、95（3）
此 tsee（1）/17（1）
此 tseè（2）/119（1）、73（1）
次 tse'é（11）/150（1）、201（5）、202（2）、227（1）、76（2）
次 tseé（4）/211（3）、247（1）
赐 tseé（2）/142（1）、170（1）
从 ts'ûng（7）/111（1）、116（1）、134（1）、138（1）、142（1）、216（1）、65（1）
从 tsoông（1）/235（1）
从 tsûng（5）/115（1）、162（1）、166（1）、208（1）、209（1）
聪 ts'ūng（1）/144（1）
村 tsūn（2）/100（1）、168（1）
存 ts'ûn（1）/96（1）
蹲 tseun（1）/17（1）
寸 tsún（2）/28（1）、75（1）
错 tsǒ（2）/159（1）、217（1）

D

达 tǎ（1）/16（1）
打 tà（7）/197（1）、198（3）、42（1）、46（2）
大 t'á（4）/101（1）、122（1）、222

（1）、99（1）

大 ta（1）/15（1）

大 tá（40）/116（1）、143（1）、146（1）、150（1）、170（2）、199（1）、217（1）、219（2）、220（2）、223（1）、228（1）、244（1）、245（1）、258（1）、268（1）、270（2）、271（1）、28（1）、38（1）、42（2）、53（1）、59（1）、65（1）、69（1）、72（1）、74（2）、76（1）、77（1）、86（1）、91（2）、92（2）

大 tà（2）/92（1）、97（1）

歹 taè（1）/30（1）

歺 taè（1）/30（1）

代 tae（1）/16（1）

代 taé（1）/232（1）

带 taé（4）/41（1）、56（1）、64（1）、97（1）

待 taé（2）/141（1）、166（1）

怠 taè（1）/161（1）

袋 taé（1）/233（1）

逮 té（1）/222（1）

担 tan（1）/55（1）

担 tān（1）/55（1）

但 tan（1）/16（1）

但 tán（4）/170（1）、254（1）、255（1）、79（1）

惮 tán（1）/222（1）

当 tang（1）/16（1）

当 tāng（11）/111（1）、132（1）、136（1）、137（1）、177（1）、187（1）、248（1）、255（1）、

51（1）、62（1）、96（1）

刀 taoū（7）/116（1）、234（1）、28（1）、53（1）、55（2）、66（1）

刂 taoū（1）/28（1）

到 taoú（43）/106（2）、107（1）、141（1）、150（1）、152（1）、153（1）、154（2）、155（1）、158（1）、159（1）、162（2）、163（2）、164（2）、166（1）、167（1）、169（1）、179（1）、204（2）、205（3）、206（1）、235（2）、236（1）、41（2）、60（1）、62（1）、63（1）、64（2）、65（1）、78（2）、87（1）、98（1）

道 taou（1）/168（1）

道 taoú（14）/111（1）、130（1）、136（1）、139（1）、141（1）、149（1）、160（1）、167（1）、174（1）、218（1）、249（1）、56（1）、61（1）、88（1）

得 tě（64）/102（1）、112（1）、122（1）、132（2）、134（1）、135（1）、136（2）、142（1）、156（2）、157（1）、16（1）、160（4）、161（1）、162（1）、163（2）、164（1）、165（1）、166（1）、167（1）、173（1）、175（1）、177（5）、178（3）、179（1）、185（1）、186（1）、187（1）、193（1）、194（1）、215（2）、217（1）、229（2）、233（1）、235（1）、241（1）、243（1）、251（1）、257（1）、271（1）、

272（1）、44（1）、49（1）、51（1）、52（1）、54（1）、69（1）、71（1）、73（1）、75（1）

得 tih（1）/16（1）

德 tĕ（2）/234（1）、269（1）

的 teĕ（3）/144（1）、201（2）

的 tëĕ（73）/102（1）、103（2）、107（1）、110（1）、111（1）、120（1）、131（1）、133（1）、134（1）、136（2）、145（2）、160（1）、165（1）、166（1）、171（1）、172（1）、176（1）、178（1）、180（1）、196（1）、197（2）、199（1）、214（2）、229（1）、231（2）、240（2）、248（1）、249（1）、62（1）、68（4）、72（1）、73（1）、77（1）、78（3）、79（5）、80（1）、81（1）、85（1）、86（2）、87（1）、88（1）、93（1）、94（7）、95（4）、98（3）

灯 tāng（1）/38（1）

等 tàng（4）/141（1）、211（1）、229（1）、61（1）

等 tăng（1）/16（1）

等 tāng（8）/112（1）、166（1）、55（1）、79（1）、80（3）、90（1）

等 tèng（2）/55（1）、90（1）

等 tìng（8）/104（1）、105（2）、81（4）、93（1）

低 té（1）/68（1）

低 tē（1）/81（1）

敌 tëĕ（2）/16（1）、243（1）

底 tē（2）/239（2）

地 te（1）/16（1）

地 té（5）/135（1）、152（1）、202（1）、270（2）

弟 te（1）/248（1）

弟 té（8）/100（1）、131（1）、147（1）、73（1）、93（2）、94（1）、99（1）

帝 té（1）/245（1）

递 té（1）/56（1）

第 té（10）/201（3）、202（1）、39（1）、44（1）、77（2）、78（1）、85（1）

点 tëen（1）/43（1）

点 tëèn（2）/56（2）

调 teaou（1）/16（1）

跌 tëĕ（1）/137（1）

顶 tìng（8）/199（1）、240（1）、56（2）、77（1）、78（1）、79（1）、81（1）

鼎 tìng（1）/33（1）

定 t'íng（6）/134（1）、141（1）、162（1）、175（1）、221（1）、69（1）

定 ting（1）/16（1）

锭 tíng（1）/51（1）

丢 tew（1）/16（1）

东 tûng（2）/166（1）、65（1）

东 tūng（7）/103（1）、107（1）、115（1）、138（1）、238（1）、74（1）、79（1）

冬 tung（2）/125（1）、151（1）

动 tìng（1）/198（1）

动 tùng（2）/111（1）、74（1）

动tūng（1）/113（1）
都too（1）/16（1）
都toô（6）/108（2）、109（1）、111（2）、204（1）
斗tòw（1）/29（1）
斗tów（2）/32（1）、62（1）
豆tów（1）/31（1）
读tów（1）/36（1）
督toŏ（4）/240（2）、268（1）、77（1）
读tŏ（2）/16（1）、251（1）
肚toó（3）/146（1）、167（1）、170（1）
度toó（1）/222（1）
端twān（1）/271（1）
端twân（2）/57（2）
短twan（3）/17（1）、68（1）、75（1）
段tw'án（1）/58（1）
断twán（2）/221（1）、36（1）
缎twán（1）/54（1）
对túy（10）/167（1）、242（1）、243（2）、57（2）、63（2）、72（1）、91（1）
顿tun（1）/17（1）
多to（1）/16（1）
多tó（19）/218（3）、219（5）、225（1）、226（2）、227（1）、228（1）、229（4）、240（1）、54（1）
多tō（15）/110（1）、114（1）、136（1）、142（1）、154（1）、170（1）、171（1）、211（1）、244（1）、252（1）、60（2）、61（2）、91（1）

朵tò（2）/57（2）

E

额gě（1）/6（1）
额gih（1）/6（1）
恶gǒ（1）/12（1）
恶ǒ（6）/12（1）、65（1）、68（1）、88（1）、91（2）
恶voō（1）/225（1）
饿gò（3）/146（1）、167（1）、170（1）
恩gǎn（1）/6（1）
恩ngēn（1）/198（1）
恩wēn（1）/126（1）
儿ûrh（7）/101（1）、165（1）、232（1）、268（1）、66（3）
儿vǒ（1）/28（1）
而urh（1）/18（1）
而ùrh（3）/91（3）
而ûrh（23）/102（1）、142（1）、156（1）、163（1）、167（1）、207（1）、231（1）、232（1）、241（2）、242（1）、248（1）、249（1）、251（1）、252（1）、31（1）、76（1）、79（2）、96（2）、97（2）
尔ùrh（4）/110（1）、89（1）、90（1）、91（1）
尔ûrh（4）/148（2）、158（1）、93（1）
耳ùrh（3）/31（1）、67（2）
二úrh（3）/38（1）、45（1）、46（1）

二 ûrh（10）/141（1）、201（3）、202（1）、226（1）、270（1）、28（1）、82（1）、91（1）

贰 ûrh（1）/82（1）

F

发 fã（8）/136（1）、154（1）、179（1）、189（1）、69（1）、71（1）、73（1）、74（1）

法 fã（4）/103（1）、133（1）、6（1）、63（1）

翻 fān（1）/199（1）

凡 fân（5）/107（3）、108（2）

烦 fân（3）/161（1）、64（1）、97（1）

反 fan（1）/6（1）

饭 fan（1）/72（1）

饭 fán（2）/235（1）、38（1）

方 fāng（16）/103（1）、124（1）、135（1）、152（1）、156（2）、209（1）、213（1）、270（2）、271（1）、29（1）、44（2）、73（2）

匚 fāng（1）/28（1）

枋 fāng（1）/242（1）

妨 fāng（1）/139（1）

房 f^ang（1）/100（1）

房 fang（1）/6（1）

房 fâng（1）/95（1）

房 fāng（6）/129（1）、236（1）、48（1）、72（2）、87（1）

放 fang（1）/49（1）

放 fáng（1）/236（1）

放 fāng（1）/235（1）

飞 feî（2）/32（1）、54（1）

非 fei（1）/6（1）

非 feî（1）/255（1）

非 feī（10）/148（3）、149（5）、222（1）、223（1）

非 feí（1）/32（1）

肥 fe（1）/6（1）

匪 feī（1）/61（1）

分 fun（1）/6（1）

分 fún（1）/240（1）

分 fūn（8）/142（1）、147（1）、151（1）、166（1）、199（1）、48（1）、77（1）、78（1）

偾 fún（1）/69（1）

丰 fūng（2）/142（1）、74（1）

风 fung（1）/6（1）

风 fūng（7）/122（1）、167（1）、199（2）、274（1）、32（1）、42（1）

封 fūng（4）/45（3）、94（1）

奉 fùng（1）/56（1）

佛 fŏ（1）/6（1）

否 feu（1）/147（1）

否 feù（2）/132（1）、166（1）

缶 feú（1）/31（1）

夫 foo（1）/274（1）

夫 foō（10）/100（1）、164（1）、171（1）、172（1）、235（1）、258（2）、52（1）、76（1）、81（1）

弗 foĕ（2）/222（2）

拂 foĕ（1）/147（1）

服 fŏ（3）/231（1）、234（1）、98（1）

服 foĕ（1）/54（1）

浮 fow（1）/6（1）
浮 fõw（1）/156（1）
幅 fŏ（6）/116（1）、241（1）、40（2）、44（1）、45（1）
福 fŏ（4）/106（2）、145（1）、253（1）
府 foò（7）/101（2）、241（1）、62（1）、79（2）、93（1）
斧 foò（1）/54（1）
阝 feù（1）/32（1）
阝 yǎy（1）/32（1）
父 foo（1）/6（1）
父 foó（8）/145（1）、156（1）、165（1）、177（1）、30（1）、91（1）、98（1）、99（1）
付 foó（1）/112（1）
复 fŏ（2）/214（1）、96（1）
复 foě（1）/163（1）
副 fŏ（1）/119（1）
富 foó（1）/78（1）
赋 foó（1）/275（1）

G

该 kae（1）/8（1）
该 kaē（5）/131（1）、161（1）、186（1）、187（1）、93（1）
该 keā（1）/176（1）
改 kaè（3）/195（1）、222（1）、247（1）
盖 kaé（3）/130（1）、247（1）、248（1）
概 kaé（1）/220（1）
干 k'ân（2）/218（1）、53（1）
干 kān（2）/219（1）、29（1）

甘 kan（1）/8（1）
甘 kān（1）/30（1）
竿 kān（2）/47（2）
赶 kàn（1）/121（1）
敢 kàn（2）/75（2）
感 kàn（1）/223（1）
刚 kang（1）/8（1）
刚 kāng（7）/115（1）、152（1）、153（2）、155（1）、182（1）、209（1）
纲 kang（1）/76（1）
冈 wàng（1）/31（1）
高 kaou（1）/8（1）
高 kaoù（2）/229（2）
高 kaoū（18）/101（2）、138（1）、220（1）、240（2）、253（1）、270（1）、32（1）、68（1）、75（1）、76（1）、77（2）、79（3）、99（1）
告 kaoú（3）/140（1）、168（1）、90（1）
歌 kō（1）/275（1）
个 k'ó（3）/123（1）、129（1）、189（1）
个 kó（68）/102（2）、103（1）、104（2）、105（1）、107（1）、108（1）、109（3）、110（1）、123（1）、124（2）、136（1）、145（1）、146（1）、196（1）、199（1）、223（1）、226（1）、230（1）、242（1）、249（4）、253（2）、254（1）、256（1）、268（1）、271（1）、46（1）、49（2）、

60（2）、63（1）、68（1）、70（8）、71（8）、72（3）、74（1）、77（2）、78（1）、79（1）、80（1）、90（1）、95（1）

戈kô（1）/29（1）

革kě（1）/32（1）

个kô（1）/74（1）

各kŏ（3）/108（2）、9（1）

根kǎn（1）/8（1）

根kān（2）/47（2）

跟kān（1）/161（1）

艮kán（1）/31（1）

更káng（1）/72（1）

更kǎng（1）/8（1）

更kāng（13）/133（1）、138（1）、199（1）、225（1）、227（1）、69（1）、70（3）、72（1）、74（2）、79（1）

庚kāng（1）/171（1）

耕kāng（1）/52（1）

羹kāng（1）/135（1）

工kung（1）/9（1）

工kūng（6）/164（1）、171（1）、172（1）、235（1）、29（1）、81（1）

公kūng（5）/107（1）、215（1）、66（2）、67（1）

攻kūng（1）/242（1）

弓kūng（1）/29（1）

肱kwǎng（1）/9（1）

廾kūng（1）/29（1）

狗keu（1）/104（1）

狗keù（2）/178（1）、40（1）

够keú（1）/161（1）

够keǔ（2）/219（1）、229（1）

古koo（2）/209（1）、9（1）

古koò（3）/210（2）、46（1）

股koò（2）/50（2）

谷kǒ（1）/31（1）

骨kwǒ（1）/32（1）

牯koò（1）/67（1）

故koo（2）/93（2）

故koó（4）/103（1）、225（2）、253（1）

顾koò（1）/223（1）

瓜kwā（1）/30（1）

寡kwa（1）/9（1）

寡kwà（1）/93（1）

关huān（1）/95（1）

关kuān（1）/95（1）

关kwān（4）/198（1）、240（2）、271（1）

官kwan（3）/256（2）、9（1）

官kwān（5）/241（1）、251（1）、46（1）、62（2）

馆kwàn（1）/243（1）

管kwàn（2）/39（1）、42（1）

管kwān（4）/119（1）、50（1）、51（1）、67（1）

惯kwan（1）/9（1）

光kwang（1）/9（1）

光kwāng（1）/59（1）

广kwàng（4）/268（1）、65（1）、79（2）

归kwei（1）/213（1）

规kwei（1）/9（1）

龟 kweì（1）/33（1）
鬼 kweì（1）/32（1）
贵 kueí（2）/108（1）、99（1）
贵 kweí（1）/100（1）
贵 kweí（5）/100（1）、101（1）、171（1）、78（1）、96（1）
国 kwǒ（11）/10（1）、100（2）、152（1）、65（1）、69（4）、89（2）
果 kwò（2）/175（1）、221（1）
果 kwǒ（1）/151（1）
过 kwo（1）/10（1）
过 kwǒ（98）/109（1）、117（6）、118（3）、119（3）、120（1）、125（2）、134（3）、135（3）、139（3）、140（1）、141（3）、143（2）、150（1）、152（1）、153（1）、154（3）、155（1）、159（1）、167（1）、173（1）、178（1）、179（1）、182（1）、183（4）、186（2）、187（2）、188（2）、190（2）、192（2）、193（1）、195（2）、218（1）、222（1）、239（1）、240（3）、242（1）、244（1）、247（1）、248（1）、249（1）、46（1）、63（2）、69（1）、70（3）、72（5）、74（3）、76（2）、77（1）、78（2）、79（2）、88（4）

H

海 hae（1）/6（1）
害 haé（1）/197（1）
罕 hán（1）/212（1）

汉 hán（1）/243（1）
汗 hán（1）/56（1）
旱 han（1）/7（1）
厂 hàn（1）/28（1）
好 haou（1）/7（1）
好 haoú（4）/70（2）、91（2）
好 haoù（61）/118（1）、135（1）、138（1）、145（1）、150（1）、151（1）、156（1）、161（1）、165（1）、174（1）、178（1）、189（1）、195（1）、199（1）、209（1）、215（1）、217（1）、219（1）、220（1）、221（1）、223（1）、226（1）、227（3）、228（3）、232（1）、246（1）、250（1）、251（1）、270（3）、48（2）、60（1）、68（1）、69（2）、70（5）、71（5）、73（3）、74（1）、77（3）、78（1）、79（1）、80（1）
好 haóu（1）/133（1）
浩 haou（1）/256（1）
耗 maó（1）/222（1）
灏 haoù（1）/91（1）
喝 hǒ（1）/72（1）
合 hǒ（1）/170（1）
何 hô（26）/102（4）、111（1）、135（1）、136（1）、139（3）、153（1）、166（1）、167（1）、172（2）、190（1）、203（1）、224（1）、225（4）、226（1）、227（1）、230（1）、258（1）
河 hô（3）/239（1）、243（1）、77（1）

附录一 《通用汉言之法》使用汉字注音索引

禾 hô（1）/30（1）
黑 hě（4）/32（1）、55（1）、68（2）
狠 hàn（1）/229（1）
狠 hǎn（1）/271（1）
恨 hán（1）/88（1）
恨 hǎn（1）/7（1）
恒 hǎng（1）/7（1）
红 hung（1）/7（1）
后 how（1）/7（1）
后 hów（13）/122（2）、123（1）、124（1）、156（1）、184（1）、206（1）、210（1）、211（2）、241（1）、96（1）、97（1）
候 heú（2）/120（1）、168（1）
候 héw（2）/222（1）、255（1）
候 hów（1）/189（1）
乎 hoô（9）/102（1）、129（1）、137（1）、142（1）、147（1）、148（1）、227（1）、257（1）、65（1）
呼 hoō（2）/257（2）
胡 hoô（1）/225（1）
壶 haò（1）/115（1）
湖 hoô（1）/77（1）
虎 hoò（1）/31（1）
户 hoó（1）/29（1）
护 hoo（1）/7（1）
花 hwa（1）/7（1）
花 hwâ（4）/114（1）、50（1）、57（1）、86（1）
画 hwá（2）/116（1）、43（1）
画 hwǎ（4）/46（3）、7（1）
话 hwá（12）/102（1）、131（1）、167（1）、175（1）、176（1）、215（1）、216（2）、217（1）、242（1）、49（2）
坏 hwae（1）/8（1）
坏 hwaé（4）/272（1）、42（1）、74（2）
欢 huān（1）/200（1）
欢 huōn（1）/162（1）
欢 hwōn（2）/137（1）、147（1）
还 hwan（1）/8（1）
还 hwân（9）/107（1）、157（1）、169（1）、226（1）、247（1）、254（1）、69（1）、71（1）、95（1）
还 kwān（1）/79（1）
换 hwón（1）/52（1）
皇 hwâng（3）/165（1）、245（1）、93（1）
黄 hwang（1）/8（1）
黄 hwâng（1）/32（1）
遑 hwâng（1）/222（1）
回 hwûy（9）/163（1）、180（1）、212（1）、213（1）、227（1）、46（2）、79（1）、97（1）
回 hwǔy（1）/8（1）
会 hwúy（1）/217（1）
混 hwán（1）/216（1）
活 hwǒ（1）/8（1）
火 ho（1）/7（1）
火 hò（2）/238（1）、30（1）
灬 hò（1）/30（1）
伙 hò（2）/46（2）
或 hwǎ（13）/159（1）、160（2）、179（2）、220（1）、225（2）、

181

256（2）、72（2）、95（1）
货hó（6）/114（1）、138（1）、140（1）、233（1）、38（1）、75（1）

J

击këě（1）/242（1）
机kē（2）/57（1）、69（1）
咭keě（1）/152（1）
咭këe（1）/65（1）
及këě（8）/155（1）、202（3）、244（1）、248（2）、9（1）
级këě（1）/235（1）
即tsě（1）/187（1）
即tseě（3）/158（2）、168（1）
即tsëě（20）/126（1）、127（2）、130（1）、165（1）、167（1）、168（1）、178（2）、180（1）、190（1）、208（1）、211（2）、230（1）、250（1）、251（2）、255（1）、55（1）
极këe（1）/52（1）
极këě（6）/76（1）、78（2）、80（3）
急keě（1）/137（1）
几kē（21）/104（1）、105（2）、116（1）、117（1）、118（1）、121（2）、129（1）、135（1）、139（1）、219（2）、227（3）、254（1）、52（1）、54（1）、60（1）、67（1）
几keè（1）/28（1）
己kè（13）/111（1）、139（1）、254（1）、29（1）、95（3）、96（6）
计ké（1）/158（1）

记ké（2）/134（1）、173（1）
纪kè（1）/170（1）
季ké（1）/125（1）
既kè（8）/142（1）、143（1）、170（1）、190（1）、195（1）、213（1）、230（1）、251（1）
寄ké（2）/250（1）、45（1）
旡vû（1）/29（1）
彐k'é（2）/29（2）
彑k'é（1）/29（1）
加keā（4）/197（3）、/198（1）
佳keǎ（1）/250（1）
家kea（1）/9（1）
家keā（15）/110（1）、139（1）、150（1）、161（1）、166（1）、232（1）、233（2）、69（2）、88（1）、98（1）、99（3）
嘉keā（1）/270（1）
甲keǎ（1）/41（1）
价keá（2）/138（1）、241（1）
价keà（2）/240（2）
价keaé（2）/101（2）
价keá（1）/108（1）
驾keá（8）/114（1）、118（1）、122（1）、55（1）、64（1）、65（1）、72（1）、92（1）
架keá（4）/118（1）、122（1）、47（2）
间kë'én（1）/189（1）
间këén（12）/104（1）、129（1）、190（1）、237（2）、245（1）、48（4）、52（1）、72（1）
见keén（1）/109（1）

附录一 《通用汉言之法》使用汉字注音索引

见këen（1）/9（1）
见këén（15）/130（1）、131（1）、133（1）、136（1）、214（3）、247（1）、248（1）、271（1）、44（1）、88（1）、91（1）、97（1）
件këén（30）/115（1）、128（2）、130（1）、131（1）、134（1）、135（1）、138（1）、139（2）、151（1）、154（1）、155（1）、156（1）、172（1）、176（1）、177（1）、217（1）、230（1）、232（1）、244（1）、248（1）、31（1）、48（3）、54（1）、56（1）、60（1）、73（1）、78（1）
建keen（2）/145（1）、273（1）
建këén（1）/39（1）
贱tseén（4）/100（3）、99（1）
贱tsëén（1）/96（1）
鉴këen（1）/76（1）
江keāng（2）/153（1）、178（1）
将tseāng（26）/122（5）、123（2）、124（1）、125（2）、140（1）、141（2）、155（1）、156（1）、157（2）、168（1）、184（2）、189（1）、192（1）、195（1）、210（2）、269（1）
讲keang（1）/9（1）
讲keàng（15）/131（1）、141（1）、173（1）、175（1）、176（1）、215（1）、216（3）、217（1）、242（1）、244（1）、39（1）、49（1）、63（1）
桨tseàng（1）/120（1）

匠tseang（1）/17（1）
匠tseáng（1）/197（1）
交keaoū（3）/107（2）、97（1）
骄keaoū（1）/145（1）
蕉tseaou（1）/17（1）
角kiǒ（2）/31（1）、51（1）
脚keǒ（1）/239（1）
叫keaou（1）/50（1）
叫keaoú（1）/55（1）
叫keoū（1）/165（1）
轿keaoú（2）/117（1）、58（1）
较keaóu（1）/179（1）
教keaou（1）/9（1）
教keaoū（4）/129（1）、196（1）、92（1）、96（1）
教kiaó（1）/23（1）
阶kaē（1）/235（1）
皆kaē（1）/112（1）
接tseǎy（1）/45（1）
接tseě（1）/94（1）
嗟tseǎy（1）/257（1）
街keae（1）/157（1）
街keaé（2）/244（1）、65（1）
卩sëě（1）/28（1）
节tseě（3）/125（1）、130（1）、202（1）
节tsëě（5）/136（1）、183（1）、39（3）
已sëě（1）/28（1）
解keaè（1）/62（1）
诫keae（1）/9（1）
借tseay（1）/17（1）
借tseǎy（3）/122（1）、139（1）、

97（1）

今 kīn（23）/116（2）、125（1）、151（1）、157（1）、164（1）、186（1）、207（7）、208（1）、209（1）、211（1）、242（1）、246（1）、53（1）、72（1）、74（1）、79（1）

巾 kīn（1）/29（1）

斤 kín（1）/29（1）

金 kin（1）/9（1）

金 kīn（2）/32（1）、101（1）

紧 kìn（2）/229（1）、55（1）

尽 tsìn（1）/252（1）

近 kín（5）/208（1）、210（1）、227（1）、245（2）

进 tsín（2）/179（1）、232（1）

进 tsìn（2）/206（1）、233（1）

进 tsún（2）/111（1）、122（1）

禁 kín（1）/146（1）

京 king（1）/235（1）

京 kīng（5）/150（1）、235（1）、238（1）、76（2）

经 kīng（41）/117（5）、118（2）、119（3）、120（1）、133（1）、134（2）、138（1）、139（2）、140（1）、152（2）、153（2）、154（3）、155（1）、163（1）、182（1）、183（3）、194（1）、208（1）、273（1）、274（1）、55（1）、59（1）、87（1）、91（1）、96（2）

荆 kīng（1）/100（1）

净 tsing（1）/17（1）

净 ts'íng（1）/53（1）

敬 king（1）/9（1）

敬 kíng（7）/112（1）、145（1）、174（2）、177（1）、43（1）、94（1）

敬 kīng（1）/156（1）

静 tsíng（1）/113（1）

冂 keūng（1）/28（1）

冂 ke'ûng（1）/34（1）

九 këeù（1）/82（1）

久 kèw（9）/117（1）、118（1）、121（1）、139（1）、152（1）、158（1）、209（1）、228（1）、246（1）

玖 këeù（1）/82（1）

酒 tsèw（1）/79（1）

韭 kèw（1）/32（1）

旧 keú（1）/151（1）

旧 kéw（3）/155（1）、251（1）、74（1）

就 tséw（3）/120（1）、166（1）、167（1）

就 tsèw（24）/115（1）、121（6）、122（1）、131（2）、133（2）、139（1）、140（2）、183（1）、195（1）、211（1）、241（1）、248（1）、254（1）、255（1）、253（1）、213（1）

臼 kèw（1）/31（1）

就 tsòw（1）/220（1）

居 keu（1）/9（1）

居 keū（6）/135（1）、232（1）、236（1）、237（1）、248（1）、97（1）

拘 keū（4）/111（1）、204（1）、206

（1）、252（1）
局kiǒ（2）/48（2）
句keú（4）/49（3）、95（1）
俱keū（1）/112（1）
卷keuén（2）/49（2）
眷keuén（1）/100（1）
决keuě（1）/9（1）
绝tseuě（4）/17（1）、77（3）
亅keu'ě（1）/28（1）
君keūn（4）/91（1）、96（1）、97（1）、99（1）
均keūn（1）/94（1）

K

开kaē（1）/238（1）
砍k'àn（1）/39（1）
凵k'àng（1）/28（1）
看hán（1）/178（1）
看k'ān（1）/44（1）
康k'āng（1）/35（1）
靠kao'ú（1）/242（1）
科k'ō（2）/49（1）、50（1）
颗k'ó（2）/50（2）
可k'ó（1）/163（1）
可k'ò（47）/127（1）、128（4）、129（3）、134（1）、135（2）、136（1）、137（1）、159（2）、161（1）、162（2）、164（2）、169（1）、178（2）、179（1）、185（4）、186（2）、187（2）、193（3）、194（1）、213（1）、252（1）、257（1）、44（1）、57（1）、75（5）、81（1）

可ko（1）/9（1）
可kò（1）/132（1）
渴kǒ（1）/170（1）
克kě（1）/96（1）
刻kě（2）/211（1）、8（1）
刻kih（1）/8（1）
客kě（1）/45（1）
肯k'àng（4）/124（1）、132（1）、161（1）、171（1）
肯kàng（2）/179（2）
恳k'àn（1）/170（1）
恐k'ùng（1）/252（1）
恐kùng（1）/122（1）
口k'eù（1）/233（1）
口ke'ù（5）/28（1）、34（2）、47（2）
口keù（1）/223（1）
块k'uaé（1）/116（1）
块kwa'é（3）/50（3）
快kwa'é（5）/121（1）、215（2）、252（1）、78（1）
快kwae（1）/9（1）
款kw'àn（2）/51（2）
况hwáng（3）/226（2）、227（1）
魁keu'ē（1）/91（1）
阃kwàn（1）/100（1）
困kwǎn（1）/9（1）

L

腊lǎ（1）/10（1）
蜡lǎ（2）/42（1）、57（1）
来lae（1）/10（1）
来laè（1）/137（1）
来laê（85）/102（1）、106（2）、107

（1）、112（1）、115（1）、119
（1）、122（3）、123（1）、125
（1）、130（2）、131（3）、133
（1）、140（1）、145（1）、147
（1）、148（1）、149（1）、151
（3）、152（1）、153（1）、154
（3）、155（1）、156（1）、160
（1）、163（1）、165（1）、167
（1）、168（1）、174（1）、175
（1）、177（1）、178（1）、180
（1）、188（1）、189（1）、201
（1）、205（2）、206（2）、208
（1）、209（2）、210（1）、211
（3）、212（1）、213（2）、223
（1）、238（2）、247（1）、249
（1）、251（1）、253（1）、254
（3）、269（1）、39（1）、45（1）、
49（1）、53（2）、62（1）、64（1）、
65（1）、73（1）、88（1）、89（1）、
90（1）、94（1）、97（1）

来 laî（1）/141（1）

篮 lân（1）/102（1）

缆 lan（1）/10（1）

郎 lâng（1）/101（1）

狼 lang（1）/10（1）

劳 laou（1）/10（1）

劳 laoû（1）/161（1）

老 laoù（8）/112（1）、123（1）、142
（1）、144（1）、31（1）、92（2）、
94（1）

乐 yǒ（2）/43（2）

勒 lě（1）/10（1）

勒 lih（1）/10（1）

雷 lǔy（2）/11（1）、200（1）

类 lúy（1）/61（1）

累 lúy（1）/211（1）

棱 lâng（2）/51（2）

冷 làng（1）/54（1）

冷 lǎng（1）/10（1）

唎 le（1）/65（1）

唎 lé（1）/152（1）

离 lê（1）/232（1）

礼 le（4）/10（1）、212（1）、96（2）

里 lè（27）/130（1）、131（1）、139
（1）、146（1）、150（1）、154
（1）、157（1）、162（1）、164
（1）、166（1）、167（1）、168
（1）、169（1）、203（3）、204
（1）、205（2）、206（2）、226
（1）、232（1）、233（2）、248
（1）、32（1）

理 lè（5）/149（1）、170（1）、190
（1）、202（1）、218（1）

李 le（1）/273（1）

力 lëě（5）/10（1）、132（1）、252
（2）、28（1）

力 liě（1）/35（1）

立 lëě（3）/211（1）、30（1）、91
（1）

利 lé（3）/132（1）、175（1）、75
（1）

戾 lé（1）/69（1）

粒 lëě（2）/52（2）

隶 lé（1）/26（1）

隶 taé（1）/32（1）

鬲 lëě（1）/32（1）

连 leên（1）/170（1）

附录一 《通用汉言之法》使用汉字注音索引

连lëên（3）/52（3）

怜lëên（1）/10（1）

怜lëên（2）/112（1）、257（1）

恋leuen（1）/10（1）

良leâng（1）/107（1）

凉leâng（1）/72（1）

梁leâng（1）/91（1）

两leang（1）/10（1）

两leàng（22）/109（2）、118（1）、129（1）、135（1）、169（1）、186（1）、201（1）、226（2）、230（1）、240（2）、245（1）、253（2）、268（1）、51（2）、53（1）、60（1）、90（1）

辆leáng（2）/51（2）

量leáng（1）/132（1）

了leaou（1）/10（1）

了leaoù（31）/116（1）、121（1）、125（2）、130（1）、136（1）、138（1）、141（1）、153（1）、164（1）、172（1）、173（3）、183（1）、190（2）、196（1）、219（1）、226（1）、231（1）、234（1）、257（1）、272（1）、41（1）、42（1）、60（1）、64（1）、65（1）、74（1）、87（1）

邻lin（1）/10（1）

林lin（1）/256（1）

林lîn（3）/197（1）、90（1）、97（1）

零lîng（1）/84（1）

领lìng（4）/196（2）、52（2）

令líng（19）/100（5）、101（5）、135（1）、200（2）、79（1）、99（5）

另ling（1）/10（1）

留lâw（1）/75（1）

留lew（1）/10（1）

六lǒ（2）/270（1）、82（1）

砻lung（1）/10（1）

隆lûng（2）/237（1）、76（1）

龙lûng（1）/33（1）

楼leû（5）/121（1）、39（2）、49（1）、53（1）

漏leǔ（1）/57（1）

炉loō（1）/238（1）

卤loò（1）/32（1）

陆lǒ（1）/82（1）

路loo（1）/10（1）

路loó（5）/150（1）、226（1）、227（2）、243（1）

鹿lǒ（1）/32（1）

律leǔ（2）/10（1）、63（1）

绿lǒ（1）/10（1）

乱lwan（1）/11（1）

乱lwán（3）/69（1）、216（2）

略leǒ（2）/10（1）、167（1）

轮lun（1）/10（1）

论lún（1）/110（1）

论lùn（1）/165（1）

论lûn（8）/109（1）、202（2）、204（1）、218（1）、222（1）、49（1）、96（1）

罗lô（1）/156（1）

落lo（1）/53（1）

M

麻 mâ（1）/32（1）

马 ma（1）/11（1）

马 mà（11）/118（1）、122（1）、150（1）、215（1）、230（1）、32（1）、40（1）、54（1）、66（3）

码 mà（2）/86（2）

埋 maê（2）/242（2）

买 mae（1）/11（1）

买 maè（6）/107（1）、129（2）、136（1）、241（1）、58（1）

卖 maé（5）/107（1）、114（1）、138（1）、140（1）、75（1）

麦 mě（1）/32（1）

满 man（1）/11（1）

满 mwan（1）/11（1）

满 mwàn（1）/243（1）

慢 man（1）/11（1）

慢 mán（1）/161（1）

慢 màn（6）/211（2）、215（2）、217（2）

忙 mang（1）/11（1）

毛 maou（1）/11（1）

毛 maoû（1）/30（1）

矛 môw（1）/30（1）

茂 mew（1）/255（1）

贸 moù（1）/215（1）

帽 maoú（1）/56（1）

帽 maoù（1）/95（1）

么 mǒ（41）/102（1）、103（4）、111（1）、114（1）、115（1）、116（1）、118（1）、120（1）、124（2）、128（1）、133（1）、147（1）、150（1）、151（2）、153（2）、155（1）、157（2）、162（2）、164（1）、167（1）、170（1）、171（2）、172（1）、174（2）、176（1）、180（1）、224（1）、225（2）、50（1）、87（1）

没 mǒ（2）/115（1）、222（1）

枚 meî（2）/53（2）

每 mei（1）/11（1）

每 meî（8）/108（2）、129（1）、212（3）、213（2）

美 mei（1）/36（1）

美 meí（1）/197（1）

门 mûn（10）/101（2）、234（1）、242（1）、32（1）、53（2）、64（2）、87（1）

闷 mún（3）/146（1）、200（1）、48（1）

们 mún（53）/113（3）、114（1）、116（1）、118（1）、122（3）、126（2）、127（3）、131（1）、144（1）、145（1）、150（1）、157（1）、158（1）、159（2）、163（1）、166（2）、167（2）、169（2）、171（1）、175（1）、176（1）、180（1）、198（1）、233（2）、235（1）、254（2）、61（1）、87（4）、88（2）、89（2）、90（2）、94（3）

们 mǔn（1）/11（1）

朦 mung（1）/11（1）

猛 mǎng（1）/11（1）

孟 máng（1）/63（1）

孟 mǎng（1）/148（1）
靡 mè（1）/222（1）
靡 mëē（1）/223（1）
米 mè（4）/31（1）、52（1）、68（1）、69（1）
密 mëě（2）/52（1）、57（1）
冖 mëě（1）/28（1）
棉 mëen（1）/114（1）
免 mëen（1）/11（1）
宀 mëên（1）/28（1）
黾 mùng（1）/33（1）
面 mëen（1）/72（1）
面 mëén（7）/118（1）、233（1）、243（1）、32（1）、53（2）、57（1）
妙 meaoú（1）/79（1）
庙 meaou（1）/11（1）
灭 mëě（1）/11（1）
蔑 mëě（1）/222（1）
民 min（1）/11（1）
民 mîn（3）/91（3）
皿 mîng（1）/30（1）
名 míng（2）/101（2）
名 mîng（2）/100（1）、50（1）
明 ming（1）/11（1）
明 mîng（25）/158（1）、123（1）、124（2）、140（1）、141（1）、144（1）、156（2）、157（2）、159（1）、164（1）、169（1）、173（2）、174（2）、184（1）、190（1）、210（2）、213（1）、216（1）、269（1）
磨 mo（1）/11（1）

磨 mô（1）/116（1）
末 mǒ（1）/202（1）
莫 mǒ（6）/222（1）、223（1）、253（1）、73（1）、76（2）
墨 mě（5）/11（1）、202（1）、245（1）、44（1）、88（1）
墨 mëě（2）/112（1）、73（1）
墨 mih（1）/11（1）
谋 mow（1）/11（1）
某 mòw（4）/98（4）
厶 mòw（1）/28（1）
母 moo（1）/11（1）
母 moò（3）/66（2）、67（1）
母 moô（7）/145（1）、156（1）、177（1）、63（1）、91（1）、98（2）
亩 mow（2）/129（2）、52（2）
牡 môw（2）/66（2）
木 mǒ（2）/197（1）、29（1）
目 mǒ（10）/11（1）、138（1）、176（1）、207（1）、30（1）、85（1）、86（3）、90（1）

N

拿 na（1）/11（1）
拿 nâ（6）/233（1）、238（2）、239（1）、53（1）、62（1）
圹 tsëě（1）/30（1）
内 nuy（2）/12（1）、205（1）
内 núy（6）/100（2）、111（1）、233（1）、237（1）、244（1）
那 nâ（105）/102（3）、104（2）、105（4）、107（2）、109（1）、110

（1）、115（1）、119（2）、120
（1）、123（2）、125（1）、128
（2）、130（2）、131（2）、134
（1）、135（1）、136（1）、137
（1）、138（1）、141（1）、146
（1）、151（1）、152（1）、154
（3）、155（1）、156（1）、158
（1）、162（1）、163（2）、164
（1）、165（1）、168（2）、169
（1）、172（1）、176（1）、178
（1）、183（2）、187（2）、189
（1）、192（1）、194（1）、195
（1）、199（1）、203（4）、204
（2）、205（3）、206（4）、217
（1）、230（1）、232（1）、238
（1）、241（1）、242（1）、243
（1）、244（1）、245（2）、248
（2）、249（2）、255（1）、256
（1）、46（1）、70（4）、71（4）、
72（1）、73（2）、77（2）、79（1）

纳nǎ（1）/12（1）

娜no（1）/12（1）

奶nae（1）/12（1）

奈nà（1）/230（1）

耐naé（1）/126（1）

男nân（1）/66（1）

南nan（2）/12（1）、255（1）

南nân（4）/167（1）、235（1）、243（1）、76（1）

南nān（1）/178（1）

难nán（1）/106（1）

曩nang（1）/12（1）

呶naou（1）/12（1）

闹naoú（1）/89（1）

嫩nun（1）/12（1）

能nâng（28）/128（2）、129（2）、132（1）、134（1）、135（2）、136（1）、137（1）、159（1）、161（1）、162（3）、163（2）、164（2）、178（1）、185（2）、186（2）、187（1）、216（1）、218（1）、227（1）

能nǎng（1）/12（1）

坭nā（1）/236（1）

你ne（4）/12（1）、48（1）、63（2）

你nè（155）/102（1）、113（2）、114（3）、115（3）、116（1）、118（1）、121（1）、122（2）、123（1）、124（2）、125（1）、126（4）、127（2）、128（1）、129（1）、130（3）、131（1）、132（2）、135（1）、136（1）、137（1）、138（2）、139（2）、140（4）、141（3）、144（1）、147（1）、151（2）、152（1）、153（3）、155（2）、156（1）、161（1）、163（1）、165（3）、167（3）、168（2）、170（2）、171（2）、172（3）、173（2）、174（2）、176（1）、177（4）、178（2）、179（1）、181（1）、184（1）、185（3）、186（3）、187（2）、190（1）、192（1）、198（1）、199（1）、205（5）、206（3）、212（1）、213（2）、216（1）、217（1）、224（2）、226

（2）、227（1）、231（1）、232
（1）、234（2）、235（3）、239
（1）、240（1）、241（1）、243
（2）、251（3）、252（2）、255
（1）、272（2）、57（1）、73（3）、
74（1）、79（2）、81（1）、87（3）、
94（2）、95（2）、98（1）
逆nëĕ（1）/122（1）
匿nëĕ（1）/12（1）
鸟neaoù（1）/32（1）
拈nëên（1）/53（1）
年nëen（1）/12（1）
年nëên（26）/116（1）、118（1）、
124（1）、125（1）、129（1）、
135（1）、140（1）、141（1）、
151（1）、154（1）、155（1）、
156（1）、158（2）、168（1）、
169（3）、170（1）、213（3）、
237（1）、74（2）、98（1）
念neén（3）/153（1）、217（2）
娘neang（1）/12（1）
裛neaou（1）/12（1）
宁ning（1）/12（1）
宁nîng（4）/75（3）、76（1）
牛nêw（9）/30（1）、40（1）、66
（3）、67（4）
牛nêw（1）/30（1）
扭new（1）/12（1）
农nung（1）/12（1）
农nûng（1）/52（1）
侬nung（1）/87（1）
奴noô（1）/93（1）
怒noo（1）/12（1）

怒noó（2）/189（1）、252（1）
女neu（1）/12（1）
女neù（3）/28（1）、66（2）
虐neŏ（1）/12（1）
暖nwan（1）/12（1）
诺nŏ（1）/12（1）
偶gow（1）/6（1）
偶ngeù（2）/248（1）、90（1）

P

怕p'á（1）/252（1）
怕pa（1）/13（1）
怕pá（2）/122（1）、123（1）
盘pwan（1）/13（1）
炮pao'û（1）/53（1）
盆pun（1）/13（1）
盆pw'ân（1）/118（1）
朋p'êeng（1）/106（1）
朋p'ûng（2）/231（1）、45（1）
棚păng（1）/13（1）
篷pung（1）/13（1）
彭p'úng（1）/269（1）
匹pëĕ（3）/215（1）、54（2）
疋pëĕ（4）/30（1）、38（1）、54（2）
皮p'ê（1）/30（1）
片pë'én（1）/114（1）
片pëén（3）/30（1）、54（2）
票peaou（1）/13（1）
丿peĕ（1）/28（1）
贫p'în（3）/112（1）、144（1）、170
（1）
贫pin（1）/13（1）
品p'ìn（2）/78（1）、90（1）

牝p'ìn（2）/66（2）

平p'îng（1）/215（1）

平ping（1）/13（1）

平pîng（7）/107（1）、19（1）、20（4）、275（1）

颇p'ó（1）/154（1）

破po（1）/13（1）

剖pow（1）/13（1）

攴pǒ（1）/29（1）

攵pǒ（1）/29（1）

铺poo（2）/13（1）、44（1）

谱poò（1）/97（1）

Q

七tsě（4）/129（1）、212（1）、274（1）、82（1）

七tsëě（1）/17（1）

妻ts'ē（1）/100（1）

妻tse（1）/16（1）

柒tsě（1）/82（1）

期k'é（2）/233（1）、242（1）

欺k'ē（2）/223（1）、96（1）

齐ts'ê（1）/89（1）

齐tsê（1）/33（1）

其k'ê（25）/105（1）、108（1）、110（1）、111（1）、138（1）、156（1）、167（1）、178（1）、204（1）、244（1）、245（1）、246（1）、250（1）、272（1）、69（1）、76（2）、90（1）、91（1）、96（4）、97（2）

祈kē（1）/250（1）

骑k'ê（1）/230（1）

骑ke（1）/150（1）

棋ke（1）/48（1）

旗k'ê（1）/53（1）

乞këě（1）/170（1）

岂k'è（7）/129（1）、132（1）、137（1）、142（1）、147（1）、148（1）、160（1）

岂kè（2）/224（2）

启k'è（1）/94（1）

起k'é（6）/154（1）、164（1）、176（1）、189（1）、199（1）、43（1）

起ke（1）/8（1）

起kè（2）/238（2）

气ke'é（1）/30（1）

千tsë'én（1）/41（1）

千tsë'ēn（4）/101（1）、226（1）、38（1）、84（1）

仟tsë'ēn（1）/84（1）

签tseèn（1）/119（1）

前tse'én（1）/116（1）

前tse'ēn（1）/151（1）

前tsë'ên（11）/120（1）、137（1）、140（1）、162（2）、163（1）、186（1）、206（1）、209（1）、251（1）、41（1）

前tsëen（1）/17（1）

前tsëên（15）/115（2）、119（3）、125（1）、134（1）、135（1）、136（1）、138（1）、173（1）、208（2）、241（2）

钱tse'ên（1）/138（1）

钱tsë'ên（3）/50（1）、58（1）、75（1）

钱tsëên（2）/240（2）
乾kë'én（1）/237（1）
钳kë'ên（1）/114（1）
浅ts'eèn（2）/149（1）、77（1）
欠kë'én（1）/29（1）
墙tse'âng（6）/239（1）、241（1）、242（1）、39（2）、40（1）
切tsëë（1）/74（1）
且tse'è（2）/247（1）、254（1）
且tsëè（1）/226（1）
亲ts'īn（3）/100（1）、98（2）
亲ts'ūn（2）/165（1）、99（1）
亲tsin（1）/17（1）
琴k'în（1）/97（1）
勤k'în（6）/110（1）、157（1）、158（1）、161（1）、164（1）、235（1）
青ts'īng（1）/32（1）
清ts'îng（1）/164（1）
清ts'īng（5）/173（2）、176（1）、20（1）、43（1）
情ts'ing（1）/88（1）
情ts'îng（7）/111（1）、146（1）、161（1）、232（1）、271（1）、90（1）、94（1）
情ts'ùng（1）/130（1）
请ts'ing（3）/232（1）、65（1）、88（1）
请tsìng（1）/171（1）
请tsùng（3）/121（1）、132（1）、39（1）
庆king（1）/270（1）
穷k'eûng（1）/78（1）
穷ke'ûng（2）/142（1）、170（1）
穷keung（1）/9（1）
秋tsew（1）/17（1）
求kew（1）/9（1）
渠keu（1）/87（1）
取tseù（1）/140（1）
娶tseu（1）/17（1）
曲keǒ（1）/275（1）
去ke'ú（7）/108（1）、131（1）、19（1）、53（1）、55（1）、75（1）、98（1）
去keú（36）/137（1）、138（1）、152（1）、153（1）、156（1）、175（1）、176（1）、180（1）、205（5）、206（6）、225（1）、234（2）、235（3）、238（3）、239（3）、241（1）、243（1）、250（1）、252（1）、254（1）
去kéw（2）/132（1）、190（1）
趣tse'ū（3）/135（1）、229（2）
圈keu'ēn（1）/121（1）、36（1）
全tse'ûn（1）/167（1）、35（1）
权keu'ên（1）/76（1）
痊tseuen（1）/17（1）
犬keuen（1）/9（1）
犬kiu'èn（2）/101（1）、30（1）
犭kiu'èn（1）/30（1）
劝keu'én（75）/181（5）、182（4）、183（4）、184（6）、185（5）、186（5）、187（4）、188（4）、189（6）、190（7）、191（5）、192（4）、193（5）、194（4）、195（5）、196（1）、247（1）

劝 keuén（1）/126（1）
群 keun（1）/9（1）

R

然 ien（1）/8（1）
然 jên（10）/167（1）、175（1）、220（1）、221（2）、230（1）、247（1）、248（1）、254（1）、255（1）
然 yên（1）/97（1）
攘 iang（1）/8（1）
让 jáng（2）/69（2）
热 jě（2）/231（2）
人 iin（1）/8（1）
人 jîn（86）/100（2）、102（2）、104（1）、106（1）、107（2）、108（2）、109（1）、110（1）、111（4）、112（1）、142（2）、144（3）、147（1）、148（1）、149（2）、151（1）、153（1）、159（1）、160（2）、161（1）、165（1）、174（1）、197（1）、199（1）、220（1）、221（1）、234（2）、236（1）、242（1）、243（2）、245（1）、268（2）、270（1）、28（1）、46（1）、49（1）、55（1）、60（3）、61（3）、62（2）、66（4）、68（1）、69（2）、76（1）、77（1）、88（2）、89（3）、90（1）、92（1）、93（3）、95（1）、96（3）、97（1）、98（1）、99（1）
仁 jîn（4）/45（1）、69（2）、93（1）
忍 jîn（1）/126（1）

任 jîn（1）/143（1）
纫 nin（1）/12（1）
仍 ieng（1）/8（1）
日 iě（1）/8（1）
日 jě（20）/109（2）、186（1）、187（1）、208（3）、209（1）、210（1）、212（3）、222（1）、270（1）、29（1）、52（1）、55（1）、59（1）、94（1）、98（1）
日 jih（1）/8（1）
日 yě（1）/233（1）
容 yung（1）/216（1）
冗 iung（1）/8（1）
柔 iow（1）/8（1）
肉 seù（1）/30（1）
肉 jǒ（1）/31（1）
如 ioo（1）/8（1）
如 joô（33）/111（2）、131（1）、132（1）、133（1）、136（1）、137（2）、156（1）、157（1）、162（1）、167（1）、169（1）、179（1）、180（1）、207（1）、224（1）、230（1）、250（3）、251（1）、252（2）、69（2）、70（1）、73（2）、79（1）、88（1）、90（1）、95（1）
儒 iuen（1）/8（1）
汝 joò（1）/89（1）
入 jǒ（5）/112（1）、19（1）、233（1）、28（1）、35（1）
润 iun（1）/8（1）
若 iǒ（1）/8（1）
若 jǒ（55）/130（2）、131（1）、133

194

(2)、136（1）、137（2）、138（3）、139（3）、140（3）、141（2）、161（1）、164（2）、165（4）、166（2）、167（3）、168（3）、178（2）、187（1）、188（4）、189（1）、194（3）、195（2）、219（1）、227（1）、248（1）、250（3）、74（1）、91（1）

S

撒sǎ（1）/13（1）

摋sae（1）/14（1）

塞sě（1）/14（1）

塞sih（1）/14（1）

三sān（11）/120（1）、129（1）、201（1）、41（1）、44（1）、59（2）、75（1）、82（1）、91（1）、96（1）

叁sān（1）/82（1）

伞san（2）/14（1）、53（1）

伞sán（1）/124（1）

伞sàn（1）/105（1）

丧sang（1）/14（1）

扫saou（1）/14（1）

扫saoú（1）/49（1）

色sě（1）/31（1）

杀shǎ（2）/14（1）、234（1）

沙sha（1）/14（1）

晒shae（1）/14（1）

山shān（15）/100（1）、155（1）、156（1）、158（1）、162（1）、199（1）、236（1）、238（2）、269（1）、270（1）、29（1）、41（1）、55（1）、77（1）

彡shàn（1）/29（1）

衫shān（1）/52（1）

讪shan（1）/14（1）

善shen（1）/15（1）

善shén（11）/106（2）、110（1）、142（1）、144（1）、197（1）、253（1）、96（1）、97（3）

商shāng（3）/61（1）、93（2）

上shang（1）/14（1）

上sháng（2）/101（1）、229（1）

上shàng（34）/116（1）、129（1）、137（1）、150（1）、164（1）、165（1）、168（1）、179（1）、180（1）、19（1）、205（1）、210（1）、236（2）、238（2）、239（1）、240（1）、19（1）、20（1）、49（2）、53（2）、65（1）、77（1）、78（1）、79（3）、80（1）、81（3）、93（1）

尚sháng（1）/254（1）

尚shàng（1）/247（1）

少shaò（8）/171（1）、218（3）、219（1）、226（1）、228（1）、252（1）

少shaou（1）/14（1）

少shaoù（2）/212（1）、75（1）

赊shay（1）/14（1）

舌shě（1）/31（1）

舍sháy（7）/101（2）、79（2）、99（3）

身shīn（5）/176（1）、31（1）、43（1）、59（1）、93（1）

深 shīn（1）/77（1）
神 shīn（1）/15（1）
神 shîn（2）/43（1）、75（1）
甚 shīn（2）/102（1）、50（1）
甚 shín（8）/103（2）、111（1）、114（1）、150（1）、151（1）、152（1）、153（1）
甚 shīn（9）/167（1）、171（1）、172（1）、218（1）、225（1）、227（1）、228（3）
慎 shín（3）/107（1）、131（1）、158（1）
升 shing（1）/15（1）
生 sàng（1）/113（1）
生 sāng（10）/119（1）、129（1）、131（1）、237（1）、252（1）、30（1）、61（1）、63（1）、73（1）、91（1）
声 shîng（3）/19（1）、259（1）、275（1）
胜 shing（1）/157（1）
绳 shíng（2）/116（1）、50（1）
省 sáng（3）/238（1）、64（1）、77（1）
瘖 sǎng（1）/14（1）
圣 sh'íng（1）/159（1）
圣 shíng（1）/80（1）
盛 shíng（4）/100（1）、142（1）、168（1）、74（1）
失 shě（2）/116（1）、138（1）
诗 shè（1）/58（1）
诗 shē（5）/273（2）、274（3）
尸 shē（1）/29（1）

十 shě（19）/129（2）、141（1）、147（1）、151（1）、158（2）、169（2）、237（1）、270（1）、38（1）、48（1）、51（1）、77（1）、78（1）、82（2）、91（1）
十 shǎy（1）/28（1）
什 shǎy（3）/103（2）、107（1）
石 shǎy（1）/39（1）
石 shě（5）/116（1）、128（1）、199（1）、235（1）、30（1）
时 she（1）/15（1）
时 shê（66）/106（1）、115（2）、116（2）、119（3）、120（1）、125（1）、130（1）、131（1）、135（1）、136（2）、137（1）、140（1）、141（2）、150（1）、151（2）、154（1）、162（1）、163（1）、164（1）、168（1）、174（1）、176（1）、178（1）、181（1）、183（2）、185（1）、187（3）、188（1）、189（2）、192（1）、193（1）、194（1）、195（1）、197（1）、207（2）、208（3）、209（1）、212（3）、213（2）、231（1）、248（2）、251（2）、255（1）、47（1）、55（1）、79（1）、90（1）
识 shě（3）/136（1）、214（2）
实 shě（14）/106（1）、115（1）、122（1）、134（1）、15（1）、178（1）、220（2）、221（1）、227（1）、228（3）、48（1）
拾 shě（2）/82（2）

食shǎy（5）/167（1）、32（1）、53（1）、72（1）、91（1）

食shě（1）/235（1）

史shè（1）/76（1）

使shè（2）/160（1）、65（1）

始chè（2）/202（2）

矢shì（1）/30（1）

豕shè（1）/31（1）

氏shē（1）/30（1）

示shí（1）/30（1）

士seé（2）/28（1）、91（1）

市shè（1）/244（1）

事see（1）/14（1）

事seé（49）/103（1）、106（1）、108（1）、110（1）、121（1）、130（1）、131（1）、139（1）、149（2）、151（1）、154（2）、155（1）、156（2）、157（1）、160（1）、161（1）、166（1）、168（2）、172（3）、176（1）、177（1）、197（1）、214（1）、217（1）、230（1）、232（1）、244（1）、246（1）、248（1）、250（1）、255（1）、271（2）、48（2）、51（1）、57（1）、69（1）、73（1）、88（2）、89（1）、95（1）

势shé（1）/76（1）

视shé（1）/91（1）

是shé（123）/102（4）、103（1）、105（1）、108（1）、109（2）、112（1）、115（1）、120（2）、123（1）、131（1）、132（1）、133（4）、134（1）、135（1）、136（1）、144（5）、145（1）、147（5）、148（7）、149（6）、150（2）、151（4）、153（1）、155（2）、157（3）、158（1）、159（1）、165（1）、168（1）、169（1）、170（1）、171（1）、174（1）、175（1）、176（1）、196（1）、198（1）、199（5）、200（2）、220（4）、221（3）、222（2）、224（1）、240（4）、241（1）、242（1）、245（3）、250（2）、252（1）、253（1）、254（1）、255（3）、256（2）、46（1）、49（1）、68（2）、77（1）、78（2）、79（4）、80（1）、88（2）、89（2）

是shê（2）/90（1）、95（1）

收sheu（1）/75（1）

收sheú（1）/112（1）

手shòw（4）/121（1）、29（1）、44（1）、97（1）

首shów（5）/154（1）、240（1）、32（1）、58（2）

受show（2）/124（1）、15（1）

受shów（2）/191（2）

授shów（1）/99（1）

殳 ch'û（1）/30（1）

书shoo（1）/15（1）

书shoō（18）/114（1）、121（1）、122（1）、146（1）、149（1）、153（1）、217（1）、235（1）、237（2）、251（1）、39（1）、41（1）、45（1）、49（2）、87（2）、102（2）

通用汉言之法

孰 shǒ（3）/71（1）、102（2）
赎 shǒ（1）/15（1）
树 shoó（2）/45（1）、47（1）
数 soo（1）/15（1）
数 soó（8）/211（1）、247（1）、43（1）、52（1）、85（1）、86（3）
黍 shoò（1）/32（1）
鼠 shoò（1）/33（1）
耍 shwa（1）/15（1）
耍 shwà（1）/157（1）
衰 shwae（1）/15（1）
双 shwang（1）/15（1）
双 shwāng（3）/59（3）
爽 shwàng（1）/78（1）
谁 shǔy（3）/148（2）、151（1）
谁 shǔy（10）/102（3）、103（3）、148（2）、151（1）、174（1）
水 shùy（3）/236（1）、30（1）、55（1）
氵shùy（1）/30（1）
冰 shùy（1）/30（1）
税 shǔy（1）/15（1）
税 shwǔy（1）/15（1）
顺 shun（1）/15（1）
顺 shún（1）/269（1）
说 shwǒ（14）/102（1）、115（1）、122（1）、139（2）、149（1）、15（1）、167（1）、176（1）、216（1）、249（1）、63（1）、88（1）、95（1）
丝 seē（1）/57（1）
糸 seê（1）/31（1）
纟seê（1）/31（1）

思 seē（1）/95（1）
斯 seē（1）/104（1）
厮 seē（1）/101（1）
死 seē（1）/113（1）
死 seè（3）/231（2）、75（1）
四 sé（1）/149（1）
四 seé（3）/19（1）、82（1）、94（1）
俟 seé（2）/125（1）、164（1）
肆 seé（2）/143（1）、82（1）
送 sung（1）/15（1）
送 súng（3）/140（1）、141（1）、63（1）
颂 sûng（1）/274（1）
苏 soo（1）/273（1）
苏 soō（1）/86（1）
俗 sǒ（2）/15（1）、167（1）
诉 soó（3）/140（1）、168（1）、90（1）
速 sǒ（1）/137（1）
速 tsǒ（1）/250（1）
算 swan（1）/15（1）
夊 sǔy（1）/28（1）
虽 s'ūy（3）/247（2）、254（1）
虽 sǔy（1）/15（1）
随 sûy（7）/128（1）、171（1）、176（1）、241（1）、250（1）、251（1）、252（1）
岁 súy（4）/125（1）、171（2）、93（1）
所 so（2）/76（2）
所 sò（39）/102（1）、106（2）、107（5）、108（1）、110（1）、123（1）、131（1）、134（1）、140

（1）、147（1）、148（2）、149（1）、151（1）、160（1）、179（1）、196（1）、197（2）、204（4）、223（1）、249（1）、59（1）、65（1）、87（1）、88（1）、91（2）、95（1）、96（1）、97（1）

锁 so（1）/15（1）

锁 sò（1）/87（1）

T

他 t'ā（292）/104（2）、110（2）、111（1）、113（2）、114（1）、116（3）、118（2）、120（2）、122（2）、124（3）、126（1）、127（1）、128（1）、129（1）、130（2）、131（2）、132（2）、133（3）、134（1）、135（1）、136（2）、137（3）、139（2）、142（1）、143（1）、144（1）、145（3）、146（2）、150（4）、151（1）、152（1）、154（3）、155（1）、156（1）、157（4）、158（1）、159（4）、160（1）、161（2）、162（4）、163（2）、164（5）、165（3）、166（3）、167（4）、168（1）、169（3）、170（1）、171（2）、174（4）、175（2）、176（2）、177（1）、179（3）、180（3）、181（4）、182（4）、183（4）、184（6）、185（5）、186（5）、187（4）、188（5）、189（7）、190（3）、193（5）、195（1）、196（1）、199（1）、201（1）、202（2）、205（2）、206（5）、208（1）、211（2）、213（1）、214（2）、215（4）、216（3）、217（4）、218（1）、220（1）、221（1）、222（1）、223（1）、225（1）、226（1）、230（1）、231（2）、232（3）、233（4）、234（4）、235（2）、236（2）、237（2）、238（2）、239（2）、241（1）、242（2）、244（2）、247（3）、248（2）、249（2）、250（1）、251（3）、252（2）、253（2）、254（5）、255（3）、269（1）、46（1）、49（1）、63（2）、64（2）、65（1）、66（1）、68（1）、73（2）、74（1）、79（1）、81（2）、87（2）、88（2）、89（2）、90（3）、94（2）、95（4）、96（1）、255（1）、232（1）、252（1）

台 ta'ē（2）/94（2）

台 ta'ê（4）/241（1）、55（2）、57（1）

太 ta'é（8）/138（1）、210（1）、218（2）、227（1）、228（1）、74（1）、92（1）

贪 t'ān（1）/69（1）

探 t'àn（1）/153（1）

叹 t'án（1）/36（1）

汤 t'āng（1）/135（1）

堂 t'âng（2）/93（1）、99（1）

堂 t'ûng（2）/100（1）、99（1）

唐 tang（1）/273（1）

倘t'àng（2）/250（1）、253（1）
倘t'ùng（1）/250（1）
逃taou（1）/16（1）
桃tao'û（1）/53（1）
特tĕ（1）/255（1）
替t'é（2）/231（1）、244（1）
嚏te（1）/198（1）
天të'ēn（46）/109（2）、116（1）、
　123（1）、124（2）、130（2）、
　131（1）、132（1）、133（1）、
　147（1）、148（1）、150（1）、
　157（3）、159（1）、160（2）、
　162（1）、163（1）、164（1）、
　166（1）、173（1）、174（1）、
　182（1）、184（2）、191（1）、
　202（1）、207（1）、209（1）、
　210（2）、212（3）、236（1）、
　253（1）、44（1）、64（2）、76
　（3）
天tëen（1）/16（1）
天tëēn（1）/63（1）
田të'ên（1）/52（1）
田teên（1）/129（1）
田te'ên（1）/30（1）
挑teao'ū（1）/55（1）
条teao'û（5）/116（1）、243（1）、
　56（2）、58（1）
条teaou（1）/77（1）
铁tëĕ（1）/114（1）
帖tëĕ（2）/56（2）
听t'îng（8）/122（1）、131（2）、
　140（1）、158（1）、173（1）、
　198（1）、91（1）

廷t'îng（1）/91（1）
通t'ūng（2）/243（2）
同t'ûng（9）/151（1）、187（1）、
　229（1）、230（1）、234（1）、
　254（1）、65（2）、94（1）
同tung（1）/17（1）
同tūng（2）/180（1）、274（1）
痛tung（1）/257（1）
偷t'ów（1）/98（1）
头t'ôw（2）/55（2）
头tow（1）/16（1）
亠t'òw（1）/28（1）
徒to'ô（4）/101（4）
土to'ò（2）/28（1）、40（1）
团tw'ân（2）/57（2）
推tŭy（1）/17（1）
退t'úy（3）/111（1）、190（1）、206
　（1）
托tŏ（1）/81（1）
紽t'ô（2）/57（2）
妥t'ò（2）/132（1）、51（1）

W

瓦wà（2）/30（1）、50（1）
袜vŏ（1）/59（1）
袜wă（1）/18（1）
外wae（1）/18（1）
外waé（2）/234（1）、241（1）
完wôn（7）/172（3）、190（1）、
　213（1）、233（1）、252（1）
玩vón（1）/157（1）
晚wan（1）/18（1）
晚wàn（6）/164（2）、38（1）、72

（2）、91（1）

万 wán（6）/221（2）、240（2）、84（1）、93（1）

賟 chēn（1）/75（1）

往 wàng（7）/178（1）、205（2）、44（1）、76（1）、232（1）、244（1）

枉 wàng（1）/88（1）

罔 wàng（2）/222（1）、223（1）

㒺 wàng（1）/31（1）

𦉯 wàng（1）/31（1）

网 wàng（1）/31（1）

望 wang（1）/18（1）

望 wáng（1）/123（1）

微 vê（1）/222（1）

为 wei（1）/18（1）

为 weî（38）/102（1）、106（1）、110（2）、111（1）、133（1）、136（1）、142（1）、145（2）、147（1）、151（2）、155（1）、156（1）、158（1）、160（1）、161（1）、165（1）、170（3）、171（1）、172（1）、189（1）、195（1）、197（1）、225（2）、230（1）、231（2）、232（1）、249（1）、250（1）、255（1）、77（1）、97（1）

围 weî（2）/230（1）、244（1）

囗 hwǔy（1）/28（1）

违 weî（1）/146（1）

违 weī（1）/223（1）

惟 wê（3）/110（1）、136（1）、88（1）

惟 weî（1）/255（1）

尾 wē（1）/154（1）

尾 weī（3）/58（3）

韦 veî（1）/32（1）

未 wé（23）/114（1）、118（1）、125（1）、134（1）、137（1）、139（2）、141（1）、151（1）、154（2）、155（1）、162（1）、167（1）、168（1）、179（1）、209（1）、210（1）、222（3）、49（1）、88（1）

位 wei（4）/240（2）、45（2）

位 weî（1）/240（1）

味 we（1）/18（1）

味 wé（1）/91（1）

谓 goeî（1）/69（1）

谓 weí（1）/96（1）

文 wân（6）/122（1）、202（2）、46（1）、58（2）

文 wǎn（2）/179（1）、29（1）

闻 wàn（1）/91（1）

闻 wǎn（2）/18（1）、271（1）

问 wán（3）/168（1）、171（1）、222（1）

翁 ung（1）/17（1）

翁 ūng（1）/99（1）

我 go（2）/18（1）、6（1）

我 gò（234）/102（1）、107（1）、113（2）、114（1）、115（5）、116（3）、117（4）、119（2）、120（1）、121（6）、122（3）、123（3）、125（5）、126（5）、127（2）、128（2）、129（1）、130

（2）、131（3）、132（1）、133
（2）、134（3）、135（1）、136
（1）、137（2）、138（1）、139
（2）、140（5）、141（4）、142
（3）、144（2）、145（2）、146
（1）、147（3）、148（1）、149
（1）、150（1）、152（1）、153
（1）、154（2）、155（1）、156
（3）、157（1）、158（2）、159
（1）、160（1）、161（2）、166
（3）、168（5）、170（1）、173
（1）、174（1）、175（2）、176
（1）、178（3）、179（1）、180
（2）、181（3）、182（4）、183
（4）、184（5）、185（2）、186
（2）、187（3）、188（4）、189
（2）、190（1）、191（3）、192
（3）、194（4）、195（3）、196
（1）、200（2）、213（1）、214
（1）、222（1）、223（2）、230
（1）、231（2）、232（2）、234
（2）、241（2）、242（1）、244
（1）、247（1）、248（2）、249
（2）、250（2）、251（1）、254
（1）、255（2）、257（2）、44（1）、
49（1）、53（2）、57（1）、63（1）、
65（1）、73（1）、75（2）、76（1）、
78（1）、79（4）、87（4）、88（3）、
89（3）、90（2）、94（3）、95（4）、
98（1）

我wo（2）/18（1）、6（1）

乌voō（1）/225（1）

鸣woō（3）/257（3）

屋ǒ（5）/104（1）、129（1）、48（2）、52（1）

屋vǒ（2）/231（1）、48（1）

无voô（14）/111（2）、204（4）、217（1）、222（1）、223（1）、230（1）、271（1）、272（3）

无vû（3）/108（1）、222（1）、29（1）

无woô（1）/97（1）

毋voô（3）/222（2）、223（1）

毋wû（3）/30（1）、65（1）、96（1）

吾woô（1）/89（1）

五woo（1）/18（1）

五woò（4）/237（1）、274（2）、82（1）

午vù（3）/162（1）、164（1）、38（1）

伍woò（1）/82（1）

勿voě（2）/222（2）

务vu（1）/107（1）

务vú（2）/176（2）

务woó（2）/125（1）、165（1）

物voě（16）/105（1）、107（1）、108（1）、112（1）、114（1）、128（1）、134（1）、135（1）、139（2）、140（2）、236（1）、239（1）、60（1）、78（1）

物woě（1）/76（1）

兀yêw（1）/29（1）

X

西sē（7）/103（1）、107（1）、115（1）、138（1）、155（1）、74（1）、

附录一 《通用汉言之法》使用汉字注音索引

79（1）
西shē（1）/153（1）
覀sé（1）/31（1）
熙hē（2）/269（1）、35（1）
奚hè（1）/225（1）
息seě（1）/132（1）
嬉he（1）/159（1）
夕seě（1）/28（1）
洗sè（1）/53（1）
喜he（1）/7（1）
喜hè（5）/110（1）、137（1）、147（1）、162（1）、200（1）
戏hé（2）/159（1）、55（1）
系hé（19）/103（1）、145（3）、165（1）、166（2）、221（2）、224（1）、247（1）、271（2）、50（1）、72（2）、95（3）
系hè（9）/169（1）、171（1）、180（1）、197（1）、231（1）、240（1）、242（1）、246（1）、255（1）
细se（1）/14（1）
匸hè（1）/28（1）
下heá（15）/101（1）、138（1）、176（1）、179（1）、198（3）、205（1）、207（1）、235（3）、241（1）、79（2）
下heà（3）/232（1）、239（2）
下heá（9）/137（1）、189（1）、46（3）、65（1）、81（1）、90（1）、93（1）
下hiá（1）/20（1）
夏heá（1）/125（1）

先sëen（1）/14（1）
先siēn（31）/115（1）、116（3）、129（2）、131（1）、132（1）、133（1）、137（1）、151（1）、154（1）、155（1）、163（1）、169（1）、174（1）、181（1）、183（1）、184（1）、185（1）、187（2）、188（1）、193（1）、194（2）、202（1）、208（1）、61（1）、63（1）、96（1）
鲜sëen（1）/58（1）
闲hëen（1）/7（1）
闲hién（2）/52（1）、97（1）
县heén（1）/92（1）
县hëen（1）/93（1）
县hëen（2）/269（2）
现heén（1）/207（1）
现hëen（2）/207（2）
宪hëen（1）/62（1）
乡heāng（1）/232（1）
相siang（1）/62（1）
相síang（1）/150（1）
香heang（2）/158（1）、7（1）
香heâng（2）/236（1）、43（1）
香heāng（2）/269（1）、32（1）
箱siāng（4）/141（1）、72（2）、98（1）
箱sīang（1）/114（1）
详tseûng（1）/272（1）
想seāng（4）/121（1）、125（1）、155（1）、175（1）
向heáng（5）/131（1）、199（1）、209（2）、226（1）

项 heáng（1）/108（1）
削 seǒ（1）/14（1）
消 seaoù（1）/48（1）
销 seaou（1）/14（1）
箫 seaoū（2）/39（1）、51（1）
小 seaoù（17）/101（4）、108（1）、
　　137（1）、155（1）、228（1）、
　　28（1）、66（1）、72（2）、91（1）、
　　93（1）、97（1）、98（1）、99（1）
晓 heaou（1）/7（1）
晓 heaoù（2）/166（1）、49（1）
孝 heaoú（2）/156（1）、73（1）
笑 seaoú（1）/48（1）
些 seē（1）/151（1）
些 sëe（1）/79（1）
些 sëē（14）/104（1）、105（1）、
　　107（1）、110（1）、138（1）、140
　　（1）、142（1）、170（2）、211
　　（1）、229（1）、244（1）、252
　　（1）、254（1）
协 hëě（1）/7（1）
鞋 hiaê（1）/59（1）
写 seě（3）/213（1）、215（1）、234
　　（1）
写 sëe（1）/86（1）
写 sëě（1）/158（1）
泄 sëě（2）/14（1）、57（1）
谢 seé（1）/223（1）
心 shīn（13）/108（1）、111（1）、
　　112（1）、123（1）、126（1）、137
　　（1）、155（1）、156（1）、179
　　（1）、237（1）、29（1）、59（1）、
　　91（1）

心 sīn（1）/35（1）
忄 shīn（1）/29（1）
忄 shīn（1）/29（1）
新 sin（1）/15（1）
新 sīn（2）/236（1）、58（1）
辛 sîn（1）/32（1）
信 shín（1）/156（1）
信 sín（5）/106（1）、112（1）、45
　　（1）、64（1）、94（1）
兴 hing（1）/7（1）
兴 hìng（2）/69（2）
星 sing（1）/15（1）
星 síng（1）/59（1）
刑 hîng（1）/197（1）
行 hang（1）/7（1）
行 hâng（4）/45（3）、61（1）
行 híng（2）/171（1）、172（1）
行 hîng（16）/106（2）、136（1）、
　　137（1）、160（2）、164（1）、
　　200（1）、226（2）、227（1）、
　　241（1）、243（1）、244（1）、
　　26（1）、31（1）
姓 síng（3）/100（2）、101（1）
幸 hing（1）/168（1）
性 síng（2）/149（1）、232（1）
凶 heung（1）/7（1）
兄 heūng（11）/100（1）、131（1）、
　　147（1）、248（1）、45（1）、73
　　（1）、93（1）、94（3）、99（1）
雄 heūng（2）/66（1）、67（1）
休 hëeū（2）/258（2）
修 sew（1）/14（1）

须seu（1）/14（1）
须seū（5）/107（1）、125（1）、165（1）、175（1）、176（1）
虚heū（1）/222（1）
许heu（1）/7（1）
许heù（15）/114（1）、125（1）、126（2）、127（1）、136（1）、137（1）、142（1）、157（1）、158（1）、159（1）、180（3）、193（1）
许hèu（2）/184（2）
许hèw（1）/219（1）
序sew（1）/76（1）
悬heuen（1）/7（1）
玄heuên（1）/30（1）
选seuen（1）/14（1）
靴heuĕ（1）/41（1）
穴heuĕ（1）/30（1）
学haŏ（10）/107（2）、149（1）、179（1）、223（1）、65（1）、69（1）、91（1）、92（1）、97（1）
学heŏ（2）/59（1）、7（1）
雪seŭ（2）/198（1）、54（1）
雪seuĕ（1）/14（1）
血heuĕ（1）/7（1）、31（1）
寻tsîn（2）/87（2）
巡seun（1）/14（1）
旬seûn（2）/54（1）、55（1）
训heun（1）/7（1）
逊sun（1）/15（1）

Y

鸦yâ（1）/114（1）

西ya（1）/31（1）
牙ya（1）/18（1）
牙yâ（2）/119（1）、30（1）
涯yaē（1）/223（1）
雅yā（1）/274（1）
亚a（3）/255（2）、5（1）
亚á（3）/197（1）、90（2）
亚ya（1）/5（1）
亚yăy（1）/97（1）
焉yên（1）/91（1）
严yên（2）/89（1）、99（1）
言yen（1）/18（1）
言yên（6）/156（1）、69（1）、274（3）、31（1）
广yèn（1）/29（1）
掩yèn（1）/97（1）
厌yèn（1）/97（1）
砚yén（1）/245（1）
羊yâng（2）/31（1）、55（1）
阳yang（1）/67（1）
洋yang（1）/18（1）
洋yâng（1）/116（1）
样yâng（24）/108（1）、111（1）、133（1）、136（1）、151（1）、166（1）、177（1）、180（1）、209（1）、214（1）、220（1）、221（2）、222（1）、224（2）、229（1）、230（1）、231（1）、244（1）、251（1）、255（2）、80（1）
样yăng（1）/214（1）
幺yêw（1）/29（1）
爻heaoû（1）/30（1）

要yaou（2）/18（1）、53（1）

要yaoú（12）/107（1）、108（1）、121（3）、125（1）、157（1）、180（1）、216（1）、229（1）、249（2）

要yaoù（3）/130（1）、186（1）、189（1）

爷yǎy（4）/123（1）、92（3）

耶yây（3）/132（1）、133（1）、135（1）

也yày（5）/112（1）、156（1）、59（1）、90（1）、96（1）

也yǎy（6）/148（1）、149（1）、222（1）、223（1）、249（1）、253（1）

业neě（1）/143（1）

业nëě（6）/117（1）、118（1）、139（1）、152（1）、154（1）、182（1）

叶yay（1）/136（1）

叶yǎy（2）/141（1）、78（1）

夜yay（1）/18（1）

夜yāy（1）/167（1）

页hëě（1）/32（1）

一yě（1）/28（1）

一yǎy（185）/102（3）、108（3）、109（1）、110（1）、111（1）、114（3）、116（2）、117（1）、118（1）、119（2）、120（1）、122（1）、141（2）、150（1）、152（1）、153（1）、170（1）、178（1）、180（1）、189（1）、201（3）、203（1）、204（1）、205（2）、206（2）、211（1）、215（1）、226（1）、229（2）、230（1）、240（2）、250（1）、251（1）、256（1）、270（1）、271（2）、272（1）、37（1）、38（3）、39（6）、40（6）、41（4）、42（6）、43（5）、44（4）、45（6）、46（6）、47（4）、48（6）、49（4）、50（4）、51（4）、52（5）、53（3）、54（4）、55（4）、56（6）、57（4）、58（6）、59（2）、60（1）、68（1）、69（8）、74（3）、75（1）、77（4）、78（1）、80（3）、81（1）、82（1）、89（1）、94（1）、95（1）、97（1）、98（1）

伊ē（6）/105（1）、90（2）、97（2）、98（1）

衣e（1）/6（1）

衣è（4）/231（1）、31（1）、54（1）、98（1）

衣ê（1）/44（1）

医ē（1）/119（1）

依ē（1）/102（1）

猗ē（1）/258（1）

壹yǎy（2）/82（1）、84（1）

夷è（2）/243（1）、61（1）

宜ē（1）/177（1）

宜ê（4）/126（1）、158（1）、163（1）、91（1）

遗è（1）/116（1）

乙yǎy（1）/28（1）

已è（19）/112（1）、117（3）、134（1）、138（1）、152（1）、153（1）、154（2）、155（1）、179

附录一 《通用汉言之法》使用汉字注音索引

（1）、182（1）、192（1）、194（1）、195（1）、55（1）、63（1）、87（1）

以è（37）/127（1）、128（2）、129（1）、132（1）、135（1）、142（2）、156（1）、159（1）、161（1）、168（1）、169（1）、170（1）、179（1）、185（2）、186（1）、187（1）、189（1）、193（2）、194（1）、195（1）、211（1）、234（2）、235（1）、250（1）、251（1）、44（1）、65（2）、81（1）、89（1）、90（1）、96（1）

矣è（11）/106（2）、112（1）、156（1）、157（1）、165（2）、258（2）、271（1）、272（1）

蚁è（1）/93（1）

椅è（3）/118（1）、121（1）、245（1）

亿yǎy（1）/84（1）

亦yǎy（7）/134（1）、139（1）、159（1）、162（1）、249（1）、255（2）

异é（1）/91（1）

易yǎy（2）/107（1）、215（1）

意é（9）/111（1）、136（1）、143（1）、171（1）、180（1）、252（1）、255（1）、95（1）、96（1）

意è（1）/128（1）

义é（1）/272（1）

弋yǎy（1）/29（1）

邑yǎy（1）/32（1）

因yin（1）/18（1）

因yīn（12）/102（1）、135（1）、138（1）、139（2）、166（1）、190（1）、225（1）、231（2）、232（1）、253（1）

阴yīn（1）/67（1）

音yīn（3）/250（1）、272（1）、32（1）

吟yin（1）/58（1）

银yīn（7）/112（1）、119（1）、129（1）、135（1）、170（1）、233（1）、51（1）

乂yìng（1）/29（1）

应yíng（4）/111（1）、133（1）、137（1）、62（1）

应yīng（6）/131（1）、161（1）、176（1）、177（1）、186（1）、255（1）

嘆ying（1）/65（1）

嘆yīng（1）/152（1）

营yîng（1）/41（1）

影ying（1）/18（1）

硬gǎng（1）/6（1）

庸yûng（1）/149（1）

用yung（1）/18（1）

用yúng（9）/121（1）、122（1）、126（1）、133（1）、161（1）、234（1）、30（1）、44（1）、66（1）

忧yeū（1）/146（1）

尤yêw（1）/69（1）

尢yêw（1）/29（1）

酉yèw（1）/32（1）

由yew（1）/238（1）

由 yéw（1）/235（1）
由 yêw（4）/145（1）、239（1）、65（2）
游 yeû（1）/107（1）
尣 yêw（1）/29（1）
友 yeù（5）/101（2）、231（1）、45（1）、93（1）
友 yèw（2）/106（1）、107（1）
有 yeù（193）/106（3）、110（2）、111（1）、112（1）、113（7）、114（6）、115（8）、116（7）、117（6）、118（3）、119（4）、120（3）、121（6）、122（4）、123（4）、124（4）、125（6）、126（6）、127（4）、128（4）、129（3）、130（2）、131（3）、132（3）、133（3）、134（3）、135（3）、136（2）、137（3）、138（3）、139（3）、140（4）、141（2）、142（7）、143（2）、148（1）、149（1）、151（1）、158（1）、159（2）、162（1）、164（1）、166（2）、167（1）、168（3）、169（1）、170（1）、174（1）、178（1）、179（1）、184（1）、187（4）、188（2）、192（2）、194（2）、195（1）、204（2）、209（1）、212（1）、217（1）、218（1）、222（1）、226（1）、240（1）、246（1）、247（1）、248（1）、250（1）、251（1）、252（1）、253（2）、254（3）、271（1）、48（1）、51（1）、53（1）、62（1）、94（1）、98（1）
有 yew（1）/18（1）
有 yèw（3）/88（3）
又 yéw（6）/229（1）、248（1）、249（1）、28（1）、69（1）、71（1）
于 yū（17）/111（1）、116（1）、223（1）、237（1）、238（1）、240（2）、253（1）、53（1）、65（1）、72（1）、74（2）、76（3）、94（1）
于 vū（1）/36（1）
予 yû（1）/89（1）
余 yû（2）/110（1）、89（1）
欤 yû（1）/258（1）
鱼 yu（1）/18（1）
鱼 yû（4）/32（1）、58（3）
愚 yû（1）/93（1）
与 yú（11）/122（1）、130（1）、139（1）、142（2）、243（1）、45（1）、57（1）、63（2）、71（1）
与 yū（1）/251（1）
羽 yù（1）/31（1）
羽 yù（1）/31（1）
雨 yù（8）/105（1）、124（1）、179（1）、198（1）、32（1）、42（2）、53（1）
语 yú（2）/222（1）、96（1）
语 yù（1）/49（1）
吁 heū（2）/257（2）
预 yú（1）/137（1）
欲 yǒ（4）/127（1）、143（1）、18（1）、255（1）
谕 yú（1）/165（1）
御 yú（1）/102（1）

遇 yú（2）/106（1）、150（1）
玉 yǒ（1）/30（1）
𤣩 yǒ（1）/30（1）
聿 yǔ（1）/31（1）
员 yuên（3）/108（1）、46（2）
圆 yuen（1）/18（1）
缘 yuên（2）/103（1）、225（1）
远 yuèn（1）/227（1）
愿 yuén（6）/142（1）、161（2）、
　　223（1）、76（1）、85（1）
约 yǒ（2）/220（1）、244（1）
曰 yuě（1）/29（1）
月 yuě（14）/129（1）、136（1）、
　　141（1）、158（1）、169（1）、
　　213（3）、270（1）、29（1）、45
　　（1）、59（1）、94（1）、98（1）
月 jǒ（1）/31（1）
悦 yuě（6）/110（2）、123（1）、124
　　（1）、251（1）、255（1）
越 yuě（13）/131（1）、136（1）、
　　179（1）、239（1）、69（2）、71
　　（1）、73（6）
龠 yǒ（1）/33（1）
云 yun（1）/18（1）
云 yûn（2）/83（2）
韵 yún（2）/274（2）

Z

杂 tsǎ（1）/16（1）
哉 hwǎ（2）/134（2）
哉 tsaē（8）/132（1）、160（1）、257
　　（2）、258（4）
再 tsae（2）/69（1）、71（1）
再 tsaì（1）/214（1）
在 tsaé（72）/111（2）、115（1）、
　　121（1）、122（1）、130（1）、
　　131（1）、134（1）、135（1）、
　　139（1）、145（1）、146（1）、
　　150（3）、151（1）、152（1）、
　　154（1）、156（1）、157（1）、
　　158（2）、160（1）、162（1）、
　　163（1）、164（1）、165（1）、
　　166（2）、167（1）、168（3）、
　　169（4）、187（1）、202（1）、
　　204（1）、207（1）、220（2）、
　　225（1）、227（1）、228（3）、
　　233（3）、234（1）、236（3）、
　　237（2）、238（1）、239（1）、
　　240（1）、241（1）、243（1）、
　　244（1）、245（2）、248（2）、
　　48（1）、79（1）、87（1）、90（1）、
　　91（1）
咱 tsǎ（1）/87（1）
攒 tswan（1）/17（1）
赞 tsán（1）/197（1）
遭 tsaō（2）/122（1）、227（1）
早 tsaò（12）/116（1）、131（1）、
　　151（1）、164（2）、176（1）、
　　186（1）、212（1）、38（1）、72
　　（1）、73（2）
早 tsaou（1）/16（1）
早 tsaoù（1）/43（1）
造 tsaó（1）/249（1）
造 tsaoù（2）/196（1）、197（1）
则 tsě（12）/122（1）、130（1）、131
　　（1）、142（1）、164（1）、165

（2）、17（1）、222（1）、250（1）、76（2）

则 tsih（1）/17（1）

择 tseě（1）/107（1）

责 tsě（1）/89（1）

仄 tsě（1）/275（1）

仄 cě（1）/19（1）

贼 tsě（2）/46（1）、98（1）

怎 tsèng（1）/224（1）

曾 tsāng（34）/116（1）、117（1）、118（2）、119（2）、120（1）、132（1）、133（1）、134（2）、135（1）、137（1）、139（3）、140（1）、143（1）、153（1）、154（2）、155（2）、163（1）、167（1）、179（1）、182（2）、183（2）、208（1）、210（2）、49（1）

增 tsăng（1）/16（1）

札 chǎ（2）/41（2）

摘 tseě（1）/53（1）

展 chen（1）/5（1）

盏 tsàn（2）/38（2）

张 chāng（7）/118（1）、121（1）、197（1）、245（1）、40（3）

仗 cháng（1）/216（1）

召 chaou（1）/5（1）

罒 chao'ù（1）/30（1）

爪 chao'ù（1）/30（1）

兆 chaoú（1）/84（1）

桌 chǒ（8）/197（1）、236（1）、237（2）、239（2）、40（1）、49（1）

照 chaoú（2）/147（1）、251（1）

遮 chē（1）/53（1）

折 chě（1）/75（1）

者 chày（30）/106（4）、107（1）、110（2）、111（1）、134（2）、147（1）、149（2）、159（1）、160（1）、179（2）、202（5）、220（1）、271（1）、59（3）、68（1）、76（1）、94（1）

者 chǎy（1）/96（1）

这 chay（1）/5（1）

这 chě（83）/103（1）、104（5）、105（2）、111（1）、124（2）、130（1）、131（1）、133（1）、136（1）、139（2）、145（1）、146（1）、150（1）、151（2）、154（1）、157（1）、162（1）、164（1）、166（2）、167（1）、168（1）、177（2）、180（1）、196（1）、197（1）、203（1）、205（1）、206（2）、209（1）、220（1）、221（2）、222（1）、223（1）、224（1）、226（1）、230（1）、244（2）、249（2）、251（1）、255（1）、268（1）、271（1）、50（1）、51（1）、57（1）、63（1）、68（1）、69（1）、70（4）、71（4）、72（3）、73（1）、74（2）、77（2）、78（2）、79（1）、80（1）、95（1）

针 chīn（1）/119（1）

真 chin（1）/5（1）

真 chīn（6）/106（1）、175（1）、

176（1）、221（1）、80（2）

斟 chīn（2）/130（1）、57（1）

阵 chín（4）/42（4）

朕 chín（1）/93（1）

争 tsâng（1）/165（1）

正 ching（1）/5（1）

正 chíng（3）/100（2）、26（1）

正 chúng（1）/220（1）

之 chē（84）/102（1）、106（2）、108（1）、110（1）、111（2）、126（2）、137（2）、139（1）、140（1）、147（2）、148（1）、149（3）、150（1）、151（2）、154（1）、155（1）、160（1）、179（1）、183（1）、184（1）、187（1）、189（2）、190（1）、194（1）、199（1）、222（1）、231（2）、233（1）、234（1）、237（2）、239（1）、240（2）、241（2）、244（1）、245（2）、250（1）、252（1）、268（1）、272（2）、49（1）、52（1）、57（1）、59（1）、62（1）、63（1）、76（4）、77（1）、80（1）、81（1）、87（2）、90（3）、91（5）、92（4）、94（2）、95（1）

支 chē（1）/29（1）

枝 chē（4）/120（1）、42（3）

知 che（1）/5（1）

知 chē（27）/110（1）、111（1）、130（1）、136（1）、139（2）、141（1）、148（1）、149（1）、154（1）、160（1）、167（1）、168（1）、174（1）、217（1）、241（1）、249（1）、250（1）、251（1）、256（1）、272（2）、54（1）、61（1）、87（1）、88（1）、91（1）

直 chě（2）/238（1）、5（1）

直 chih（1）/5（1）

职 chǎy（1）/251（1）

职 chě（2）/240（1）、93（1）

夂 chě（1）/28（1）

止 chě（1）/30（1）

菑 chē（1）/33（1）

止 chě（1）/102（1）

只 chě（12）/104（1）、178（1）、37（1）、38（1）、40（3）、41（4）、60（1）

纸 chě（3）/40（1）、55（1）、68（1）

指 chě（2）/199（2）

至 ché（14）/125（1）、209（1）、235（1）、245（1）、246（1）、31（1）、54（1）、63（1）、64（1）、80（3）、81（1）、97（1）

至 chē（1）/169（1）

志 ché（1）/91（1）

帙 chě（2）/41（2）

致 ché（3）/161（1）、250（1）、251（1）

豸 chě（1）/31（1）

中 chung（1）/5（1）

中chūng（9）/110（1）、149（1）、237（1）、245（2）、77（1）、81（1）、89（2）

终tsūng（2）/202（2）

钟chūng（1）/47（1）

众chúng（2）/165（1）、91（1）

重ch'îng（1）/108（1）

重ch'úng（1）/76（1）

重ch'ûng（4）/44（3）、51（1）

重chûng（1）/68（1）

舟chōw（1）/31（1）

州chōw（2）/86（1）、92（1）

周cheū（1）/230（1）

周chōw（2）/244（1）、269（1）

洲chōw（1）/243（1）

轴chǒ（2）/43（2）

珠chū（3）/44（2）、50（1）

朱choo（1）/274（1）

竹chǒ（5）/118（1）、31（1）、39（1）、47（1）、5（1）

⺮chǒ（1）/31（1）

烛chǒ（2）/42（1）、57（1）

主choo（1）/5（1）

主choò（1）/89（1）

主chu（2）/136（1）、5（1）

主chù（3）/180（1）、59（1）、65（1）

属shǒ（5）/145（1）、146（2）、150（1）、199（1）

嘱chǒ（1）/137（1）

丶chù（1）/28（1）

住chú（7）/135（1）、232（1）、236（1）、237（1）、248（1）、76（1）、79（1）

助tseé（1）/106（1）

助tsoó（2）/131（1）、35（1）

注chú（1）/59（1）

注chù（1）/96（1）

炷chú（2）/43（2）

著chú（1）/97（1）

筑chǒ（1）/40（1）

专chuēn（1）/179（1）

篆chuèn（1）/26（1）

装chwāng（1）/233（1）

刂chw'âng（1）/30（1）

准chùn（2）/125（1）、180（1）

拙chuě（2）/100（1）、5（1）

桌chǒ（1）/67（1）

酌chǒ（1）/130（1）

酌chō（1）/57（1）

浊chǒ（1）/20（1）

着chǒ（4）/126（1）、49（1）、87（1）、97（1）

隹chuě（1）/32（1）

兹tseè（2）/207（1）、97（1）

子tsee（1）/274（1）

子tseè（41）/101（1）、102（1）、116（1）、117（1）、145（1）、148（1）、151（1）、156（1）、165（1）、197（1）、232（1）、233（1）、236（1）、237（2）、239（2）、245（1）、268（1）、28（1）、

附录一 《通用汉言之法》使用汉字注音索引

40（1）、48（1）、50（1）、51（1）、53（1）、59（1）、63（1）、66（2）、67（2）、73（1）、76（1）、91（1）、92（1）、95（2）、96（3）、97（1）

字tseé（23）/104（2）、113（4）、158（1）、213（1）、234（1）、250（1）、26（5）、45（1）、59（1）、85（1）、86（3）、91（1）、96（1）

自tseé（22）/111（1）、139（1）、167（1）、206（4）、209（1）、211（1）、220（1）、235（2）、246（1）、254（1）、31（1）、55（1）、65（1）、95（3）、96（2）

自tseè（1）/223（1）

牸tsoó（2）/40（2）

总tsung（1）/17（1）

总tsùng（12）/111（2）、125（1）、168（1）、214（1）、221（1）、240（2）、268（1）、74（1）、77（1）、88（1）

走tsòw（6）/180（2）、215（1）、217（1）、243（1）、31（1）

足tsŏ（2）/219（1）、31（1）

足 tsŏ（1）/31（1）

阻tseè（1）/73（1）

阻tsoo（1）/17（1）

最tsooí（2）/77（1）、79（1）

最tsooì（2）/76（1）、77（1）

罪tsooí（1）/75（1）

尊tsun（1）/17（1）

尊tsūn（19）/100（4）、101（1）、114（1）、122（1）、135（1）、55（1）、65（1）、72（1）、79（1）、92（1）、99（6）

遵tsūn（1）/165（1）

昨ts'ŏ（26）/116（1）、130（2）、131（1）、132（1）、133（1）、147（1）、148（1）、150（1）、160（2）、162（1）、164（2）、166（1）、167（1）、174（1）、182（1）、187（1）、191（1）、209（2）、236（1）、64（2）、72（1）

作tsŏ（10）/150（1）、17（1）、171（2）、172（1）、43（1）、48（1）、69（1）、76（1）、81（1）

坐tso（1）/17（1）

座tsó（3）/39（3）

做tsó（43）/132（1）、151（1）、161（1）、164（1）、171（3）、172（3）、173（6）、176（1）、177（4）、178（1）、213（2）、214（1）、216（1）、223（1）、231（1）、235（1）、251（2）、252（3）、253（1）、255（5）、39（1）、44（1）、81（1）

做tsŏ（2）/153（1）、157（1）

祚tseě（1）/269（1）

附录二 《通用汉言之法》使用词汇汉英对照索引[①]

A

阿-oh；so；said in reply（1）/12（1）
挨埋-lean against（1）/242（1）
伋-afflict（1）/18（1）
爱-love（11）/6（1）、35（1）、90（1）、96（1）、142（1）、145（1）、165（1）、169（1）、174（1）、195（1）、232（1）
爱-wish（1）/126（1）
安-how（1）/132（1）
安-repose（1）/5（1）
安-rest（1）/156（1）
安-rest；repose（1）/6（1）
安南-cochin；china（1）/167（1）
鞍-saddle（1）/122（1）
昂-high（1）/108（1）
昂-lofty；high（1）/6（1）
敖-proud（1）/6（1）
傲-proud（2）/5（1）、170（1）
澳门-macao（2）/64（2）

B

八-eight（5）/13（1）、28（1）、53（1）、82（1）、171（1）
白-white（2）/30（1）、38（1）
百-hundred（2）/53（1）、108（1）
摆-place（1）/121（1）
拜-bow；worship（1）/13（1）
扳-climb（1）/239（1）
班-attendant（1）/161（1）
般-mode（1）/251（1）
般-way（1）/108（1）

[①] 译者注：索引的体例说明——"白-white"（2）/30（1）、38（1）"，表示"白"解释为"white"在全书共有2次，在原书第30页出现1次，在原书第38页出现1次。

按照汉字的现代发音排序。原书中复数形式、分词形式等变体在本索引中一律改为原级。

附录二 《通用汉言之法》使用词汇汉英对照索引

搬-move（1）/233（1）
瘢-cicatrix（1）/13（1）
板-plank（1）/120（1）
办-act（4）/133（2）、137（1）、166（1）
办-do（2）/132（2）
办-manage（11）/51（1）、73（1）、110（1）、154（1）、156（1）、177（1）、217（1）、224（2）、232（1）、233（1）
办-perform（1）/121（1）
办-transact（2）/88（1）、161（1）
办明白了-finish（1）/164（1）
帮-aid（1）/131（1）
帮-help；aid（1）/13（1）
棒-rod（1）/24（1）
勹-fold（1）/28（1）
煲-boil（2）/55（1）、238（1）
雹-hail（1）/198（1）
保-protect（1）/13（1）
宝-precious（1）/128（1）
报-announce（1）/251（1）
报-recompense（1）/126（1）
卑-mean（1）/240（1）
杯-cup（1）/105（1）
北-north（3）/13（1）、76（1）、150（1）
北京-peking（2）/235（1）、238（1）
贝-sea shells（1）/31（1）
背-back（1）/236（1）
备-prepare（1）/272（1）
被-be（11）/62（1）、191（1）、192（1）、193（3）、194（2）、195（3）
被-receive（3）/191（1）、193（1）、272（1）
被-receive: forms the passive voice（1）/13（1）
辈-order；species（1）/61（1）
本-original（5）/45（1）、93（1）、143（1）、199（1）、255（1）
本-original (cost.)（1）/75（1）
本-this（1）/94（1）
鼻-nose（1）/33（1）
匕-spoon（1）/28（1）
比-compare（4）/30（1）、71（2）、73（1）
比-compare with（7）/70（2）、71（1）、72（1）、77（1）、79（2）
彼-he（1）/91（1）
彼-his（1）/90（1）
彼-that（4）/94（1）、104（1）、168（1）、248（1）
彼-there（1）/109（1）
俾-give（2）/88（1）、108（1）
笔-pencil（8）/42（2）、62（1）、67（1）、112（1）、234（1）、239（1）、245（1）
敝-base（1）/271（1）
必-must（21）/108（1）、121（2）、122（1）、123（1）、125（1）、140（1）、141（2）、155（1）、156（1）、167（1）、168（1）、176（1）、180（1）、244（1）、247（1）、248（1）、252（2）、254（1）

必-necessary（1）/165（1）
必-necessity（1）/123（1）
必定-must（1）/175（1）
必须-must（1）/175（1）
必要-will（1）/186（1）
毕-finish（1）/22（1）
庇-shelter（1）/13（1）
陛-step（1）/93（1）
采-pluck（1）/32（1）
便-convenience（1）/251（1）
便-convenient（2）/13（1）、35（1）
便-of course（1）/149（1）
便-ready（1）/122（1）
便-suitable（1）/123（1）
彪-spotted tiger（1）/13（1）
髟-long hair（1）/32（1）
别-another: different（1）/13（1）
别-other（1）/142（1）
别-part（1）/55（1）
别的-other（1）/110（1）
别的-the other（1）/72（1）
宾-guest（1）/22（1）
冫-isicle（1）/28（1）
兵-soldier（3）/35（1）、41（2）
禀-address（1）/22（1）
禀-petition（4）/56（3）、270（1）
并-and（1）/249（1）
并非-in no wise（1）/223（1）
病-disease（1）/231（1）
病-sickness（3）/247（1）、253（1）、254（1）
𡵆-mound（1）/30（1）
薄-thin（1）/13（1）

卜-divine（1）/28（1）
不-no（1）/121（1）
不-not（106）/46（1）、52（1）、57（1）、70（1）、71（1）、73（3）、75（2）、76（1）、78（1）、79（3）、87（1）、88（2）、90（2）、91（4）、95（1）、97（3）、102（1）、108（1）、109（3）、110（2）、111（2）、115（1）、120（1）、122（2）、123（1）、129（1）、133（1）、134（1）、136（1）、137（2）、145（1）、147（1）、148（2）、151（2）、159（1）、160（3）、161（2）、163（1）、165（1）、166（1）、168（1）、170（2）、174（2）、175（1）、177（2）、179（1）、190（1）、204（2）、206（1）、216（2）、217（2）、221（2）、222（1）、223（1）、224（1）、227（1）、228（2）、247（1）、252（1）、253（2）、255（5）、256（1）、271（2）、272（6）
不然-if not so（1）/254（1）
不是-not（9）/120（1）、132（1）、133（1）、135（1）、136（1）、155（2）、157（1）、252（1）
布-cloth（1）/38（1）
步-pace（1）/226（1）
部-tribunal（1）/93（1）

C

猜-suppose（1）/16（1）

附录二 《通用汉言之法》使用词汇汉英对照索引

财帛-wealth（1）/142（1）
裁-cut（1）/54（1）
才-have（1）/130（1）
才-shall（1）/123（1）
才刚-just now（4）/152（1）、153（2）、182（1）
才刚-just then（1）/155（1）
采-pluck（1）/32（1）
餐-meal（4）/38（4）
餐-swallow（1）/38（1）
残-damage（1）/75（1）
残-injure（1）/16（1）
舱-hold（1）/233（1）
舱-hold of a ship（1）/16（1）
艹-herbs（2）/31（2）
草-straw（1）/101（1）
层-flight（2）/39（2）
查-examine（2）/178（1）、179（1）
茶-tea（11）/5（1）、47（1）、55（1）、72（1）、78（1）、80（1）、105（1）、115（1）、136（1）、141（1）、238（1）
差-error（2）/228（2）
差-send（1）/5（1）
产-produce；bear（1）/5（1）
长-long（2）/5（1）、32（1）
常-always（1）/145（1）
常时-always（1）/197（1）
厂-shelter（1）/28（1）
鬯-sacrific wine（1）/32（1）
朝-empire（1）/63（1）
朝-imperial palace（1）/22（1）
车-carriage（1）/118（1）

车-wheel（1）/32（1）
屮-bud（1）/29（1）
臣-minister（1）/31（1）
辰-hour（1）/47（1）
辰-tremble（1）/32（1）
称-assertion（1）/88（1）
称-style（1）/91（1）
成-perfect（4）/43（3）、91（1）
呈-present（1）/56（1）
诚-make sincere（1）/96（1）
城-city（5）/53（1）、64（1）、232（1）、237（1）、248（1）
迟-late（1）/72（1）
尺-cubit（1）/75（1）
齿-tooth（2）/33（1）、223（1）
彳-pace（1）/29（1）
赤-carnation（1）/31（1）
虫-insect（1）/31（1）
绸-silk（1）/45（1）
愁-grieve（1）/17（1）
愁闷-grieve（1）/200（1）
稠-thick（1）/52（1）
丑-badness（1）/80（1）
丑-ugly；disagreeable（1）/5（1）
出-go out（2）/65（1）、157（1）
出-issue（1）/156（1）
出-out（2）/111（1）、131（1）
初-beginning（2）/45（1）、94（1）
除了-exclude（1）/234（1）
处-place（29）/87（1）、90（1）、98（1）、100（1）、106（2）、107（1）、119（1）、151（1）、152（2）、154（2）、158（1）、159

（1）、160（1）、162（1）、163
（2）、164（1）、168（1）、205
（3）、206（4）、271（1）

巛-channel（1）/29（1）

船-ship（8）/37（1）、38（1）、41
（2）、42（1）、46（1）、60（1）、
233（1）

船-vessel（1）/272（1）

船-ship；boat（1）/5（1）

舛-disturb（1）/31（1）

串-string（2）/44（2）

钏-bracelet（1）/44（1）

床-bed；couch（1）/6（1）

吹-blow（1）/39（1）

吹-blow the breath（1）/6（1）

春-spring（1）/5（1）

戳-stab（1）/66（1）

辶-run（1）/32（1）

走-run（1）/32（1）

慈-compassion（1）/100（1）

辞-express（1）/36（1）

此-this（39）/17（1）、51（1）、62
（1）、64（1）、69（2）、73（1）、
88（3）、90（1）、94（1）、95（3）、
104（1）、106（2）、107（1）、111
（1）、119（1）、133（1）、137
（1）、140（1）、146（1）、151
（1）、152（1）、156（1）、159
（1）、160（3）、163（1）、165
（1）、166（1）、180（1）、205
（1）、239（1）、255（1）

次-next（2）/76（2）

次-time（7）/150（1）、201（4）、

211（1）、247（1）

次者-next（1）/202（1）

赐-grant（1）/170（1）

赐-impart（1）/142（1）

从-follow（2）/115（1）、116（1）

从-from（1）/111（1）

从不-altogether not（1）/166（1）

从不-never（1）/142（1）

从前-before（2）/138（1）、209（1）

从前-formerly（1）/162（1）

从容-leisurely (mildly)（1）/216（1）

聪明的-intelligent（1）/144（1）

村-village（2）/100（1）、168（1）

存-preserve（1）/96（1）

踆-yield（1）/17（1）

寸-about an inch（1）/75（1）

寸-inch（1）/28（1）

错-error（2）/159（1）、217（1）

D

达-inform of（1）/16（1）

打-punishment（1）/197（1）

打-strike（3）/42（1）、46（2）

大-great（18）/28（1）、38（1）、
42（2）、53（1）、72（1）、74（2）、
76（1）、77（1）、91（1）、92（1）、
99（1）、150（1）、170（1）、199
（1）、245（1）、271（1）

大-great；large（1）/15（1）

大-greatly（5）/122（1）、146（1）、
170（1）、217（1）、222（1）

大-large（4）/116（1）、143（1）、

270（2）
大-largely（1）/86（1）
大约-about（2）/220（1）、244（1）
歹-evil（1）/30（1）
夕-evil（1）/30（1）
代-for（1）/232（1）
代-for；instead of（1）/16（1）
带-bring（1）/97（1）
带-carry（2）/41（1）、64（1）
待-till（1）/166（1）
怠慢-negligent（1）/161（1）
袋-bag（1）/233（1）
逮-adequate to（1）/222（1）
担-burden（1）/55（1）
但-but（4）/79（1）、170（1）、254（1）、255（1）
但-but；only（1）/16（1）
惮-fear（1）/222（1）
当-at that（1）/136（1）
当-ought（4）/62（1）、96（1）、111（1）、255（1）
当-steady proper（1）/51（1）
当-suitable；ought（1）/16（1）
当下-at present（1）/138（1）
刀-knife（4）/28（1）、66（1）、116（1）、234（1）
刂-knife（1）/28（1）
到-arrival at（2）/162（1）、164（1）
到-arrive（4）/60（1）、141（1）、166（1）、179（1）
到-arrive at（3）/64（1）、159（1）、236（1）
到-at（2）/164（1）、169（1）

到-be at（1）/162（1）
到-come to（2）/41（1）、98（1）
到-go to（4）/150（1）、152（1）、153（1）、154（1）
到-till（1）/158（1）
到-to（14）/41（1）、62（1）、64（1）、65（1）、78（1）、87（1）、106（2）、107（1）、205（3）、206（1）、235（1）
到处-every place（1）/204（1）
到过-be at（1）/155（1）
到过-have been at（1）/167（1）
道-doctrine（1）/149（1）
得-can（20）/49（1）、54（1）、71（1）、73（1）、102（1）、122（1）、136（1）、160（3）、177（4）、193（1）、215（1）、233（1）、241（1）、243（1）、272（1）
得-incur（1）/75（1）
得-obtain（19）/51（1）、52（1）、112（1）、132（1）、135（1）、156（2）、157（1）、161（1）、162（1）、164（1）、165（1）、167（1）、175（1）、178（2）、179（1）、235（1）、251（1）
得-obtain；can（1）/16（1）
得-possess（1）/136（1）
得到-be at（1）/163（1）
得到-have been（1）/163（1）
得的-obtainable（1）/160（1）
得狠-very（1）/228（1）
得来-could（1）/178（1）

德-virtue（2）/23（1）、234（1）

的-'s（4）/73（1）、231（1）、240（2）

的-of（6）/79（2）、81（1）、111（1）、133（1）、136（1）

的-pertain to（4）/77（1）、78（2）、80（1）

灯-lamp（1）/38（1）

登-ascend（1）/23（1）

等-&c.（1）/112（1）

等-degree；species（1）/16（1）

等-order（5）/61（1）、79（1）、80（2）、81（1）

等-specie（2）/23（1）、104（1）、105（1）

等-wait（3）/55（1）、166（1）、211（1）

等待-wait（1）/141（1）

凳-bench（1）/23（1）

低-lowness（1）/81（1）

敌-enemy（1）/243（1）

敌-inimical（1）/16（1）

底下-below（1）/239（1）

地-earth（1）/16（1）

地方-ground（1）/152（1）

地方-place（1）/135（1）

地方-country（2）/270（2）

地理-geography（1）/202（1）

弟-younger brother（1）/94（1）

递-present（1）/56（1）

第-number（4）/39（1）、44（1）、77（1）、78（1）

第-order（1）/85（1）

第二-second（1）/85（1）

第二十-twentieth（1）/85（1）

第三-third（1）/85（1）

第十二-twelfth（1）/85（1）

第十一-eleventh（1）/85（1）

第一-first（1）/85（1）

点-kindle（1）/43（1）

调-temper；moderate（1）/16（1）

跌-fall（1）/137（1）

顶-top（3）/78（1）、79（1）、199（1）

顶-vortex（1）/240（1）

鼎-tripod（1）/33（1）

定-certain（2）/134（1）、162（1）

定-certainly（1）/141（1）

定-determine（2）/16（1）、69（1）

定-positively（1）/221（1）

锭-bar（1）/51（1）

丢-throw（1）/16（1）

东-east（1）/22（1）

东家-master（1）/166（1）

东西-thing（5）/74（1）、103（1）、107（1）、115（1）、138（1）

冬-winter（2）/125（1）、151（1）

董-rectify（1）/22（1）

动-move（2）/74（1）、111（1）

冻-congeal（1）/22（1）

都-all（7）/16（1）、108（2）、109（1）、111（2）、204（1）

斗-fight（2）/32（1）、62（1）

斗-firkin（1）/29（1）

豆-pulse（1）/31（1）

督-governor（1）/77（1）

读-read（2）/16（1）、251（1）
笃-exceedingly（1）/22（1）
肚-belly（3）/146（1）、167（1）、170（1）
度-pass（1）/222（1）
短-short（2）/17（1）、75（1）
缎-silk（1）/54（1）
断-cut off（1）/36（1）
对-oppose（1）/243（1）
对-opposite（1）/91（1）
对-over against（1）/72（1）
对-pair（1）/57（1）
对-to（2）/63（1）、242（1）
对-toward（1）/167（1）
对面-opposite to（1）/243（1）
顿-bow the head the ground（1）/17（1）
多-many（9）/16（1）、54（1）、60（2）、61（1）、91（1）、154（1）、170（1）、211（1）
多-more（3）/226（2）、240（1）
多-much（5）/110（1）、114（1）、228（2）、244（1）
多少-how many（1）/171（1）
多少-how much（1）/252（1）

E

额-forehead（2）/6（1）、24（1）
恶-bad wicked（1）/88（1）
恶-hate（3）/65（1）、91（2）
恶-vicious；bad（1）/12（1）
恶的-wicked（1）/68（1）
饿-hungry（3）/146（1）、167（1）、170（1）
恩-favour（1）/126（1）
恩-favour；bounty（1）/6（1）
儿-man（1）/28（1）
儿子-boy（2）/165（1）、232（1）
儿子-son（1）/268（1）
而-and（25）/18（1）、31（1）、76（1）、79（2）、91（3）、96（2）、97（2）、102（1）、142（1）、156（1）、163（1）、167（1）、231（1）、232（1）、241（2）、249（1）、251（1）、252（1）
而今-now（1）/242（1）
尔-you（5）/91（1）、110（1）、148（2）、158（1）
尔之-your（1）/90（1）
耳-ear（1）/31（1）
二-two（8）/28（1）、38（1）、45（1）、46（1）、141（1）、201（2）、226（1）
二-second（1）/270（1）
贰二-two（1）/82（1）

F

发-cause（1）/154（1）
发-endeavour（1）/73（1）
发-exertion（1）/74（1）
发-issue（2）/24（1）、189（1）
发-put forth（1）/71（1）
法-law（1）/63（1）
法-rule（2）/103（1）、133（1）
法-rule: law（1）/6（1）
翻-fly（1）/24（1）

翻-turn about（1）/199（1）

凡-all（4）/107（3）、108（1）

凡-every（1）/108（1）

烦-trouble（3）/64（1）、97（1）、161（1）

反-subvert（1）/24（1）

反-subvert；contrary（1）/6（1）

泛-swim（1）/24（1）

饭-rice（3）/38（1）、72（1）、235（1）

匚-receptacle（1）/28（1）

方-square（5）/29（1）、44（1）、73（2）、103（1）

方-quarter（1）/271（1）

方-then（1）/213（1）

方-then will（2）/156（2）

方-well then（1）/124（1）

枋-post（1）/242（1）

妨-obstacle（1）/139（1）

房-room（1）/100（1）

房-house（1）/236（1）

房-room（6）/6（1）、48（1）、72（2）、87（1）、129（1）

房子-room（1）/95（1）

放-lay（1）/49（1）

放-put（2）/235（1）、236（1）

飞-fly（2）/32（1）、54（1）

非-false；not（1）/32（1）

非-negative；not（1）/6（1）

非-not（6）/148（2）、149（3）、255（1）

非-wrong（2）/149（2）

肥-fat；lusty（1）/6（1）

匪-vagrant（1）/61（1）

分-divide；part（1）/6（1）

分-part（5）/48（1）、78（1）、147（1）、166（1）、199（1）

分-share（1）/142（1）

偾-ruin（1）/69（1）

丰-abundant（1）/74（1）

丰盛-in abundance（1）/142（1）

风-wind（6）/6（1）、32（1）、42（1）、122（1）、199（2）

风俗-custom（1）/167（1）

封-close（1）/45（1）

封-enclosure（1）/45（1）

奉-present（1）/56（1）

佛-author of a system of religion（1）/6（1）

缶-crockery（1）/31（1）

否-not（1）/166（1）

夫-man（1）/81（1）

夫-now（1）/76（1）

夫-support（1）/100（1）

弗-not（1）/222（1）

服-subject（1）/234（1）

浮-float（1）/6（1）

幅-piece of（1）/45（1）

福-happiness（3）/106（2）、253（1）

福建-fo-keen（1）/145（1）

府-district（1）/62（1）

府-mansion（2）/79（2）

府-palace（1）/101（1）

阝-city (right)（1）/32（1）

阝-mound (left)（1）/32（1）

222

父-father（7）/6（1）、30（1）、91（1）、98（1）、145（1）、156（1）、177（1）
父亲-father（1）/165（1）
付-send（1）/112（1）
阜-mound (left)（1）/32（1）
复-again（1）/163（1）
复-return to（1）/96（1）
富-rich（1）/78（1）

G

该-ought（3）/8（1）、131（1）、161（1）
该当-should（1）/187（1）
改-reform（1）/222（1）
改过-reform（2）/195（1）、247（1）
盖-for（2）/130（1）、248（1）
干-dry（1）/53（1）
干-endeavour（1）/24（1）
干-shield（2）/24（1）、29（1）
甘-sweet（3）/8（1）、24（1）、30（1）
赶-follow up（1）/24（1）
赶-urgently（1）/121（1）
敢-dare（2）/24（1）、75（1）
感谢-give thanks（1）/223（1）
绀-green and red（1）/24（1）
冈-net（1）/31（1）
刚-hard（2）/8（1）、22（1）
高-height（1）/79（1）
高-high（12）/8（1）、32（1）、75（1）、77（2）、79（2）、138（1）、220（1）、240（1）、253（1）、270（1）
高-lofty（1）/76（1）
高过-higher（1）/240（1）
告诉-inform（2）/140（1）、168（1）
告诉-inform and tell（1）/90（1）
戈-lance（1）/29（1）
割-cut（1）/24（1）
革-untanned skin（1）/32（1）
鬲-perfume pot（1）/32（1）
蛤-oyster（1）/24（1）
个-numeral（1）/46（1）
个-this（1）/70（1）
各-every（1）/9（1）
根-root（2）/8（1）、47（1）
跟-heel（1）/161（1）
跟班-servant（1）/161（1）
艮-inobedient（1）/31（1）
更-by much（1）/79（1）
更-more（10）/70（3）、72（2）、74（2）、133（1）、138（1）、199（1）
更-more; forms the comparative（1）/8（1）
更好-better（1）/70（1）
庚-age（1）/171（1）
耕-plough（1）/52（1）
羹-spoon（1）/135（1）
工-work（2）/9（1）、81（1）
工-workman（1）/29（1）
工夫-work（4）/164（1）、171（1）、172（1）、235（1）
弓-bow（1）/29（1）
公-justly（1）/107（1）

公平-justly（1）/215（1）
攻击-attack（1）/242（1）
肱-arm（1）/9（1）
廾-join hands（1）/29（1）
狗-dog（3）/40（1）、104（1）、178（1）
够-enough（2）/161（1）、228（1）
孤-alone（1）/23（1）
古-ancient（3）/9（1）、23（1）、46（1）
谷-valley（1）/31（1）
骨-bone（1）/32（1）
鼓-drum（1）/33（1）
故-cause（3）/23（1）、103（1）、225（1）
故-reason（1）/253（1）
顾-regard（1）/223（1）
瓜-melon（1）/30（1）
寡-alone；widow（1）/9（1）
官-magistrate（1）/251（1）
官-Mr.（1）/62（1）
官-officer（2）/24（1）、62（1）
官-public officer（1）/9（1）
官府-magistrate（2）/62（1）、241（1）
关-concern（3）/95（2）、198（1）
关部-kwan-poo（2）/240（2）
关系-consequence（1）/271（1）
馆-factory（1）/243（1）
管-pipe；reed；musical（1）/51（1）
管-reed（1）/42（1）
管-rule（1）/24（1）
毋-not（1）/30（1）

贯-habit（1）/24（1）
惯-accustomed（1）/9（1）
光-light（1）/59（1）
光-light emitted from any body（1）/9（1）
广-great（2）/79（2）
广-protect（1）/29（1）
广东-canton（1）/65（1）
龟-tortoise（1）/33（1）
规-circle（1）/9（1）
鬼-imp（1）/32（1）
贵-exalt（1）/96（1）
贵-honourable（1）/78（1）
贵-valuable（1）/108（1）
贵-your noble（1）/171（1）
丨-descend（1）/28（1）
国-country（1）/152（1）
国-empire（1）/89（1）
国-nation（7）/10（1）、65（1）、69（4）、100（1）
果然-indeed（2）/175（1）、221（1）
果子-fruit（1）/151（1）
过-be at（1）/154（1）
过-have（1）/109（1）
过-more（6）/72（3）、74（1）、76（1）、88（1）
过-pass（20）/10（1）、46（1）、70（3）、72（2）、74（2）、78（1）、79（2）、88（1）、117（1）、120（1）、125（2）、150（1）、239（1）、242（1）
过-pass the mark（1）/159（1）
过-than（1）/240（1）

224

过-to（7）/63（1）、88（2）、139（1）、141（2）、173（1）
过了-have had（1）/141（1）

H

海-sea；large river（1）/6（1）
汉人-chinese（1）/243（1）
旱-dry（1）/7（1）
好-good（44）/7（1）、48（2）、60（1）、69（1）、70（7）、71（3）、73（3）、74（1）、78（1）、79（1）、80（1）、118（1）、133（1）、135（1）、138（1）、145（1）、150（1）、151（1）、156（1）、161（1）、165（1）、174（1）、178（1）、189（1）、195（1）、199（1）、209（1）、215（1）、220（1）、221（1）、223（1）、232（1）、246（1）
好-love（2）/91（2）
好-well（4）/217（1）、226（1）、250（1）、251（1）
好-very（2）/270（2）
好的-good（1）/68（1）
好几-a great many（2）/227（2）
喝-drink（1）/72（1）
禾-grain（1）/30（1）
合-accord with（1）/170（1）
何-what（15）/102（3）、111（1）、135（1）、139（3）、166（1）、172（2）、225（4）
何-who（1）/153（1）
何况-how much more（1）/227（1）

河-river（2）/77（1）、239（1）
河南-ho-nan（1）/243（1）
黑-black（3）/32（1）、55（1）、68（1）
狠-extremely（1）/271（1）
恨-hate（2）/7（1）、88（1）
恒-continuance（1）/7（1）
红-red colour（1）/7（1）
后-after（6）/7（1）、97（1）、123（1）、124（1）、156（1）、241（1）
后-afterwards（1）/211（1）
后-back（1）/206（1）
后-keep back（1）/96（1）
后天-day after to-morrow（2）/124（1）、184（1）
候-wait upon（1）/168（1）
乎-o（1）/65（1）
虎-tiger（1）/31（1）
壶-pot（1）/115（1）
湖-lake（1）/77（1）
户-inner door（1）/29（1）
护-escort；preserve（1）/7（1）
花-flower（3）/7（1）、50（1）、86（1）
画-line；stroke（1）/7（1）
画-picture（2）/43（1）、116（1）
画-stroke（2）/46（2）
话-sentence（1）/49（1）
话-speak（1）/216（1）
话-speech（1）/49（1）
话-word（3）/102（1）、131（1）、175（1）

225

坏-destroy; spoil（1）/8（1）
坏-injure（2）/74（2）
坏-spoil（1）/42（1）
坏-ruin（1）/272（1）
欢-rejoice（1）/137（1）
欢喜-glad（1）/147（1）
欢喜-rejoice（1）/200（1）
还-more（2）/79（1）、226（1）
还-moreover（2）/95（1）、107（1）
还-revert; repay（1）/8（1）
还-still（1）/169（1）
还-then（1）/157（1）
还-yet（2）/247（1）、254（1）
换-change（1）/52（1）
皇-emperor（1）/93（1）
皇帝-emperor（1）/245（1）
皇上的-emperor（1）/165（1）
黄-yellow（2）/8（1）、32（1）
遑-leisure（1）/222（1）
回-back（1）/97（1）
回-return（4）/8（1）、46（1）、79（1）、163（1）
回-time（1）/227（1）
回-turn（1）/180（1）
回归-return home（1）/213（1）
会-understand（1）/217（1）
诲-admonish（1）/24（1）
贿-precious（1）/24（1）
混仗-confusedly（1）/216（1）
灬-fire（1）/30（1）
火-fire（3）/7（1）、24（1）、30（1）
火炉-fire place（1）/238（1）
或-may（1）/160（1）

或-or（3）/72（1）、225（1）、256（1）
或-whether（3）/72（1）、95（1）、225（1）
或者-perhaps（5）/134（2）、159（1）、160（1）、179（1）
货-article（1）/138（1）
货-goods（4）/24（1）、75（1）、114（1）、233（1）
货-merchandise（1）/38（1）
货物-article（1）/140（1）

J

机-movingcause（1）/69（1）
机-stratagem（1）/57（1）
喫咕唎-english（2）/65（1）、152（1）
及-about（1）/244（1）
及-and（1）/248（1）
及-and; even to（1）/9（1）
及-respecting（4）/155（1）、202（3）
即-but（1）/255（1）
即-immediately（2）/126（1）、190（1）
即-instant（2）/55（1）、251（1）
即-instantly（3）/127（2）、130（1）
即-now（1）/167（1）
即-then（8）/158（2）、168（1）、178（1）、180（1）、229（1）、250（1）、251（1）
即-then will（1）/168（1）
即-will directly（1）/178（1）
即-will then（2）/165（1）、187（1）

极-extreme（3）/52（1）、78（1）、80（1）
极-most（2）/76（1）、80（1）
急-hasty（1）/23（1）
急-hurry（1）/137（1）
几-any（1）/121（1）
几-few（3）/67（1）、116（1）、121（1）
几-how（1）/54（1）
几-incipient（1）/22（1）
几-niche（1）/28（1）
几-several（7）/52（1）、60（1）、104（1）、105（1）、118（1）、129（1）、135（1）
几-some（2）/117（1）、139（1）
几个-a few（1）/254（1）
己-one's self（1）/29（1）
己-self（6）/95（2）、96（3）、111（1）
彑-hog's head（1）/29（1）
旡-negative（1）/29（1）
计-reckon（1）/158（1）
记-remember（1）/22（1）
记得-remember（2）/134（1）、173（1）
纪-chronicle（1）/22（1）
纪-record（1）/170（1）
季-season（1）/125（1）
彐-hog's head（2）/29（2）
既然-since（1）/229（1）
寄-send（2）/45（1）、250（1）
既-as；since（1）/251（1）
加-increase（1）/197（1）
佳音-good news（1）/250（1）

家-family（5）/24（1）、69（2）、98（1）、150（1）
家-family；house（1）/9（1）
家-house（5）/110（1）、139（1）、232（1）、233（2）
家-person（1）/161（1）
甲-armour（1）/41（1）
甲-reins（1）/24（1）
贾-name（1）/24（1）
价-price（2）/108（1）、241（1）
价钱-price（3）/138（1）、240（2）
驾-sir（3）/55（1）、64（1）、65（1）
驾-sir；(you)（1）/72（1）
架-stand（2）/47（1）、118（1）
嫁-wed（1）/24（1）
间-midst（3）/189（1）、190（1）、237（1）
兼-with（1）/23（1）
减-lessen（1）/24（1）
检-examine（1）/23（1）
见-see（14）/9（1）、31（1）、44（1）、88（1）、91（1）、97（1）、109（1）、130（1）、131（1）、133（1）、214（2）、247（1）、271（1）
见过-have seen（1）/248（1）
见识-knowledge（1）/136（1）
见识的样-wisely（1）/214（1）
件-piece of（1）/48（1）
建-build（1）/39（1）
剑-sword（1）/23（1）
贱-debases（1）/96（1）
鉴-mirrour（1）/24（1）
江南-keang-nan（1）/178（1）

江西-keang-she（1）/153（1）

将-shall（15）/122（2）、123（1）、125（2）、140（1）、141（2）、155（1）、156（1）、168（1）、184（1）、189（1）、192（1）、195（1）

将-will（6）/122（1）、123（1）、124（1）、157（1）、184（1）、269（1）

讲-discourse（1）/39（1）

讲-said（1）/173（1）

讲-speak（8）/9（1）、22（1）、49（1）、63（1）、131（1）、175（1）、216（1）、244（1）

讲-tell（1）/141（1）

讲话-speak（4）/176（1）、215（1）、216（1）、242（1）

讲话-talk（1）/217（1）

桨-oar（1）/120（1）

匠-artificer（1）/17（1）

降-condescend（1）/22（1）

交-communicate（1）/23（1）

交-give（1）/107（1）

交-give it to（1）/97（1）

交-intercourse（1）/107（1）

骄傲的-proud（1）/145（1）

蕉-plantain（1）/17（1）

角-horn（2）/22（1）、31（1）

绞-twist（1）/23（1）

脚-foot（1）/239（1）

叫-call（3）/50（1）、55（1）、165（1）

轿子-sedan chair（1）/117（1）

较-compare with（1）/179（1）

教-teach（6）/9（1）、92（1）、96（1）、129（1）、196（1）、23（1）

阶级-step（1）/235（1）

皆-all（2）/23（1）、112（1）

接-receive（2）/45（1）、94（1）

街-street（2）/65（1）、157（1）

街市-market（1）/244（1）

卩-knot in wood（1）/28（1）

节-paragraph（1）/39（1）

节-portion（1）/130（1）

节-section（1）/39（1）

节-term（1）/125（1）

㔾-knot in wood（1）/28（1）

劫-seize（1）/23（1）

解-explain（1）/23（1）

解-present（1）/62（1）

介-assist（1）/23（1）

诫-precept（1）/9（1）

借-borrow（1）/97（1）

借-lend（2）/122（1）、139（1）

借-lend；borrow（1）/17（1）

巾-napkin（1）/29（1）

今-now（4）/79（1）、209（1）、211（1）、246（1）

今-present（2）/53（1）、116（1）

今-this（4）/72（1）、74（1）、125（1）、151（1）

今天-today（1）/157（1）

今早-this morning（2）/164（1）、186（1）

斤-pound（1）/29（1）

金-gold（4）/9（1）、23（1）、32

（1）、101（1）
津-end of a bridge（1）/23（1）
锦-silk（1）/23（1）
尽-exert one's-utmost（1）/252（1）
近-near（2）/227（1）、245（1）
进-enter（2）/23（1）、122（1）
进-go（1）/232（1）
进-go in（1）/111（1）
进-into（1）/233（1）
进-proceed（1）/206（1）
赆-part of a church（1）/23（1）
禁-forbid（1）/23（1）
禁-prohibition（1）/146（1）
京-capital（3）/76（2）、150（1）
经-go by（1）/117（1）
经-have（3）/119（1）、154（2）
经-pass（2）/55（1）、87（1）
经-past（1）/119（1）
荆-thorn（1）/100（1）
净-clear（1）/17（1）
净-clean（1）/53（1）
敬-pay respect to（1）/43（1）
敬-respect（5）/9（1）、112（1）、145（1）、174（1）、177（1）
敬-respect for（1）/174（1）
敬-respectful to（1）/156（1）
敬-respectfully（1）/94（1）
冂-wilderness（1）/28（1）
久-length of time（2）/117（1）、158（1）
久-long time（4）/121（1）、139（1）、152（1）、246（1）
久-while（2）/118（1）、209（1）

玖九-nine（1）/82（1）
韭-leek（1）/32（1）
酒-wine（1）/79（1）
旧-last（1）/74（1）
旧-old（3）/151（1）、155（1）、251（1）
臼-mortar（1）/31（1）
就-shall（1）/140（1）
就-shall soon（3）/120（1）、121（1）、140（1）
就-soon（7）/121（4）、122（1）、195（1）、241（1）
就-suitable（1）/255（1）
就-then（5）/133（2）、167（1）、213（1）、248（1）
就-then soon（1）/139（1）
就-then will（2）/131（1）、166（1）
就-will immediately（1）/211（1）
就-will presently（1）/183（1）
就-will soon（3）/121（1）、253（1）、254（1）
居-dwell（2）/9（1）、97（1）
居住-dwell（3）/135（1）、236（1）、248（1）
居住-live（2）/232（1）、237（1）
拘-fine to（1）/111（1）
拘-restrict（2）/206（1）、252（1）
局-game（1）/48（1）
句-sentence（2）/49（1）、95（1）
俱-all（1）/112（1）
卷-volume（1）/49（1）
眷-family（1）/100（1）
亅-hook（1）/28（1）

决-decidedly（1）/9（1）
绝-cut off from（1）/17（1）
绝-most（1）/77（1）
君-prince（1）/99（1）
君子-good man（1）/97（1）
君子-good prince（1）/91（1）
君子-prince (good man)（1）/96（1）
均-equally（1）/94（1）

K

开-open（1）/238（1）
砍-cut（1）/39（1）
看-look（2）/44（1）、178（1）
靠埋-against（1）/242（1）
科-vacuum（1）/24（1）
可-can（1）/178（1）
可-may（7）/57（1）、81（1）、134（1）、185（1）、193（1）、213（1）、252（1）
可-may；can（1）/185（1）
可-shall；ought（1）/9（1）
可-will（3）/75（3）、128（2）
可能-can（9）/129（1）、135（1）、136（1）、159（1）、161（1）、162（1）、164（1）、186（1）、187（1）
可能-may（6）/129（1）、137（1）、162（1）、163（1）、164（1）、178（1）
可以-may（16）/127（1）、128（2）、129（1）、132（1）、135（1）、159（1）、169（1）、179（1）、185（2）、186（1）、187（1）、

193（2）、194（1）
渴-thirst（1）/170（1）
克-subdue（1）/96（1）
刻-moment；portion of time（1）/8（1）
客-visitor（1）/45（1）
彐-hog's head（2）/29（2）
肯-will（6）/124（1）、132（1）、161（1）、171（1）、179（2）
恳-earnestly（1）/170（1）
恐-apprehend（1）/122（1）
恐怕-apprehend（1）/252（1）
口-mouth（4）/28（1）、47（1）、223（1）、233（1）
快-haste（1）/121（1）
快-hasten（1）/252（1）
快-lively（1）/78（1）
快-prompt；alert（1）/9（1）
快-swift（1）/215（1）
快-swiftly（1）/215（1）
魁-first；great（1）/24（1）
魁-highest of（1）/91（1）
阃-threshhold（1）/100（1）
困-fatigue（1）/9（1）
括-reprove（1）/24（1）

L

腊-wax（1）/10（1）
蜡-wax（2）/42（1）、57（1）
来-come（75）/10（1）、39（1）、45（1）、49（1）、53（2）、62（1）、64（1）、65（1）、73（1）、88（1）、

附录二 《通用汉言之法》使用词汇汉英对照索引

89（1）、90（1）、94（1）、97（1）、106（2）、107（1）、112（1）、119（1）、123（1）、125（1）、130（2）、131（2）、133（1）、137（1）、140（1）、141（1）、145（1）、147（1）、148（1）、149（1）、151（3）、152（1）、153（1）、154（3）、155（1）、156（1）、160（1）、163（1）、165（1）、167（1）、168（1）、174（1）、175（1）、180（1）、188（1）、189（1）、201（1）、205（2）、206（2）、208（1）、209（1）、211（2）、213（2）、238（2）、247（1）、249（1）、251（1）、253（1）、254（3）、269（1）

来-come to pass（2）/177（1）、223（1）

来-forth（1）/115（1）

篮子-basket（1）/102（1）

缆-rope（1）/10（1）

狼-wolf（1）/10（1）

劳-distress（1）/161（1）

劳-labour；toil（1）/10（1）

老-aged（4）/31（1）、112（1）、123（1）、142（1）

老-old（1）/144（1）

老-venerable（1）/92（1）

老爷-you；sir（1）/123（1）

乐-music（2）/43（2）

勒-restrain（1）/10（1）

雷-thunder（2）/11（1）、200（1）

耒-harrow（1）/31（1）

类-kind（1）/61（1）

冷-cold（2）/10（1）、54（1）

离-leave（1）/232（1）

礼-propriety（1）/96（1）

礼-urbanity（1）/10（1）

里-le（1）/226（1）

里-mile（1）/32（1）

里-place（2）/131（1）、166（1）

里-within（4）/139（1）、232（1）、233（1）、248（1）

里面-interior（1）/233（1）

理-attend（1）/190（1）

理-reason（2）/149（1）、170（1）

力-strength（4）/10（1）、28（1）、252（2）

力量-ability（1）/132（1）

立-erect（1）/30（1）

立-fix（1）/91（1）

利-gain（1）/175（1）

利-profit（1）/75（1）

利息-profit（1）/132（1）

戾-wicked（1）/69（1）

隶-highest（1）/32（1）

粒-grain（1）/52（1）

连-and also（1）/170（1）

连-continuation（2）/52（2）

怜-compassionate（1）/10（1）

怜-pity（1）/112（1）

恋-reflect on with pleasure（1）/10（1）

良-virtuous（1）/107（1）

凉-cool（1）/72（1）

两-tale（5）/51（1）、129（1）、226（1）、240（2）
两-two（10）/53（1）、60（1）、109（1）、118（1）、135（1）、169（1）、186（1）、226（1）、245（1）、268（1）
两-two；both（1）/10（1）
两个-both（2）/109（1）、253（1）
两个-two（1）/90（1）
了-entirely（1）/42（1）
了-have（5）/41（1）、87（1）、116（1）、130（1）、153（1）
了-perfected（3）/10（1）、125（2）
邻-neighbour（1）/10（1）
领-receive（1）/196（1）
领-suit (of)（1）/52（1）
令-cause（2）/200（2）
令-command（3）/79（1）、99（2）
令尊-your father（1）/135（1）
另-other（1）/10（1）
留-keep（1）/75（1）
留-leave（1）/10（1）
龙-dragon（1）/33（1）
砻-millstone（1）/10（1）
隆-magnificent（1）/76（1）
楼-battlement（1）/53（1）
楼-floor（1）/49（1）
楼-loft（1）/121（1）
楼-room（2）/39（2）
漏-flow out（1）/57（1）
卤-tasteless（1）/32（1）
陆-six（1）/82（1）
鹿-stag（1）/32（1）
路-road（6）/10（1）、150（1）、226（1）、227（2）、243（1）
律-law；statute（1）/10（1）
律-statute（1）/63（1）
绿-green（1）/10（1）
乱-confusion（2）/11（1）、69（1）
乱乱-at random（1）/216（1）
略-moderately；small（1）/10（1）
略-a little（1）/167（1）
轮-wheel（1）/10（1）
论-discourse（2）/202（2）
论-distinguish（2）/109（1）、110（1）
论道理-reason（1）/218（1）
论语-lun-yu（1）/49（1）
罗浮-lo-fow（1）/156（1）
落-descend（1）/53（1）

M

麻-hemp（1）/32（1）
马-horse（8）/11（1）、32（1）、40（1）、118（1）、122（1）、150（1）、215（1）、229（1）
码-weight（1）/86（1）
买-buy（7）/11（1）、58（1）、107（1）、129（2）、136（1）、241（1）
麦-wheat（1）/32（1）
卖-sell（5）/75（1）、107（1）、114（1）、138（1）、140（1）
满-full（1）/11（1）
满洲-tartar（1）/243（1）
慢-slowly（1）/11（1）

慢慢-by and by（1）/211（1）

慢慢-leisurely（1）/215（1）

慢慢-slowly（1）/217（1）

忙-occupied；busy（1）/11（1）

毛-hair（1）/30（1）

毛-hair；plumage（1）/11（1）

矛-spear（1）/30（1）

贸易-deal（1）/215（1）

帽子-hat（1）/95（1）

么-not（2）/87（1）、170（1）

么-or not（7）/124（2）、128（1）、153（1）、164（1）、171（1）、174（1）

没-not（1）/115（1）

枚-numeral（1）/53（1）

每-each（4）/11（1）、108（1）、129（1）、212（1）

美-praise（1）/36（1）

门-door（6）/32（1）、53（1）、87（1）、101（1）、234（1）、242（1）

闷-grief（1）/48（1）

们-forms the plural of pronouns（1）/11（1）

朦-obscure（1）/11（1）

猛-cruel（1）/11（1）

孟子-mencius（1）/63（1）

迷-disturb；obscure（1）/11（1）

靡-no（1）/223（1）

米-rice（4）/31（1）、52（1）、68（1）、69（1）

冖-cover（1）/28（1）

密-close（1）/52（1）

密-secret（1）/57（1）

宀-collect（1）/28（1）

棉花-cotton（1）/114（1）

免-depose（1）/11（1）

黾-toad（1）/33（1）

面-bread（1）/57（1）

面-face（4）/32（1）、53（1）、72（1）、118（1）

妙-pleasant（1）/79（1）

庙-temple of idols；ancestors（1）/11（1）

灭-extinguish（1）/11（1）

民-people（3）/91（3）

民-subject of a country（1）/11（1）

皿-dishes（1）/30（1）

名-name（2）/50（1）、100（1）

明-bright（2）/124（2）

明-bright；clear（1）/11（1）

明-next（2）/141（1）、158（1）

明白-clearly（1）/156（1）

明白-expressly（1）/216（1）

明白-understand（2）/174（2）

明年-next year（3）/140（1）、156（1）、169（1）

明天-to-morrow（7）/123（1）、124（1）、157（2）、159（1）、184（1）、269（1）

磨-rub（2）/11（1）、116（1）

莫-not（3）/73（1）、223（1）、253（1）

莫-not any（2）/76（2）

墨-ink（5）/11（1）、44（1）、73（1）、88（1）、112（1）

墨砚-ink-stand（1）/245（1）
谋-scheme（1）/11（1）
某-certain（3）/98（3）
母-mother（8）/11（1）、63（1）、91（1）、98（2）、145（1）、156（1）、177（1）
亩-mow（2）/129（2）
木-wood（1）/29（1）
木匠-carpenter（1）/197（1）
目-eye（3）/11（1）、30（1）、90（1）
目下-at present（1）/90（1）
目下-now（1）/176（1）

N

拏-take（1）/11（1）
拿-take（6）/53（1）、62（1）、233（1）、238（2）、239（1）
内-midst（2）/111（1）、244（1）
内-within（3）/12（1）、233（1）、237（1）
内-within；inner（1）/100（1）
那-that（42）/46（1）、72（1）、73（2）、77（2）、79（1）、104（1）、105（3）、115（1）、119（2）、120（1）、125（1）、130（1）、131（1）、136（1）、137（1）、141（1）、154（2）、158（1）、162（1）、163（1）、164（1）、168（2）、178（1）、183（2）、187（2）、192（1）、194（1）、195（1）、205（1）、206（1）、217（1）、238（1）、255（1）

那-these（1）/245（1）
那-what（3）/102（2）、206（1）
那-which（6）/109（1）、110（1）、152（1）、205（1）、206（1）、256（1）
那处-there（3）/163（1）、165（1）、248（1）
那个-that（16）/70（4）、71（4）、107（1）、123（2）、146（1）、199（1）、249（3）
那里-there（1）/169（1）
那里-whence（1）/206（1）
那里-whither（1）/205（1）
那些-those（1）/107（1）
纳-seize；take（1）/12（1）
娜-sluggish（1）/12（1）
奶-milk（1）/12（1）
南-south（2）/12（1）、76（1）
南京-nanking（1）/235（1）
难-distress（1）/106（1）
曩-formerly（1）/12（1）
哝-vociferate（1）/12（1）
闹-disturb（1）/89（1）
疒-sickness（1）/30（1）
嫩-tender（1）/12（1）
能-be able；can（1）/12（1）
能-can（10）/132（1）、134（1）、135（1）、162（1）、163（1）、185（2）、186（1）、216（1）、227（1）
能干-ability（1）/218（1）
坭水人-bricklayer（1）/236（1）
你-thou（3）/113（1）、125（1）、

138（1）

你-you（129）/57（1）、63（2）、73（2）、74（1）、81（1）、102（1）、114（2）、115（3）、116（1）、118（1）、121（1）、122（2）、123（1）、124（2）、126（4）、128（1）、129（1）、130（3）、131（2）、132（2）、135（1）、137（1）、138（1）、139（2）、140（4）、141（3）、144（1）、147（1）、151（2）、152（1）、153（3）、155（2）、156（1）、161（1）、163（1）、165（2）、167（3）、168（2）、170（1）、171（2）、172（3）、173（2）、174（2）、176（1）、177（4）、178（2）、179（1）、181（1）、184（1）、185（3）、186（3）、187（2）、190（1）、192（1）、205（5）、206（3）、213（2）、216（1）、217（1）、224（2）、226（2）、227（1）、231（1）、232（1）、234（2）、235（3）、241（1）、243（2）、251（2）、252（1）、255（1）、272（2）

你-you；thou（1）/12（1）

你-your（9）/48（1）、73（1）、79（1）、87（1）、165（1）、170（1）、239（1）、240（1）、251（1）

你-yours（1）/79（1）

你的-your（3）/98（1）、136（1）、199（1）

你的-yours（1）/95（1）

你们-ye；you（1）/113（1）

你们-you（4）/114（1）、127（2）、198（1）

你之-your（1）/252（1）

逆-adverse（1）/122（1）

匿-hide；abscond（1）/12（1）

拈-take（1）/53（1）

年-year（20）/12（1）、74（2）、98（1）、118（1）、124（1）、125（1）、129（1）、135（1）、141（1）、151（1）、154（1）、155（1）、158（2）、169（2）、170（1）、237（1）、270（1）

念-read（3）/153（1）、217（2）

娘-young lady（1）/12（1）

鸟-bird（1）/32（1）

袅-delicate（1）/12（1）

宁-better；rather（1）/12（1）

宁-rather（3）/75（2）、76（1）

牛-cow（1）/40（1）

牛-ox（1）/30（1）

牜-ox（1）/30（1）

扭-wring（1）/12（1）

农-husbandry（1）/12（1）

农夫-husbandman（1）/52（1）

怒-anger（2）/12（1）、189（1）

女-female（1）/12（1）

女-woman（1）/28（1）

虐-cruel（1）/12（1）

暖-warm（1）/12（1）

诺-assent（1）/12（1）

O

偶-double；a pair（1）/6（1）
偶然-happened（1）/248（1）

P

怕-fear（3）/13（1）、122（1）、123（1）
盘-cup；dish（1）/13（1）
炮-gun（1）/53（1）
盆-dish（1）/13（1）
盆-vessel（1）/118（1）
朋-friend（1）/45（1）
朋友-friend（2）/106（1）、231（1）
彭-road（1）/24（1）
棚-fence（1）/13（1）
篷-sail（1）/13（1）
皮-skin（1）/30（1）
片-flake (of)（1）/54（1）
片-splinter（1）/30（1）
票-brittle（1）/13（1）
丿-bent out（1）/28（1）
贫-poor（4）/13（1）、112（1）、144（1）、170（1）
嫔-widow（1）/22（1）
品-order（1）/78（1）
平-even（2）/13（1）、19（1）
平-evenly（1）/107（1）
颇-in some degree（1）/154（1）
破-tear；destroy（1）/13（1）
剖-split（1）/13（1）
攴-slight stroke（1）/29（1）
攵-slight stroke（1）/29（1）
铺-shop（2）/13（1）、44（1）
谱-book（1）/97（1）

Q

七-seven（3）/17（1）、129（1）、212（1）
妻-wife（2）/16（1）、100（1）
柒-seven（1）/82（1）
期-appoint（2）/233（1）、242（1）
欺-deceive（2）/96（1）、223（1）
齐-even（2）/33（1）、89（1）
其-he（1）/156（1）
其-his（6）/76（1）、96（2）、97（2）、111（1）
其-it（2）/138（1）、244（1）
其-its（3）/69（1）、76（1）、91（1）
其-that（3）/246（1）、250（1）、272（1）
其-the（2）/178（1）、245（1）
其-their（3）/96（1）、108（1）、167（1）
其-them（1）/110（1）
其余-rest others（1）/110（1）
祈-beg（1）/250（1）
骑-ride（2）/150（1）、229（1）
棋-chess（1）/48（1）
旗-flag（1）/53（1）
乞-beg（1）/170（1）
岂-how（9）/129（1）、132（1）、137（1）、142（1）、147（1）、148（1）、160（1）、224（2）
启-commence（1）/94（1）
起-arise（1）/8（1）
起-raise（1）/43（1）

起-rise（2）/164（1）、199（1）
起-rise up（1）/154（1）
起-up（3）/189（1）、238（2）
起身-rise（1）/176（1）
气-air（1）/30（1）
千-thousand（4）/38（1）、41（1）、101（1）、226（1）
签-pick（1）/119（1）
前-before（16）/17（1）、115（1）、116（1）、119（3）、120（1）、125（1）、134（1）、135（1）、137（1）、140（1）、151（1）、186（1）、241（1）、251（1）
前-former（1）/136（1）
前-forward（1）/206（1）
前-precede（1）/241（1）
前-prior（1）/115（1）
前山-tseen-shan（1）/162（1）
前天-day before yesterday（1）/163（1）
前天-the day before yesterday（1）/173（1）
钱-cash（1）/58（1）
钱-money（1）/75（1）
钳-tong（1）/114（1）
乾隆-keen-lung（1）/237（1）
凵-gap（1）/28（1）
浅-shallow（2）/77（1）、149（1）
欠-owe（1）/29（1）
墙-wall（6）/39（2）、40（1）、239（1）、241（1）、242（1）
切-whole（1）/74（1）
亲-relation（2）/98（2）

亲-relation；kindred（1）/17（1）
琴-stringed instrument（1）/97（1）
勤-diligent（2）/110（1）、158（1）
勤-diligently（4）/157（1）、161（1）、164（1）、235（1）
青-azure（1）/32（1）
清-clear（2）/43（1）、164（1）
清早-early（1）/176（1）
情-affair（2）/90（1）、146（1）
情-disposition（2）/94（1）、161（1）
情-passion（1）/111（1）
请-beg（1）/171（1）
请-pray（3）/39（1）、65（1）、88（1）
请-request（3）/121（1）、132（1）、232（1）
穷-poor（3）/78（1）、142（1）、170（1）
穷-poor；exhausted（1）/9（1）
秋-autumn（1）/17（1）
求-beg；entreat（1）/9（1）
取-want（1）/140（1）
娶-marry a wife（1）/17（1）
去-away（1）/239（1）
去-carry off（1）/98（1）
去-go（41）/19（1）、53（1）、55（1）、108（1）、131（1）、132（1）、137（1）、152（1）、153（1）、156（1）、175（1）、176（1）、180（1）、190（1）、205（5）、206（6）、225（1）、234（2）、235（3）、238（3）、239（2）、241（1）、243（1）、250

（1）、252（1）、254（1）
趣-pleasant（1）/135（1）
趣趣-pleasant（1）/228（1）
圈-round（2）/36（1）、121（1）
全-all（2）/35（1）、167（1）
权-authority（1）/76（1）
痊-heal（1）/17（1）
犭-dog（1）/30（1）
犬-dog（3）/9（1）、30（1）、101（1）
劝-admonish（1）/247（1）
劝-advice（3）/191（2）、193（1）、185（5）
劝-advise（64）/181（4）、182（4）、183（4）、184（6）、186（5）、187（4）、188（4）、189（6）、190（2）、191（3）、192（4）、193（4）、194（4）、195（5）
劝-exhort（1）/126（1）
群-flock（1）/9（1）

R

然-but（1）/255（1）
然-certainly（1）/8（1）
然-indeed（1）/97（1）
攘-exclude（1）/8（1）
让-accommodate（2）/69（2）
热-hot（1）/231（1）
热病-fever（1）/231（1）
人-human being（1）/8（1）
人-man（63）/28（1）、46（1）、49（1）、55（1）、60（3）、61（3）、62（2）、66（1）、68（1）、69（2）、76（1）、77（1）、88（1）、89（2）、95（1）、96（3）、97（1）、99（1）、102（2）、104（1）、106（1）、107（1）、108（2）、109（1）、110（1）、111（4）、112（1）、144（2）、147（1）、148（1）、149（2）、151（1）、153（1）、159（1）、160（2）、165（1）、174（1）、197（1）、220（1）、221（1）、234（2）、242（1）、243（1）、245（1）、268（1）
人-people（1）/142（1）
人-person（6）/88（1）、90（1）、107（1）、142（1）、144（1）、199（1）
亻-man（1）/28（1）
仁-benevolent（3）/45（1）、69（2）
忍耐-patience（1）/126（1）
任-indulge（1）/143（1）
纫-thread a needle（1）/12（1）
仍-as before（1）/8（1）
日-day（11）/29（1）、52（1）、55（1）、94（1）、98（1）、109（2）、186（1）、222（1）、233（1）、270（1）
日-sun（1）/59（1）
日-sun；day（1）/8（1）
冗-sprinkle：mix（1）/8（1）
内-creep（1）/30（1）
柔-softly：tender（1）/8（1）
肉-flesh（1）/31（1）
如-as（14）/69（1）、70（1）、73（1）、88（1）、90（1）、95（1）、

111（2）、133（1）、137（1）、156（1）、180（1）、251（1）、252（1）

如-as；if（1）/8（1）

如-if（8）/131（1）、132（1）、137（1）、157（1）、162（1）、169（1）、179（1）、252（1）

如-so（1）/79（1）

如-well as if（1）/73（1）

如此-thus（1）/69（1）

如何-how（2）/167（1）、224（1）

如何-what（1）/136（1）

如是-so（1）/250（1）

儒-timid（1）/8（1）

入-enter（3）/19（1）、28（1）、112（1）

入-into（1）/233（1）

润-mellow: comfortable（1）/8（1）

若-as（1）/91（1）

若-if（51）/8（1）、74（1）、130（2）、131（1）、133（2）、136（1）、137（2）、138（3）、139（2）、140（3）、141（2）、161（1）、164（2）、165（4）、166（2）、167（3）、168（3）、178（2）、187（1）、188（4）、189（2）、194（3）、195（1）、227（1）、248（1）、250（2）

S

撒-sprinkle（1）/13（1）

挲-agitate（1）/14（1）

塞-obstruct（1）/14（1）

三-three（6）/41（1）、44（1）、59（1）、75（1）、120（1）、201（1）

三-thrice（1）/129（1）

三板-boat（1）/120（1）

叁-three（1）/82（1）

伞-umbrella（4）/14（1）、53（1）、105（1）、124（1）

丧-mourning clothes（1）/14（1）

扫-brush（1）/14（1）

扫-sweep（1）/49（1）

色-colour（1）/31（1）

杀-kill（2）/14（1）、234（1）

沙-sand（1）/14（1）

晒-dry in the sun（1）/14（1）

山-hill（7）/29（1）、55（1）、77（1）、156（1）、199（1）、238（1）、270（1）

山-mountain（1）/100（1）

山东-shan-tung（1）/238（1）

山西-shan-se（1）/155（1）

彡-hairs（1）/29（1）

衫-clothes（1）/52（1）

讪-detract（1）/14（1）

善-good（4）/97（2）、144（1）、253（1）

善-good；pious（1）/15（1）

善-goodness（4）/97（1）、106（2）、142（1）

善-moral（1）/96（1）

善事-virtue（1）/197（1）

善者-good（1）/110（1）

商-merchant（1）/61（1）

上-above（2）/129（1）、240（1）

上-above；high（1）/14（1）
上-above；superior（1）/101（1）
上-superior（7）/65（1）、78（1）、79（3）、80（1）、81（1）
上-supreme（1）/93（1）
上-up（7）/49（1）、53（1）、137（1）、180（1）、205（1）、238（2）
上-upon（7）/49（1）、53（1）、150（1）、164（1）、236（2）、239（1）
上-high（1）/19（1）
上进-advanced（1）/179（1）
上年-last year（1）/168（1）
尚且-not withstanding（1）/254（1）
尚且-yet（1）/247（1）
少-few（1）/14（1）
少-less（1）/226（1）
少-little（1）/75（1）
赊-credit（1）/14（1）
舌-tongue（1）/31（1）
舍-cottage（4）/79（2）、101（2）
身-body（3）/31（1）、43（1）、59（1）
深-deep（1）/77（1）
神-deity（2）/43（1）、75（1）
神-spirit；god（1）/15（1）
甚-very（1）/152（1）
甚-what（1）/150（1）
甚么-what（10）/50（1）、103（2）、111（1）、114（1）、151（1）、153（1）、167（1）、172（1）、225（1）

甚么的-what（1）/171（1）
慎-attentively（1）/158（1）
慎-diligently（2）/107（1）、131（1）
升-ascend（1）/15（1）
生-born（5）/61（1）、63（1）、73（1）、91（1）、237（1）
生-produce（1）/30（1）
生怒-be angry（1）/252（1）
胜-victory（1）/157（1）
绳子-rope（1）/116（1）
省-province（2）/77（1）、238（1）
省-provincial（1）/64（1）
瘠-lank；lean（1）/14（1）
圣-holy；perfect（1）/80（1）
圣-perfect（1）/159（1）
盛-abundant（2）/100（1）、168（1）
盛-plentiful（1）/74（1）
尸-corpse（1）/29（1）
失-lose（1）/116（1）
师-master（1）/23（1）
诗-ode（1）/58（1）
十-ten（10）/28（1）、38（1）、48（1）、51（1）、78（1）、129（2）、141（1）、147（1）、169（1）
十-tenth（2）/158（1）、169（1）
十八-eighteen（1）/158（1）
十分-very（3）/48（1）、147（1）、151（1）
什么-what（1）/103（1）
石-stone（6）/30（1）、39（1）、116（1）、128（1）、199（1）、235（1）
时-time（49）/15（1）、47（1）、55

（1）、79（1）、90（1）、106（1）、115（2）、116（2）、119（3）、125（1）、130（1）、131（1）、136（1）、137（1）、140（1）、141（2）、150（1）、151（2）、154（1）、162（1）、163（1）、164（1）、168（1）、174（1）、178（1）、181（1）、183（1）、185（1）、187（3）、188（1）、189（1）、192（1）、193（1）、194（1）、195（1）、213（1）、231（1）、248（2）、251（2）

时-whilst（1）/135（1）

时辰钟-clock（1）/47（1）

时候-time（3）/120（1）、189（1）、255（1）

时节-time（2）/136（1）、183（1）

识-know（1）/214（1）

实-real（1）/106（1）

实-reality（3）/48（1）、122（1）、178（1）

实-really（1）/221（1）

实-really: solid（1）/15（1）

实在-really（3）/115（1）、134（1）、220（1）

实在-very（1）/48（1）

拾-ten（1）/82（1）

食-eat（6）/32（1）、53（1）、72（1）、91（1）、167（1）、235（1）

史-historian（1）/23（1）

史-history（1）/76（1）

矢-arrow（1）/30（1）

豕-hog（1）/31（1）

使-act to（1）/65（1）

使-effect（1）/160（1）

始者-in the beginning（1）/202（1）

士-learned（1）/28（1）

士-literati（1）/91（1）

氏-family name（1）/30（1）

示-admonish（1）/30（1）

事-affair（22）/48（1）、51（1）、69（1）、88（1）、95（1）、103（1）、106（1）、108（1）、131（1）、151（1）、154（1）、155（1）、156（2）、168（1）、229（1）、244（1）、246（1）、248（1）、250（1）、255（1）、271（1）

事-business（20）/48（1）、57（1）、73（1）、89（1）、110（1）、121（1）、149（1）、154（1）、157（1）、160（1）、161（1）、166（1）、172（3）、176（1）、177（1）、214（1）、217（1）、232（1）

事-business；affair（1）/14（1）

事-occurrence（1）/168（1）

事-thing（1）/139（1）

事情-affair（3）/88（1）、130（1）、271（1）

势-power（1）/76（1）

视-look（1）/91（1）

是-be（85）/46（1）、49（1）、68（2）、77（1）、78（2）、79（4）、80（1）、88（2）、89（1）、95（1）、102（2）、103（1）、108（1）、

109（2）、115（1）、120（1）、123
（1）、131（1）、133（2）、134
（1）、144（4）、145（1）、147
（2）、148（4）、149（4）、150
（2）、151（4）、153（1）、157
（1）、159（1）、170（1）、171
（1）、174（1）、175（1）、196
（1）、198（1）、199（5）、200
（1）、220（1）、221（3）、222
（1）、224（1）、240（4）、242
（1）、245（3）、253（1）、255
（3）、256（2）

是-be right（1）/165（1）

是-exist（1）/90（1）

是-right（2）/149（2）

是-shall（1）/158（1）

是-that（1）/241（1）

是以-therefore（1）/89（1）

是在-have been（1）/168（1）

收-receive（2）/75（1）、112（1）

手-hand（4）/29（1）、44（1）、97（1）、121（1）

扌-hand（1）/29（1）

首-head（3）/32（1）、154（1）、240（1）

受-receive（3）/15（1）、124（1）、191（1）

授-donor（1）/99（1）

书-book（18）/15（1）、39（1）、41（1）、45（1）、49（2）、87（2）、114（1）、121（1）、122（1）、146（1）、153（1）、217（1）、235（1）、237（2）、251（1）

殳-staff（1）/30（1）

孰-which（1）/71（1）

孰-who（1）/102（1）

赎-ransom（1）/15（1）

黍-millet（1）/32（1）

鼠-mouse（1）/33（1）

树-tree（2）/45（1）、47（1）

数-number（2）/15（1）、43（1）

数-several（2）/52（1）、247（1）

数目-numeral（4）/85（1）、86（3）

耍-sport；play（1）/15（1）

衰-fading；decaying（1）/15（1）

双-pair（1）/15（1）

爽-well（1）/78（1）

谁-who（5）/103（1）、148（2）、151（1）、174（1）

谁的-whose（1）/103（1）

氵-water（1）/30（1）

水-water（2）/30（1）、55（1）

氺-water（1）/30（1）

税-duty；custom（1）/15（1）

顺-obey（1）/15（1）

说-mention（1）/139（1）

说-say（3）/95（1）、102（1）、216（1）

说-speak（6）/15（1）、63（1）、88（1）、115（1）、149（1）、176（1）

说-tell（2）/122（1）、139（1）

说话-discourse（1）/167（1）

厶-certain（1）/98（1）

厶-curve（1）/28（1）

纟-silk（1）/31（1）

丝-silk（1）/57（1）
糹-silk（1）/31（1）
糸-silk（1）/31（1）
思-think（1）/95（1）
厮-servant（1）/101（1）
死-die（3）/75（1）、231（2）
四-four（1）/23（1）
四-fourth（1）/94（1）
罒-net（1）/31（1）
俟-wait（2）/125（1）、164（1）
肆-four（1）/82（1）
肆-irregular（1）/143（1）
送-present（4）/15（1）、63（1）、140（1）、141（1）
叟-noise of rice（1）/22（1）
俗-common；vulgat（1）/15（1）
速-haste（1）/137（1）
速-quickly（1）/250（1）
算-compute（1）/15（1）
夊-walk（1）/28（1）
虽-although（2）/15（1）、247（1）
虽-though（2）/23（1）、254（1）
虽然-though（1）/247（1）
随-according to（1）/128（1）
随-follow（5）/171（1）、241（1）、250（1）、251（1）、252（1）
随时-whenever（1）/176（1）
髓-marrow（1）/24（1）
岁-year（4）/24（1）、93（1）、125（1）、171（1）
岁-year (of age)（1）/171（1）
所-place（2）/204（2）
所-that which（10）/65（1）、88（1）、95（1）、97（1）、123（1）、134（1）、148（1）、149（1）、197（1）、223（1）
所-thing and which（1）/91（1）
所-thing which（1）/91（1）
所-those（2）/76（2）
所-those which（1）/102（1）
所-those who（1）/107（1）
所-what（3）/96（1）、179（1）、249（1）
所-which（8）/59（1）、87（1）、107（1）、108（1）、131（1）、140（1）、196（1）、197（1）
所-who（6）/107（2）、147（1）、148（1）、151（1）、160（1）
所-who；which（1）/107（1）
所-whoever（1）/106（1）
所-whom（1）/110（1）
锁-lock（1）/15（1）
锁匙-key（1）/87（1）

T

他-he（172）/46（1）、49（1）、64（2）、65（1）、66（1）、68（1）、73（1）、81（1）、88（1）、95（1）、96（1）、110（2）、114（1）、116（1）、118（1）、120（2）、124（3）、128（1）、129（1）、130（1）、132（2）、133（2）、134（1）、135（1）、136（2）、137（2）、139（2）、142（1）、143（1）、144（1）、145（2）、146（1）、150（2）、151（1）、152

（1）、154（3）、155（1）、157
（2）、159（2）、160（1）、161
（1）、162（4）、163（1）、164
（5）、165（2）、167（1）、169
（1）、170（1）、171（1）、174
（2）、175（1）、176（2）、177
（1）、179（3）、180（1）、181
（1）、187（1）、188（1）、189
（1）、190（1）、193（4）、195
（1）、196（1）、201（1）、202
（2）、205（2）、206（5）、208
（1）、211（2）、213（1）、214
（1）、215（4）、216（3）、217
（4）、218（1）、220（1）、221
（1）、222（1）、223（1）、225
（1）、226（1）、229（1）、231
（2）、232（3）、233（2）、234
（4）、235（1）、236（2）、237
（2）、238（2）、239（2）、241
（1）、242（2）、244（2）、247
（1）、248（1）、249（2）、250
（1）、251（3）、252（3）、253
（2）、254（3）、255（2）、269
（1）

他-her（1）/111（1）
他-him（68）/63（2）、73（1）、81
　（1）、88（1）、126（1）、130（1）、
　131（1）、133（1）、137（1）、
　146（1）、150（1）、156（1）、
　157（1）、158（1）、165（1）、
　167（1）、168（1）、174（2）、
　180（1）、181（3）、182（4）、
　183（4）、184（6）、185（5）、

186（5）、187（3）、188（4）、
189（6）、190（2）、193（1）、
199（1）、214（1）、247（2）
他-his（4）/161（1）、232（1）、255
　（2）
他-it（1）/74（1）
他-other（1）/95（1）
他-she；it˙（1）/113（1）
他-that（1）/104（1）
他-they（1）/166（1）
他的-his（5）/79（1）、95（1）、166
　（1）、180（1）、248（1）
他们-them（4）/89（1）、127（1）、
　131（1）、159（1）
他们-them；these（1）/90（1）
他们-they（23）/89（1）、113（1）、
　116（1）、118（1）、122（2）、145
　（1）、150（1）、157（1）、159
　（1）、163（1）、166（1）、167
　（2）、169（2）、171（1）、175
　（1）、233（2）、235（1）、254
　（2）
台-stand（1）/57（1）
台-table（1）/241（1）
太-much（1）/74（1）
太-very（1）/138（1）
贪-covetous（1）/69（1）
探-enquire（1）/153（1）
叹-aspiration（1）/36（1）
汤-soup（1）/135（1）
堂-temple（2）/93（1）、99（1）
倘-if（2）/250（1）、253（1）
逃-run away（1）/16（1）

桃子-peach（1）/53（1）
特-only（1）/255（1）
替-for（1）/231（1）
替-to（1）/244（1）
天-celestial（1）/63（1）
天-day（1）/212（1）
天-heaven（6）/16（1）、76（3）、124（1）、253（1）
天-heaven；day（1）/109（1）
天文-astronomy（1）/202（1）
田-field（3）/30（1）、52（1）、129（1）
挑-bring（1）/55（1）
铁-iron（1）/114（1）
听-hear（5）/122（1）、131（2）、140（1）、173（1）
听-listen（2）/91（1）、158（1）
廷-palace（1）/91（1）
通-through（2）/243（2）
同-same（3）/94（1）、228（1）、229（1）
同-same；with（1）/17（1）
同-together（1）/180（1）
同-with（5）/65（1）、151（1）、187（1）、234（1）、254（1）
偷-seize（1）/98（1）
宀-undefined（1）/28（1）
头-head（1）/16（1）
徒-disciple（2）/101（2）
土-earth（1）/28（1）
土-earthen（1）/40（1）
团-roll（1）/57（1）
推-push from（1）/17（1）

退-backward（1）/190（1）
退-retire（1）/206（1）
退-return（1）/111（1）
托-engage（1）/81（1）
纯-clue（1）/57（1）
妥-well（1）/51（1）
妥当-well（1）/132（1）

W

瓦-tile（1）/30（1）
袜-stocking（1）/18（1）
袜子-stocking（1）/59（1）
外-outside（1）/234（1）
外-with outside（2）/18（1）、241（1）
完-complete（1）/233（1）
玩耍-play（1）/157（1）
晚-evening（6）/18（1）、38（1）、72（2）、164（2）
晚-in the evening (of life)（1）/91（1）
婉-obsequious（1）/23（1）
万-ten thousand（4）/93（1）、221（2）、240（1）
万-thousand（1）/240（1）
腮-obtain（1）/75（1）
网-net（1）/31（1）
冂-net（1）/31（1）
往-go（3）/205（2）、244（1）
往-go into（1）/232（1）
往-go to（3）/44（1）、76（1）、178（1）
枉-false（1）/88（1）
罔-not（1）/223（1）

望-hope（2）/18（1）、123（1）
威-majesty（1）/22（1）
囗-inclosure（1）/28（1）
为-be（20）/77（1）、106（1）、110（2）、111（1）、133（1）、145（1）、151（2）、156（1）、158（1）、160（1）、165（1）、170（1）、189（1）、195（1）、197（1）、229（1）、249（1）、250（1）
为-cause（3）/102（1）、225（2）
为-constitute（2）/142（1）、147（1）
为-do（2）/172（1）、255（1）
为-do；because（1）/18（1）
为-make（2）/155（1）、161（1）
为-of（1）/231（1）
为-practise（1）/97（1）
韦-tanned leather（1）/32（1）
违-oppose（1）/223（1）
违-oppose to（1）/146（1）
惟^-but（1）/136（1）
惟-but（2）/110（1）、255（1）
惟-only（1）/88（1）
伟-rare（1）/22（1）
尾-tail（3）/58（2）、154（1）
未-not（20）/49（1）、88（1）、114（1）、125（1）、134（1）、137（1）、139（2）、141（1）、151（1）、154（2）、155（1）、162（1）、167（1）、168（1）、179（1）、209（1）、222（2）
未-not yet（1）/118（1）
位-seat（2）/240（2）

味-taste（2）/18（1）、91（1）
畏-dread（1）/22（1）
谓-be called（1）/96（1）
谓-be expressed (by)（1）/69（1）
文-literature（3）/29（1）、46（1）、122（1）
文墨-literature（1）/202（1）
闻-hear（3）/18（1）、271（1）、91（1）
问-ask（2）/168（1）、171（1）
问候-pay respect（1）/222（1）
翁-senior（1）/99（1）
翁-title of respect（1）/17（1）
我-I（168）/6（1）、18（1）、44（1）、49（1）、53（2）、57（1）、63（1）、73（1）、75（2）、76（1）、79（1）、87（2）、89（1）、90（1）、102（1）、107（1）、113（1）、114（1）、115（3）、116（1）、117（2）、119（2）、120（1）、121（6）、122（2）、123（3）、125（3）、126（3）、127（2）、128（2）、129（1）、130（2）、131（2）、132（1）、133（2）、134（3）、135（1）、136（1）、137（2）、138（1）、139（1）、140（5）、141（4）、142（1）、144（1）、145（1）、147（2）、148（1）、150（1）、152（1）、153（1）、154（2）、155（1）、156（2）、157（1）、158（1）、159（1）、160（1）、161（2）、166（2）、168（5）、170（1）、173

附录二 《通用汉言之法》使用词汇汉英对照索引

（1）、174（1）、175（2）、178（3）、179（1）、181（2）、182（4）、183（4）、184（3）、185（2）、186（2）、187（3）、188（4）、189（2）、190（1）、191（3）、192（3）、194（4）、195（3）、196（1）、213（1）、214（1）、222（1）、223（2）、229（1）、232（1）、241（1）、247（1）、248（2）、249（1）、250（1）、255（1）

我-me（24）/65（1）、88（1）、90（1）、95（1）、125（2）、139（1）、180（1）、181（1）、184（2）、200（2）、231（1）、232（1）、234（2）、241（1）、242（1）、244（1）、249（1）、250（1）、251（1）、254（1）

我-my（7）/79（2）、131（1）、146（1）、147（1）、156（1）、255（1）

我的-mine（1）/145（1）

我的-my（4）/79（1）、87（1）、95（1）、98（1）

我们-us（2）/88（1）、126（1）

我们-we（9）/88（1）、113（1）、122（1）、126（1）、144（1）、158（1）、166（1）、176（1）、180（1）

我之-my（1）/95（1）

屋-house（5）/48（1）、52（1）、104（1）、129（1）、231（1）

无-do not（1）/223（1）

无-negative（1）/29（1）无-no（5）/108（1）、204（2）、271（1）、272（1）

无-not（5）/97（1）、111（2）、272（2）

无-without（1）/217（1）

无奈何-no resource（1）/229（1）

毋-do not（2）/222（1）、223（1）

毋-not（2）/65（1）、96（1）

吾-I（1）/24（1）

五-five（2）/18（1）、24（1）

午-noon（3）/38（1）、162（1）、164（1）

伍-five（1）/82（1）

兀-irregular waving edge（1）/29（1）

勿-not（1）/222（1）

务-must（3）/107（1）、125（1）、165（1）

务必-must（1）/176（1）

务须-must（1）/176（1）

物-thing（14）/60（1）、76（1）、105（1）、107（1）、108（1）、112（1）、114（1）、128（1）、134（1）、135（1）、139（1）、140（1）、236（1）、239（1）

物件-article（1）/78（1）

物件-thing（1）/139（1）

悟-advert（1）/24（1）

X

夕-evening（1）/28（1）

西-west（1）/31（1）

丣-west（1）/31（1）

嬉戏-be merry（1）/159（1）

洗-wash（1）/53（1）

喜-gladly（1）/137（1）

喜-joy；to rejoice（1）/7（1）

喜-like（1）/162（1）

喜-make glad（1）/110（1）

匚-receptacle（1）/28（1）

系-be（22）/50（1）、72（2）、95（3）、103（1）、145（2）、165（1）、166（1）、171（1）、180（1）、197（1）、221（2）、231（1）、240（1）、242（1）、246（1）、255（1）、271（1）

系-have（1）/247（1）

系-shall（1）/169（1）

细-fine；minute（1）/14（1）

下-below（4）/90（1）、93（1）、239（1）、241（1）

下-below；inferior（1）/101（1）

下-come down（2）/46（2）

下-descend（4）/179（1）、198（3）

下-down（5）/137（1）、205（1）、235（3）

下-inferior（3）/65（1）、79（2）

夏-summer（1）/125（1）

先-advance（1）/96（1）

先-before（28）/14（1）、22（1）、61（1）、63（1）、115（1）、116（3）、129（1）、132（1）、133（1）、137（1）、151（1）、154（1）、155（1）、163（1）、169（1）、174（1）、181（1）、183（1）、184（1）、185（1）、187（2）、188（1）、193（1）、194（2）

先生-master（4）/61（1）、63（1）、129（1）、131（1）

鲜-fresh（1）/58（1）

闲-leisure（3）/7（1）、52（1）、97（1）

薛-musk（1）/22（1）

线-thread（1）/22（1）

宪-hien（1）/62（1）

乡下-country（1）/232（1）

相-mutually（2）/62（1）、150（1）

香-incense（1）/43（1）

香-odour（1）/32（1）

香-odour；fragrance（1）/7（1）

香山-heang-shan（2）/158（1）、236（1）

箱-chest（5）/72（2）、98（1）、114（1）、141（1）

详-explain（1）/272（1）

想-think（3）/125（1）、155（1）、175（1）

想-think；intend（1）/121（1）

向-to（1）/199（1）

向-toward（1）/209（1）

向来-hitherto（1）/131（1）

削-pare thin（1）/14（1）

消-dissipate（1）/48（1）

销-melt（1）/14（1）

箫-pipe（1）/39（1）

小-little（7）/28（1）、72（2）、91（1）、97（1）、108（1）、155（1）

小-small（1）/66（1）

小的-mean person（1）/98（1）
小价-servant（1）/101（1）
小生-boy（1）/91（1）
小心-be careful（1）/137（1）
晓-understand（2）/7（1）、49（1）
晓得-know（1）/166（1）
孝-be dutiful（1）/156（1）
孝-filial duty（1）/73（1）
笑-laugh（1）/48（1）
些-a little（7）/79（1）、142（1）、170（2）、211（1）、252（1）、254（1）
些-few（5）/104（1）、105（1）、110（1）、138（1）、140（1）
协-rib（1）/7（1）
写-write（5）/86（1）、158（1）、213（1）、215（1）、234（1）
泄-drop（1）/57（1）
泄-ooze out（1）/14（1）
屑-labour（1）/22（1）
忄-heart（1）/29（1）
忄-heart（1）/29（1）
心-heart（12）/29（1）、59（1）、91（1）、108（1）、111（1）、112（1）、123（1）、126（2）、155（1）、156（1）、237（1）
心-mind（1）/179（1）
辛-bitter（1）/32（1）
新-new（2）/15（1）、58（1）
新埠-penang（1）/236（1）
信-believe（1）/156（1）
信-faith、letter（1）/45（1）
信-faithfully（1）/106（1）

信-letter（3）/64（1）、94（1）、112（1）
兴-arise（2）/69（2）
兴-raise up（1）/7（1）
星-star（2）/15（1）、59（1）
行-act（1）/137（1）
行-colum of（1）/45（1）
行-do（3）/160（2）、172（1）
行-go（1）/31（1）
行-make（1）/200（1）
行-practise（2）/106（2）
行-walk（8）/45（1）、164（1）、226（2）、227（1）、241（1）、243（1）、244（1）
行-walk；a factory（1）/7（1）
行为-behaviour（1）/136（1）
姓-surname（1）/100（1）
幸-fortunate（1）/168（1）
性-nature（1）/149（1）
性情-disposition（1）/232（1）
凶-cruel（1）/7（1）
兄-brother（2）/45（1）、73（1）
兄弟-brother（3）/131（1）、147（1）、248（1）
兄台-elder brother（1）/94（1）
修-adorn（2）/14（1）、22（1）
秀-flourishing（1）/22（1）
须-beard（1）/14（1）
须-necessarily（2）/125（1）、165（1）
须-shall（1）/107（1）
虚-idly（1）/222（1）
许-allow（2）/137（1）、157（1）

许-let（3）/158（1）、159（1）、193（1）

许-permit（8）/7（1）、125（1）、126（2）、127（1）、180（1）、184（2）

许-very（1）/114（1）

许多-a great deal（2）/136（1）、142（1）

玄-dark colour（1）/30（1）

悬-suspend（1）/7（1）

选-choose（1）/14（1）

靴-boot（1）/41（1）

穴-den（1）/30（1）

学-learn（4）/7（1）、107（2）、149（1）

学文-learn（1）/179（1）

雪-snow（3）/14（1）、54（1）、198（1）

血-blood（2）/7（1）、31（1）

寻-seek（2）/87（2）

寻着了-found（1）/87（1）

巡-range；inspect（1）/14（1）

训-explain（1）/7（1）

逊-obsequious（1）/15（1）

Y

鸦片-opium（1）/114（1）

牙-tooth（3）/18（1）、30（1）、119（1）

涯-end（1）/223（1）

疋-piece（2）/38（1）、54（1）

疋-piece of cloth（1）/30（1）

亚-second degree（1）/5（1）

两-oppose（1）/31（1）

严-severely（1）/89（1）

严-stern；severe（1）/99（1）

言-word（3）/31（1）、69（1）、156（1）

言-word；discourse（1）/18（1）

掩-cover（1）/97（1）

厌-secret（1）/97（1）

羊-sheep（1）/31（1）

洋-ocean（2）/18（1）、116（1）

样-manner（12）/108（1）、111（1）、133（1）、136（1）、151（1）、166（1）、177（1）、180（1）、209（1）、214（1）、229（1）、231（1）

样-sample（1）/80（1）

样-way（1）/255（1）

幺-slender（1）/29（1）

爻-imitate（1）/30（1）

要-require（1）/108（1）

要-want（9）/53（1）、107（1）、121（1）、157（1）、180（1）、189（1）、216（1）、249（2）

要-will（4）/121（2）、125（1）、130（1）

要-will have；want（1）/18（1）

爷-father（2）/92（1）、123（1）

也-come to pass（1）/156（1）

业-property（1）/143（1）

业经-already（1）/139（1）

业经-have（3）/118（1）、152（1）、154（1）

叶-leaf（3）/78（1）、136（1）、141

附录二 《通用汉言之法》使用词汇汉英对照索引

（1）

页-head（1）/32（1）

夜-night（2）/18（1）、167（1）

一-a（28）/42（1）、47（1）、48（3）、49（2）、51（2）、52（3）、53（1）、54（1）、55（1）、57（1）、58（1）、69（3）、114（1）、141（1）、170（1）、180（1）、211（1）、250（1）、271（1）、272（1）

一-first（3）/80（2）、81（1）

一-one（111）/28（1）、37（1）、38（3）、39（6）、40（6）、41（4）、42（5）、43（5）、44（4）、45（6）、46（5）、47（2）、48（2）、49（1）、52（2）、53（1）、54（1）、56（2）、57（2）、58（3）、60（1）、69（5）、74（3）、75（1）、77（3）、78（1）、89（1）、94（1）、95（1）、97（1）、98（1）、102（2）、108（3）、111（1）、114（2）、116（2）、117（1）、118（1）、119（2）、120（1）、122（1）、141（1）、150（1）、152（1）、153（1）、201（1）、205（2）、206（2）、215（1）、229（1）、240（2）、251（1）

一个-a（1）/68（1）

一齐来-all at once（1）/89（1）

一下-suddenly（1）/189（1）

一向-recently（1）/226（1）

伊-his（1）/97（1）

伊-their（1）/98（1）

伊-they（1）/90（1）

衣-garment（3）/6（1）、31（1）、44（1）

衣服-clothes（1）/98（1）

衣服-garment（2）/54（1）、231（1）

医生-surgeon（1）/119（1）

依-attend to（1）/102（1）

壹-one（1）/82（1）

夷-foreign（2）/61（1）、243（1）

宜-shall（5）/91（1）、126（1）、158（1）、163（1）、177（1）

宜-suitably（1）/107（1）

遗-leave（1）/116（1）

乙-one（2）/23（1）、28（1）

已-already（8）/87（1）、117（1）、154（2）、155（1）、179（1）、192（1）、195（1）

已-have（2）/63（1）、112（1）

已经-already（3）/134（1）、138（1）、194（1）

已经-has before（1）/152（1）

已经-have（2）/87（1）、117（1）

已经-have before（1）/153（1）

以-by（6）/65（1）、89（1）、90（1）、168（1）、234（1）、235（1）

以-by；with（1）/234（1）

以-that（2）/156（1）、161（1）

以-therefore（1）/81（1）

以-to（7）/44（1）、96（1）、142（1）、170（1）、189（1）、195（1）、211（1）

椅-chair（2）/118（1）、121（1）

椅子-chair（1）/245（1）

弋-dart（1）/29（1）

亦-also（5）/139（1）、159（1）、162（1）、255（2）
亦-yet（1）/134（1）
异-wonderful（1）/91（1）
邑-city (right)（1）/32（1）
易-exchange（1）/107（1）
益-advantage（1）/22（1）
意-idea（1）/95（1）
意-intention（1）/255（1）
意-mind（1）/111（1）
意-motive（1）/96（1）
意-will（3）/143（1）、171（1）、252（1）
意-wish（1）/128（1）
义-meaning（1）/272（1）
因-because（2）/138（1）、253（1）
因-because of（6）/135（1）、139（2）、166（1）、225（1）、231（1）
因-cause（1）/102（1）
因-cause；because（1）/18（1）
因何-wherefore（1）/190（1）
因为-for（1）/232（1）
音-sound（2）/32（1）、272（1）
吟-recite（1）/58（1）
银-money（2）/112（1）、170（1）
银-silver（3）/119（1）、129（1）、135（1）
银子-money（1）/233（1）
银子-silver（1）/51（1）
乂-journey（1）/29（1）
应-answer（1）/22（1）
应-duty（1）/255（1）

应-properly（1）/62（1）
应-shall（3）/111（1）、131（1）、161（1）
应当-ought（1）/177（1）
应当-shall（1）/137（1）
应该-ought（1）/176（1）
应该-shall（1）/186（1）
英-herbage（1）/22（1）
营-camp（1）/41（1）
影-shade（1）/22（1）
影-shadow（1）/18（1）
硬-hard（1）/24（1）
硬-hard；stiff（1）/6（1）
用-use（9）/18（1）、30（1）、44（1）、121（1）、122（1）、126（1）、133（1）、161（1）、234（1）
用-use；by（1）/66（1）
忧闷-be sorry（1）/146（1）
尤-irregular waving edge（1）/29（1）
尤-irregular waving edge（1）/29（1）
由-from（4）/65（1）、145（1）、238（1）、239（1）
游-amusement（1）/107（1）
友-friend（2）/101（1）、107（1）
有-and（2）/226（1）、240（1）
有-hast（1）/113（1）
有-hath；has（1）/113（1）
有-have（157）/18（1）、51（1）、62（1）、88（2）、94（1）、106（3）、110（1）、111（1）、112（1）、113（4）、114（6）、115（6）、116（4）、117（2）、118

（3）、119（3）、120（2）、121
（6）、122（4）、123（4）、124
（4）、125（6）、126（6）、127
（4）、128（4）、129（3）、130
（2）、131（3）、132（3）、133
（3）、135（1）、136（2）、137
（3）、138（3）、139（1）、140
（4）、141（1）、142（2）、143
（1）、148（1）、151（1）、158
（1）、159（2）、162（1）、164
（1）、166（2）、167（1）、168
（3）、169（1）、170（1）、174
（1）、178（1）、179（1）、184
（1）、187（4）、188（2）、192
（1）、194（1）、195（1）、204
（2）、209（1）、217（1）、218
（1）、222（1）、246（1）、247
（1）、248（1）、250（1）、251
（1）、252（1）、253（2）、254
（2）、271（1）

有-there be（5）/48（1）、53（1）、88（1）、98（1）、110（1）
有病-be sick（1）/254（1）
有过-have had（5）/134（2）、135（2）、139（1）
酉-finish（1）/32（1）
又-also（1）/249（1）
又-more（2）/28（1）、71（1）
于-at（2）/53（1）、116（1）
于-by（1）/74（1）
于-in（3）/65（1）、237（1）、238（1）
于-on（1）/94（1）

于-than（8）/72（1）、74（1）、76（2）、223（1）、240（2）、253（1）
于-to（1）/111（1）
于-vu（1）/36（1）
余-beside（1）/110（1）
鱼-fish（4）/18（1）、32（1）、58（2）
与-to（8）/45（1）、63（1）、122（1）、130（1）、139（1）、142（2）、251（1）
与-with（3）/57（1）、71（1）、243（1）
羽-feather（1）/31（1）
羽-feathers（1）/31（1）
雨-rain（8）/32（1）、42（2）、53（1）、105（1）、124（1）、179（1）、198（1）
玉-gem（1）/30（1）
王-gem（1）/30（1）
聿-pencil（1）/31（1）
预-previously（1）/137（1）
欲-desire（2）/18（1）、143（1）
欲-wish（2）/127（1）、255（1）
谕-edict（1）/165（1）
御-obstruct（1）/102（1）
遇-meet（2）/106（1）、150（1）
鸳-bird（1）/23（1）
员-dollar（1）/108（1）
原本的-original（1）/85（1）
圆-round（1）/18（1）
缘-reason（1）/103（1）
缘故-cause（1）/225（1）

远-distant（1）/227（1）
怨-hate（1）/23（1）
愿-like（1）/161（1）
愿-wish（3）/76（1）、161（1）、223（1）
曰-speak（1）/29（1）
月-flesh（1）/31（1）
月-moon（12）/18（1）、29（1）、45（1）、59（1）、94（1）、98（1）、129（1）、136（1）、141（1）、158（1）、169（1）、270（1）
悦-delight（1）/255（1）
悦-like（3）/123（1）、124（1）、251（1）
悦-please（2）/110（2）
越-more（8）/71（1）、73（6）、131（1）
越-over（1）/239（1）
越发-more（1）/136（1）
越发-much more（1）/179（1）
龠-wind instrument（1）/33（1）
云-fog; cloud（1）/18（1）
云-say（2）/83（2）
云云-i. e.（1）/83（1）

Z

杂-mix together（1）/16（1）
栽-plant（1）/23（1）
宰-rule（1）/23（1）
载-contain（1）/23（1）
在-at（1）/236（1）
在-be（22）/130（1）、146（1）、150（2）、151（1）、152（1）、157（1）、158（1）、160（1）、164（1）、165（1）、167（1）、169（2）、187（1）、233（1）、234（1）、236（1）、238（1）、239（1）、244（1）、248（1）
在-be at（3）/156（1）、158（1）、168（1）
在-be in（6）/90（1）、121（1）、168（1）、233（1）、237（2）
在-be present（2）/111（2）
在-have been（1）/163（1）
在-in（6）/79（1）、87（1）、122（1）、131（1）、166（2）
在-present（1）/91（1）
在-remain（5）/135（1）、139（1）、169（1）、225（1）、233（1）
在-reside（1）/154（1）
在-situate（6）/150（1）、162（1）、240（1）、243（1）、245（2）、248（1）
在-stay（1）/236（1）
攒-collect together（1）/17（1）
赞美的-praised（1）/197（1）
遭-meet（1）/122（1）
遭-time（1）/227（1）
早-morning（4）/38（1）、43（1）、151（1）、164（1）
早-morning; soon（1）/16（1）
早-soon（4）/72（1）、73（2）、131（1）
造-make（2）/197（1）、249（1）
造的-make（1）/196（1）
则-hence（1）/122（1）

附录二 《通用汉言之法》使用词汇汉英对照索引

则-is of course（2）/76（2）
则-shall（1）/222（1）
则-then（3）/142（1）、165（2）
则-therefore；hence（1）/17（1）
则-will then（3）/130（1）、131（1）、250（1）
择-choose（1）/107（1）
责-reprove（1）/89（1）
贼-pirate（1）/46（1）
贼人-thief（1）/98（1）
怎么样-how（1）/224（1）
曾-already（5）/116（1）、119（1）、132（1）、134（1）、135（1）
曾-have（3）/118（1）、119（1）、120（1）
曾-yet（9）/49（1）、137（1）、139（2）、154（2）、155（1）、167（1）、179（1）
曾经-already（6）/134（1）、139（1）、155（1）、183（2）、208（1）
曾经-have（5）/118（1）、140（1）、153（1）、163（1）、182（1）
增-augment（1）/16（1）
摘-pluck（1）/53（1）
展-open；unfold（1）/5（1）
盏-cup（1）/38（1）
张-stretch（2）/22（1）、40（1）
掌-palm of the hand（1）/22（1）
帐-canopy（1）/22（1）
爫-nail（1）/30（1）
沼-fish pond（1）/22（1）
召-call an inferior（1）/5（1）
桌-table（2）/40（1）、49（1）
照-illsutrious（1）/22（1）

照-imitate（1）/251（1）
照拂者-keeper（1）/147（1）
遮-cover（1）/24（1）
遮-shade off（1）/53（1）
折-break（1）/75（1）
者-expletive（1）/24（1）
者-of those（1）/76（1）
者-person（2）/149（2）
者-that（2）/59（1）、96（1）
者-those who（1）/111（1）
者-it（1）/271（1）
这-these（1）/229（1）
这-this（27）/5（1）、50（1）、51（1）、57（1）、63（1）、68（1）、69（1）、73（1）、74（1）、78（1）、79（1）、104（4）、111（1）、131（1）、133（1）、136（1）、139（1）、151（1）、166（2）、177（1）、180（1）、206（1）、209（1）
这等-these（2）/105（2）
这个-this（25）/70（3）、71（4）、72（2）、74（1）、77（2）、78（1）、80（1）、95（1）、103（1）、124（2）、145（1）、196（1）、223（1）、226（1）、249（1）、268（1）、271（1）
这几个-these（1）/105（1）
这里-here（11）/130（1）、146（1）、150（1）、154（1）、157（1）、162（1）、164（1）、167（1）、168（1）、205（1）、206（1）
这些-these（4）/104（1）、105（1）、151（1）、244（1）

这样-so（3）/220（1）、221（1）、
244（1）
这样-thus（4）/221（1）、224（1）、
251（1）、255（1）
蔗-matting（1）/24（1）
针-forceps（1）/24（1）
针-probe（1）/119（1）
真-true（5）/5（1）、80（2）、106
（1）、175（1）
真-truly（1）/221（1）
真的-true（1）/176（1）
斟酌-consult（2）/57（1）、130（1）
争论-wrangle（1）/165（1）
正-straight; right（1）/5（1）
正-upright; just（1）/100（1）
之-'s（15）/91（1）、147（1）、149
（1）、231（1）、233（1）、234
（1）、237（1）、239（1）、240
（2）、241（1）、244（1）、245
（2）、268（1）
之-genitive（1）/57（1）
之-it（2）/222（1）、250（1）
之-of（16）/49（1）、52（1）、59
（1）、76（3）、77（1）、80（1）、
81（1）、87（1）、92（1）、106
（1）、110（1）、111（2）、126
（1）
之-the（31）/87（1）、90（1）、91
（2）、108（1）、126（1）、137
（2）、139（1）、140（1）、147
（1）、148（1）、149（2）、150
（1）、151（2）、154（1）、155
（1）、160（1）、179（1）、183
（1）、184（1）、187（1）、189
（2）、190（1）、194（1）、199
（1）、237（1）、241（1）
之-them（3）/91（2）、92（1）
之-which（2）/272（2）
之-who（2）/76（1）、106（1）
支-branch（1）/29（1）
枝-branch（2）/42（2）
知-know（16）/5（1）、54（1）、61
（1）、87（1）、91（1）、111（1）、
139（1）、148（1）、149（1）、
154（1）、241（1）、250（1）、
251（1）、256（1）、272（2）
知-knowledge（1）/217（1）
知道-know（10）/88（1）、130（1）、
136（1）、139（1）、141（1）、
160（1）、167（1）、168（1）、
174（1）、249（1）
知者-wise（1）/110（1）
直-direct; straight（1）/5（1）
直-straight（1）/238（1）
职-situation（1）/251（1）
职分-office（1）/240（1）
夂-follow（1）/28（1）
止-stop（2）/30（1）、102（1）
只-single（5）/37（1）、40（2）、
41（2）
只-single one（2）/38（1）、41（1）
纸-paper（1）/40（1）
指-point（2）/199（2）
黹-embroider（1）/33（1）
至-advance to（1）/97（1）
至-arrive（1）/54（1）
至-even to（1）/31（1）
至-extreme（2）/80（1）、81（1）

至-most（3）/80（1）、169（1）、245（1）

至-to（3）/64（1）、209（1）、246（1）

至-utmost（1）/125（1）

志-intention（1）/91（1）

豸-reptile（1）/31（1）

帙-case（1）/41（1）

致-thereby（1）/161（1）

中-middle（2）/5（1）、89（1）

中-midst（3）/77（1）、110（1）、245（1）

中间-between（1）/245（1）

中间-midst（1）/237（1）

中庸-chung-yung（1）/149（1）

终者-finally（1）/202（1）

钟-bell（1）/47（1）

众-all（2）/91（1）、165（1）

重-heavy（1）/108（1）

重-weight（2）/51（1）、76（1）

舟-ship（1）/31（1）

周围-going round（1）/229（1）

周围-round about（1）/244（1）

珠-bead（2）/44（2）

诸-all（1）/22（1）

竹-bamboo（4）/5（1）、31（1）、39（1）、118（1）

⺮-bamboo（1）/31（1）

烛-candle（2）/42（1）、57（1）

丶-point（1）/28（1）

主-lord（3）/22（1）、59（1）、65（1）

主-lord；master（1）/5（1）

主-master（1）/89（1）

主意-determination（1）/136（1）

属-belong to（2）/146（1）、199（1）

属-relate（1）/150（1）

嘱-tell（1）/137（1）

住-dwell（1）/79（1）

住-dwell in（1）/76（1）

助-assist（3）/106（1）、131（1）、35（1）

柱-twig（1）/43（1）

著-manifest（1）/22（1）

著-publish（1）/97（1）

筑-tread（1）/40（1）

爪-nail（1）/30（1）

专-exert（1）/179（1）

装-put（1）/233（1）

斗-undefined（1）/30（1）

准-allow（1）/125（1）

准许-permit（1）/180（1）

拙-coarsely do（1）/5（1）

拙-rude（1）/100（1）

桌子-table（6）/197（1）、236（1）、237（2）、239（2）

着-order（2）/49（1）、126（1）

着-place（1）/22（1）

着-right（1）/87（1）

兹-now（1）/97（1）

子-child（5）/28（1）、73（1）、92（1）、96（2）

子-son（4）/76（1）、101（1）、145（1）、156（1）

字-character（11）/45（1）、85（1）、86（3）、104（2）、158（1）、213（1）、234（1）、250（1）

自-from（9）/55（1）、206（4）、

209（1）、211（1）、235（1）、246（1）
自-himself（2）/31（1）、96（1）
自-my（1）/95（1）
自-yourself（1）/223（1）
自然-must indeed（1）/167（1）
总-all（2）/88（1）、111（1）
总-all；the whole（1）/17（1）
总-altogether（3）/125（1）、168（1）、221（1）
总-general（1）/77（1）
总-whole（2）/74（1）、111（1）
总不-never（1）/214（1）
总督-viceroy（3）/240（2）、268（1）
走-walk（6）/31（1）、180（2）、215（1）、217（1）、243（1）
足-foot（1）/31（1）
趸-foot（1）/31（1）
卒-general（1）/23（1）
阻-hinder（1）/73（1）
阻-obstruct（1）/17（1）
最-most（3）/76（1）、77（1）、79（1）
罪-offence (before)（1）/75（1）
尊-honour；respect（1）/17（1）
尊-honourable（5）/99（5）
尊-honoured（2）/55（1）、72（1）
尊-honoured (sir)（1）/79（1）
尊-respect（1）/65（1）
尊驾-sir（2）/114（1）、122（1）
遵-obedience（1）/165（1）
昨-last（3）/72（1）、164（1）、167（1）
昨日-yesterday（1）/187（1）
昨天-yesterday（19）/64（2）、130（2）、131（1）、132（1）、133（1）、147（1）、148（1）、150（1）、160（2）、162（1）、164（1）、166（1）、174（1）、182（1）、191（1）、236（1）
作-do（5）/17（1）、81（1）、150（1）、171（1）、172（1）
作-form（1）/76（1）
作-make（1）/43（1）
作-play（1）/48（1）
作-will be put in（1）/69（1）
坐-sit（1）/17（1）
座-seat（2）/39（2）
做-act（4）/161（1）、171（1）、251（1）、252（1）
做-do（24）/151（1）、153（1）、157（1）、164（1）、171（1）、172（1）、176（1）、177（4）、178（1）、214（1）、216（1）、223（1）、235（1）、251（1）、252（1）、253（1）、255（5）
做-make（3）/39（1）、44（1）、231（1）
做-work（1）/81（1）
做明白-finish（1）/213（1）
做完-finish（2）/213（1）、252（1）
⺮-bamboo（1）/31（1）
趸-foot（1）/31（1）